2019年

中国庆阳农耕文化节
论文集

农业农村部农村社会事业发展中心
甘肃省庆阳市人民政府 | 编

中国农业出版社
农村读物出版社
北京

编　委　会

2019 年 9 月 17 日，由农业农村部农村社会事业发展中心、中国畜牧业协会、甘肃省农业农村厅、甘肃省文化和旅游厅、甘肃省扶贫开发办公室和庆阳市委、市政府联合主办的第六届中国庆阳农耕文化节在甘肃省庆阳市隆重开幕。本届农耕文化节的主题是"发展现代羊业、助力脱贫攻坚、追溯农耕渊源、促进乡村振兴"，共安排了中国羊产业发展大会、庆阳民俗文化产品展示展销、庆阳特色农产品展示、全国肉羊品种展示和剪羊毛大赛、庆阳苹果开园采摘等 12 项丰富多彩的活动。文化节主题鲜明，内容丰富，群众广泛参与，对于促进当地产业发展和文化交流起到了积极的推动作用。

2018 年 9 月 23 日（农历秋分），全国农民迎来了"中国农民丰收节"。这一节日的设立充分彰显了党中央、国务院对"三农"工作的高度重视，对提升亿万农民获得感和幸福感的深切关怀，对传承弘扬中华优秀传统文化和农耕文明的深远意义。今年 8 月期间，习近平总书记在甘肃考察时发表重要讲话，他强调，要加强对优秀传统文化传承弘扬的支持和扶持，深入挖掘优秀传统文化蕴含的哲学思想、人文精神、价值理念和道德规范，不断坚定文化自信，为实现中国梦凝聚磅礴力量。

党中央的关怀和习近平总书记的重要讲话为我们大力弘扬农耕文化、不断探索中国特色现代农业发展之路指明了方向。在新时代背景下，举办农耕文化节，有利于凝聚广大农民的强大文化自信，不仅是传承农耕文明的具体体现，也是推动传统农业向现代农业转型升级、引领驱动乡村振兴的重要举措。

甘肃省庆阳市是我国农耕文化的重要发祥地之一，周先祖不窋"教民稼穑"，开启了先周农耕文化之先河。中国庆阳农耕文化节自 2009 年首届创办起，十年来，始终坚持"创新、开放、合作、共享"的办节理念，着力探寻传统农耕文化与现代农业发展的结合点，逐步成为传承农耕文明，推动农业发展的重要平台和著名品牌。农耕文化节的持续举办，彰显着农耕文化的历史地位，体现着农耕文化的现实作用，也见证着庆阳的全面发展。我们希望以举办农耕文化节为契机，突出地域特色，发挥文化优势，深入发掘优秀传统农耕文化的核心内涵及其当代价值，立足庆阳、引领全国，坚持不懈地打造农耕文化品牌，让农耕文化在发展现代农业中得到进步和升华。

为更好地交流总结各地在弘扬农耕文化、推进现代农业发展、助力乡村振兴过程中的新成果、新思路和新模式，我们编撰整理了这本农耕文化节论文集，书中汇编了对农耕文化、农业文化遗产、现代农业有浓厚兴趣和深入研究的有关专家学者的文稿。在这里，我们要特别感谢《古今农业》杂志社编辑部和南京农业大学人文与社会发展学院科学技术史系对本书给予的帮助。值此论文集出版之际，2019 年中国庆阳农耕文化节组委会谨向所有关心、支持和帮助农耕文化节活动的各界人士，以及提供论文的专家学者表示最诚挚的谢意！

由于时间仓促，书中不妥之处，请各位领导、专家以及广大读者批评指正。

编　者

2019 年 12 月

目录

前言

试谈农耕文化在乡村振兴中的作用

李逸林

乡村是具有自然、社会、经济特征的地域综合体，兼具生产、生活、生态、文化等多重功能。全面建成小康社会，最艰巨最繁重的任务在农村，最广泛最深厚的基础在农村，最大的潜力和后劲也在农村。中共十九大提出乡村振兴战略，并提出"产业兴旺、生态宜居、乡风文明、治理有效、生活富裕"的总要求，这是我们党在新的历史方位、立足"五位一体"总体布局作出的重大战略部署。农耕文化是中华优秀传统文化的"根"与"魂"，积淀了我国数千年乡土社会的智慧和经验，把优秀农耕文化嵌入乡村振兴的具体实践，不仅能厚植文明乡风、指导农业生产、治理生态问题，还能塑造社会价值共同体，营造良好的人居环境、投资环境和创业氛围，带动形成新的经济增长点，推动乡村全面振兴。

一、农耕文化对乡村振兴的必要性

（一）传承弘扬农耕文化，是坚定文化自信、促进文化遗产代际传承的需要

随着工业化、城镇化、农业现代化进程的加快，许多农耕文化印记正在消失，重要农业文化遗产失去活力，优秀的传统文化和民间艺术的生存空间日益萎缩，非物质文化遗产更是后继乏人，保护传承农耕文化迫在眉睫。针对这一现象，农业农村部配合联合国粮农组织开展了全球重要农业文化遗产和中国重要农业文化遗产保护与传承项目。截至目前，我国评选出国家级重要农业文化遗产91项，其中被联合国粮农组织列入全球重要农业文化遗产保护试点项目15项，占全世界的30%；拥有哈尼梯田、皖南古村落、都江堰等世界自然、文化遗产52项，其中10多项都具有十分典型的农耕文化特征；列入联合国教科文组织人类非物质文化遗产代表作名录31项，均属农耕文化遗产，特别是2016年由中国农业博物馆牵头申报的二十四节气成功列入联合国教科文组织人类非物质文化遗产代表作名录。这些文化遗产是我国农业文明智慧的集中体现，也是乡村振兴和全球农业问题治理的精神源泉。全面、系统、翔实地宣传展示这些文化遗产，有利于坚定文化自信和文化自觉，促进农业文化遗产的活

态利用和代际传承。

（二）传承弘扬农耕文化，是推进移风易俗、建设乡风文明的需要

乡村振兴既要塑形，也要铸魂。习近平总书记多次指出，农耕文化是中华优秀传统文化的"根"，必须传承发展提升农耕文明，走乡村文化兴盛之路。中共十九大明确指出，要深入挖掘中华优秀传统文化蕴含的思想观念、人文精神、道德规范，结合时代要求继承创新。近年来，少数农村地区天价彩礼、薄养厚葬等不良风气盛行，有的地方农村黑恶势力、宗族势力抬头，严重影响了乡村社会风气。大力传承弘扬孝老爱亲、扶危济困、诚实守信、邻里守望等优秀传统文化，努力推动社会主义核心价值观融入乡村，推进移风易俗，有利于强化农民的情感认同和行为习惯，培育文明乡风、良好家风、淳朴民风，提振新时代农民的精气神，使乡村真正成为传承乡村文明的幸福家园。

（三）传承弘扬农耕文化，是优化生态环境、实现农业可持续发展的需要

中共十九大明确提出，我们要建设的现代化是人与自然和谐共生的现代化。这是在总结我国发展历史经验的基础上作出的重大理念调整。目前，我国的农村生产生活环境严重恶化，农村生活污水和废弃物的污染负荷均逐年增加。全国农村每年产生的生活污水量达80多亿吨、生活垃圾近2亿吨，70%的生活垃圾没有经过无害化处理，90%以上的污水随意直接排放。传统农业注重整体、协调、良性循环、区域差异，充分利用农业生态系统的自我调控机制和自然生态净化过程，尽量避免滥用化肥、农药、生长剂、除虫剂等，减少对生态环境的污染。春秋战国时期提出天、地、人"三才"观，强调人与自然不是对抗的关系，而是协调的关系，人既不是大自然的奴隶，也不是大自然的主宰，而是参与者和调控者。汉代形成了以"顺天应时""天人合一"为核心理念的独特时间认知体系——二十四节气。北魏《齐民要术》一书总结了黄河流域一套完整的与环境相协调的耕作技术和制度。要治理和改善农村的环境状况，农耕文化中的一些环境理念值得我们借鉴。

（四）传承弘扬农耕文化，是保护生物多样性、提高资源承载力的需要

农业对于生物多样性保护的意义主要体现于遗传多样性与栖息地提供。现代农业大量增加化肥和农药的投入，在杀死害虫的同时，严重损害了有益生物

的生存空间，导致生物多样性减少。古代农民遵循辨土肥田的地力观、种养三宜的物性观、御欲尚俭的循环观，按照"因地制宜、因时制宜、因物制宜"的原则，根据不同土壤、地貌、季节与作物的特点，创造了间作、混作、套作等多层次的种植，形成多种作物相互搭配、合理布局的农田生态复合系统；利用生物间的相生相克关系，把生物种群组合在一起，促使其互利共生、生物防治。同时，顺应物质能量循环规律，把种植业、畜牧业紧密结合起来，将作物秸秆、人畜粪尿、有机垃圾等经堆积腐熟后还田，有利于保障农产品质量安全，实现资源的有效循环利用和农业可持续发展。

二、农耕文化对乡村振兴的现实意义

（一）有利于提升农民素质，培育高素质农民

"天行健，君子以自强不息；地势坤，君子以厚德载物。"这是对农耕时代的中国人立于天地之间开拓进取、生生不息的气质品格最精炼准确的概括，也是中华优秀传统文化的内核（曹东勃，2018）。通过挖掘农耕文化蕴含的思想观念、人文精神和道德规范，有利于引导农民重拾文化自信，激发奋斗精神，强化对乡村的情感认同和文化认同，吸引城市资本和人才回流，进一步推动乡村人才振兴。尤其是在进入新时代，我国农业经营主体加速职业化的今天，让新时代的农民更全面地了解我国悠久的农业历史，吸纳农耕文明的丰厚滋养，借鉴优秀的农学思想，有利于提高农民素质，将"培养造就一支懂农业、爱农村、爱农民的'三农'工作队伍"与"培育千千万万个懂农业、务农活、建农村的高素质农民"紧密结合，引导广大农民参与乡村社会治理和农业现代化生产，为打赢脱贫攻坚战和乡村振兴贡献智慧和力量。

（二）有利于建设文明乡风，完善乡村治理体系

2018年全国两会期间，习近平总书记在山东代表团参加讨论时指出："农耕文化、农耕文明是中华民族对人类文明的重要贡献，是乡风文明的根和魂，而乡风则是维系中华民族文化基因的重要纽带。"农耕文明是我国优秀传统美德诞生的土壤，古代农民在中国农民面朝黄土背朝天的生产实践中，形成了"天人合一"的世界观、"一分耕耘一分收获"的价值观以及"顺天应时""和谐相处"的自然观，蕴含了家庭为本、尊祖尚礼、勤俭节用等人文精华，孝义忠信、守望相助、患难相恤等相处之道，体现了中国人对时间、空间的最早感知，展现了中国人勤劳、质朴的传统美德。深度挖掘、传承弘扬蕴含在农耕文明中的传统美德，对解决当前农村存在的突出问题和乡村治理体系的完善有着积极的作用。

（三）有利于推进文旅结合，优化产业投资环境

农业文化遗产既是一方水土独特的精神成果和审美创造，更是扶贫脱贫、产业振兴和三产融合的文化资源及文化资本。例如，首届"中国农民丰收节"主场活动，既有现代农业成就展示和品牌农产品的宣传推介活动，也有"庆丰收"藏品展和非物质文化遗产技艺展演活动，是农耕文明和现代农业有机融合的典范。分场活动下沉到县乡村，主办单位推出"5个100"活动，即100个特色村庄、100个品牌农产品、100个乡村文化活动、100个乡村美食、100个乡村旅游线路推介活动，吸引广大城市居民回到乡村，参与农事体验，体验农耕乐趣，感受民俗文化，重温乡村记忆。丰收节期间线上线下农产品销售额突破200亿元，既服务了市民，也富裕了农民，形成全社会共同参与、乡村全面受益的良好局面。通过对传统农耕文化的创新传承，中国农民丰收节成为拉动农村经济发展、促进城乡融合的新民俗。

三、农耕文化在乡村振兴中的运用

（一）营造文明乡风

乡风文明是乡村振兴的文化基础。中共十九大报告提出实施乡村振兴战略，把"治理有效"作为乡村振兴总要求的重要内容。2018年，习近平总书记在中央农村工作会议上进一步强调"必须传承发展提升农耕文明，走乡村文化兴盛之路"。让人们"望得见山，看得见水，记得住乡愁"，传承农耕文明，接续优秀文化传统是关键所在。一是宣传良好家风。凝聚整合乡民现代乡贤和宗族组织，通过整理家训、家规，开展"优秀家训、家规进万家"活动，促进家庭和睦，净化社会风气。设立"道德讲堂"或文化礼堂建设，提升村民精神文明素质，重构乡村社会伦理。二是培育淳朴民风。鼓励乡村两级开展"五好"家庭、好公婆、好媳妇等评选活动，弘扬尊老爱幼的传统美德，改善农民精神风貌，焕发乡村文明新气象。三是营造文明乡风。深入挖掘优秀传统农耕文化蕴含的思想观念、人文精神、道德规范，引导县级有计划地改造建设能够反映当地文化习俗的博物馆，弘扬正能量，但要避免一哄而上建立博物馆等。

（二）创新乡村自治体系

治理有效是乡村振兴的政治和组织保障。习近平总书记在2018年中央政治局第八次集体学习上强调："我国农耕文明源远流长、博大精深，是中华优秀传统文化的根，要在实行自治和法治的同时，注重发挥好德治的作用，推动礼仪之邦、优秀传统文化和法治社会建设相辅相成。"传统农耕社会的生产生

活方式，形成了"德业相劝，过失相规，礼俗相交，患难相恤"的乡村治理传统。健全乡村治理体系既要传承发展我国农耕文明中的优秀传统，又要建立健全现代乡村社会治理体制，完善以党的基层组织为核心、村民自治和村务监督组织为基础、集体经济组织和农民合作组织为纽带、各种社会服务组织为补充的农村治理体系。要加强农村的思想道德建设，立足传承中华优秀传统文化和乡土文化，规范和鼓励农村出台优秀的乡规民约，引导农村摒弃婚丧嫁娶大操大办等恶习，以正能量成风化人；要推行诚信社会建设，要强化责任意识、规则意识、风险意识；通过政策支持，鼓励农村能人和乡贤参与乡村治理；规范农村特别是自然村宗族祠堂的建设等；动员鼓励农村成立村民监督委员会，推广"一事一议"制度，形成全体村民广泛参与、互相监督的村民自治体系。

（三）推动乡村产业振兴

产业兴旺是乡村振兴的物质基础。习近平总书记强调，要善于把弘扬优秀传统文化和发展现实文化有机统一起来，紧密结合起来，在继承中发展，在发展中继承。这是守住民族之根，壮大民族之魂，不断创新、建设、发展中国特色社会主义文化根本的方法论与必由之路（杜学文，2014）。一是充分挖掘具有农耕特质、民族特色、区域特点的物质文化和非物质文化遗产，出台扶持保护农业重要文化遗产和非物质文化遗产的政策，形成农业文化遗产与乡村旅游等良性发展的机制，切实解决农业重要文化遗产保护难、维持难等问题，加强农业文化遗产保护、宣传、展示。二是加强技术培训，支持培养传承人。习近平总书记在2013年中央农村工作会议上谈道："我听说，在云南哈尼稻田所在地，农村会唱《哈尼四季生产调》等古歌、会跳乐作舞的人越来越少。不能名为搞现代化，就把老祖宗的好东西弄丢了！"要加大力度宣传、引导、培训，让新一代农民能掌握传统技术、工艺。三是打造三产融合发展，推动农业产业升级，加大资金投入文化遗产、古村落、重要文物的开发利用保护，发展绿色生态新产业、新业态，打造文旅结合的休闲生态农业，实施"一村一品、连片发展"。同时，结合重要节气、节日和"中国农民丰收节"，推出以弘扬农耕文化为核心的文化节，开展农作物种植体验活动、民俗文化展演和特色美食品尝活动，形成"以文化人、寓教于乐"的农耕文化体验品牌，提高农业产业的品牌号召力和文化影响力。

（四）推进美丽宜居乡村建设

生态宜居是乡村振兴的关键。农耕文化强调协调和谐的三才观、趋时避害的农时观、辨土肥田的地力观、种养三宜的物性观。把农耕文化中的生态循环利用理念融入生态治理和美丽乡村建设中。一是有利于全面处理农村垃圾。加大废弃物循环利用技术的推广力度，推进畜禽养殖废弃物、秸秆等的综合利用。加强农村生活垃圾集中分类处理，禁止露天焚烧垃圾，推行生活垃圾，实行卫生化填埋、焚烧、堆肥或沼气化利用。推行农户分类、村集中、乡镇转运、县处理的垃圾收运处置方式，促进农村垃圾资源化利用和无害化处理。二是有利于建立污水处理机制。分步骤、有计划地推进农村生活污水治理，推动城镇污水管网向周边村庄延伸、覆盖，因地制宜采用适合农村特点和实际的污水处理技术，促进生活污水源头减量和尾水回收利用。大力推进"厕所革命"，编制行动计划和实施方案，从农村实际出发推动卫生厕所建设和改造。三是有利于美化村容村貌。保护和恢复山水林田湖草生态系统，在可利用空间植树造林，建设绿色生态村庄。注重保护历史文化名村和农村特色风貌，注重建筑风貌、历史文化、景观美化、自然风景的整体协调。

参 考 文 献

曹东勃，2018. 优秀传统农耕文化助力乡村振兴［N］. 光明日报，09‑25.

杜学文，2014. 把弘扬优秀传统文化和发展现实文化有机统一起来［OL］. 人民网，11‑26.

（作者李逸林就职于中国农业博物馆）

乡村振兴战略下"农业文化遗产"的保护利用

——以寿光市为例

李云云

一、引言

按照 2016 年中央 1 号文件关于"开展农业文化遗产普查与保护"的部署要求，山东省有 46 项入选全国农业文化遗产名录，寿光共有 4 项，分别是：山东寿光桂河芹菜栽培系统、山东寿光羊角黄辣椒栽培系统、山东寿光大葱栽培系统、山东寿光鸡养殖系统。在山东省 46 项名单中，仅仅山东章丘大葱栽培系统在 2017 年列入中国重要农业文化遗产，而同类型的山东寿光大葱栽培系统没有申报。与其他省份如青田稻鱼共生系统、安溪铁观音农业文化遗产相比，寿光市在很长一段时间里，对农业文化遗产认识不够、重视不足，尤其对农业文化遗产背后所包含的文化价值、经济价值、生态价值的发掘、保护利用不够，不能将其变为乡村振兴的重要资源。因此，寿光市乡村振兴战略的实施亟待立项基于农业文化遗产的保护与利用的系统研究。

二、农业文化遗产——美丽乡村建设的核心

农业文化遗产是人类文化遗产不可分割的重要组成部分之一，具体包括遗址类、技术类、工程类、景观类、民俗类、文献类、名产类 7 种类型。寿光市作为农圣文化的发源地，有着珍贵的农业文化遗产。《齐民要术》作为极为珍贵的农业文化遗产也是农业文化的精粹，与其他类型的农业文化遗产共同构成了美丽乡村建设的核心价值。具体表现在：①农业文化遗产为美丽乡村建设提供物质载体；②其文化内涵为美丽乡村建设提供软实力；③可成为产业发展的重要支撑；④作为精神食粮提高乡民的文化自信。因此，合理的农业文化遗产利用有助于乡村振兴战略的实施，使得美丽乡村不再"千村一面"，而是成为更具乡土特色、文化内涵的生态文明栖居地。

三、寿光市农业文化遗产保护利用支撑条件分析

(一) 寿光市概况——综合支撑

寿光市位于山东半岛中北部、潍坊市境西北部、渤海莱州湾西南岸。2018年稻田机场迁建进入启动状态，羊口港进一步扩容，济青高铁青州北站与G308连接线、大沂路北伸，重要公路基础设施建设项目进一步推进，海、路、空交通便利。寿光市地处鲁中北部沿海平原区，属暖温带季风区大陆性气候。寿光蔬菜批发市场是全国最大的蔬菜集散中心。同时，建有高新技术开发与生产、加工及出口为一体的蔬菜高科技示范园。寿光市的旅游项目包括每年一度的寿光市蔬菜博览会、洰淀湖景区、以诚农场、现代农业产业园、鲁寿凤堂农场等。

(二) 农圣文化源头——文脉之魂

农圣文化是以中国古代农学家贾思勰及其农学巨著《齐民要术》为基础发展起来的一种农业文化，是中国优秀传统文化的重要组成部分。随着时间的推移，农圣文化在寿光这片热土上不断生根、发芽并发展。几千年的积淀和发展，农圣文化已经融入寿光人生活的方方面面。每年的农圣文化节集中展示和体现了农圣文化，如农圣书画艺术展、手工泥塑《蔬菜百子》、制作图片集《人文圣城、魅力菜都》等。通过这些丰富多彩的文化艺术活动，来纪念伟大的农学家贾思勰。新建的农圣公园，矗立着巨大的贾思勰雕塑，部分场地雕刻着《齐民要术》中的农业生产语句。此外，还有一些景观雕塑反映了古代人们劳动生产的场景。在寿光，无论是喧嚣的城里还是优美的乡村，无不体现出浓郁的农圣文化的气息。

(三) 高等学校驻地——人才保障

潍坊科技学院作为教育部批准，由寿光市人民政府兴办的一所全日制应用型普通本科高校，是潍坊国家职业教育创新发展试验区试点院校，拥有教学科研仪器设备总值2亿元，馆藏图书125万多册。教职工1 700多人，拥有中国工程院院士、"千人计划"海外特聘教授、泰山学者等高科技知识人才。副高及以上教师525人，硕士及以上教师1 051人，双师型教师312人，11人受聘为山东农业大学、山东师范大学、天津职业技术师范大学硕士生导师。雄厚的人才资源为农业文化遗产的保护利用提供了人才保障。

（四）乡村振兴战略——政策扶持

2017 年中共十九大报告提出乡村振兴战略，报告指出"农业农村农民问题是关系国计民生的根本性问题，必须始终把解决好'三农'问题作为全党工作重中之重，实施乡村振兴战略"。2018 年 2 月 4 日，公布的中央 1 号文件，即《中共中央国务院关于实施乡村振兴战略的意见》，提出大力实施乡村振兴战略。其中，文件中指出"传承发展提升农村优秀传统文化，切实保护好优秀农耕文化遗产，推动优秀农耕文化遗产合理适度利用"。农业文化遗产是人类社会发展留下的宝贵财富，在乡村振兴战略政策的支持下，农业文化遗产通过一二三产业融合发展、创立农产品品牌、发展乡村旅游等途径，发挥其在乡村发展中的价值。

四、寿光市农业文化遗产保护利用途径实践应用

为贯彻落实 2016 年中央 1 号文件关于"开展农业文化遗产普查与保护"的部署要求，农业部办公厅公布了 2016 年全国农业文化遗产普查结果。其中，山东寿光桂河芹菜栽培系统、山东寿光羊角黄辣椒栽培系统、山东寿光大葱栽培系统、山东寿光鸡养殖系统入选全国农业文化遗产名录。为更好地发挥农业文化遗产在乡村振兴的价值，现将寿光两处农业文化遗产保护利用途径进行探索：

（一）山东寿光桂河芹菜栽培系统的保护利用

寿光桂河芹菜因产在稻田镇桂河村而得名，是生长在桂河岸边的一种蔬菜。此地系河流冲积地带，特殊的土质富含多种微量元素，而其经过二次生长的特殊种植方式，使得芹菜酥脆、入口无渣、口感清香等优点而久负盛名，获得地理标志证明商标、农产品地理标志产品。桂河芹菜已经成为农产品名牌，但其生产与销售模式目前仍然较为单一，为更好地发挥其品牌效应，真正做强做大，促进农民增收、农村富裕，可以尝试以下 5 种农业业态：

1. 发展订单农业　以需定产，采取会员制形式，即会员预先付费确定未来一年的芹菜需求量，然后农户根据订单情况确定种植规模。

2. 发展精品高端农业　有机农业为此种农业业态的主要产品形式。2015 年，中国对有机产品的需求量已经排名全球第四，有机商品的销售额直线上升。城市中高收入人群对此类产品的需求量越来越多，为有机产品的生产提供了广阔的市场前景。桂河芹菜在生长条件、种植方式上严格按照有机农业标

准，不仅提高农产品价格，增加农民收入，也能够维护品牌名誉。

3. 发展智慧农业　运用现代传感器与软件，通过计算机或者手机平台对农业生产进行监控。一方面，解决因农药利用泛滥导致的环境生态恶化；另一方面，转变农业粗放经营现状，提高桂河芹菜这一品牌的综合竞争力。

4. 发展超市农业　以超市为经营平台，使得桂河芹菜作为农产品名牌产品进入超市销售。

5. 发展"O2O"模式农业　利用电子商务平台，实现生产者、商家和消费者互动，既解决了分散的小农生产与大市场对接难的问题，也可以通过终端需求倒逼生产环节"标准化"，推动可追溯体系的建设，提升桂河芹菜农产品品质，有助于品牌的树立。

（二）山东寿光鸡养殖系统的保护利用

寿光鸡原产于山东省寿光市稻田镇一带，以慈家村、伦家村饲养的鸡最好，所以又称慈伦鸡。寿光鸡的历史悠久，杰出的农业科学家贾思勰在《齐民要术》一书中，对寿光鸡的禽养方法有专门记载。《寿光县志》中也有对寿光鸡的记载："鸡比户皆畜，鸡卵甲他县，皮有红白之殊……雄鸡大者高尺许，长冠巨爪，为一邑特产"。该鸡的特点是体形硕大、蛋大，属肉蛋兼用的优良地方鸡种。2013 年，中央电视台《农广天地》对寿光鸡养殖技术作了专题报道。但这一优良的禽类品种在 20 世纪 80 年代却一度濒临灭绝的边缘。因此，保护优良地方品种，并将其作为农村致富发展的重要资源还需要多方努力、多种农业业态的尝试：

1. 发展休闲农业　把农业和旅游业有机结合在一起，利用寿光鸡这一农业资源，结合农业生产经营活动和农村生活、博览会展等内容，吸引游客前来品尝、购物、度假等，在体验农村生活的同时满足对美食、美景的需求，获得归园田居的生活体验。

2. 发展精品、高端农业　采用纯粮喂养，发展有机食品，满足有机产品需求量的增长需求。

3. 发展认养农业　即消费者预付生产费用，生产者为消费者提供绿色、有机食品。利用互联网、手机平台，通过网络摄像头等高科技手段，获得认养鸡的喂养、生长情况，使得忙碌的都市人可以参与农业生产的各个环节。

4. 发展种养＋功能复合农业　即在禽类养殖的基础上增加其他的生产类型，如青田县稻鱼养殖系统，在种植水稻的基础上养殖鲤。寿光鸡种养＋功能复合农业可以在养殖寿光鸡的同时种植果树，既能保证粮食安全，又能建设高标准农田与养殖场。

五、结语

实现乡村振兴战略的途径多种多样。寿光市作为农圣文化的发祥地,农业文化遗产丰富。注重农业文化遗产背后价值的保护,特别是遗产的文化、生态、经济、社会价值,强调遗产背后农圣文化的软实力,突出寿光乡村特色,使得农业文化遗产成为传承农圣文化的优势资源,是本地区农业文化遗产保护利用确实可行的途径。

参 考 文 献

闵庆文,2007. 关于"全球重要农业文化遗产"的中文名称及其他 [J]. 古今农业(3): 116-120.

他淑君,2017. 安溪铁观音农业文化遗产非使用价值评估与保护策略研究 [D]. 福州:福建农林大学.

苑利,2006. 农业文化遗产保护与我们所需注意的几个问题 [J]. 农业考古(6): 168-175.

张朝枝,保继刚,2005. 美国与日本世界遗产地管理案例比较与启示 [J]. 世界地理研究, 14 (4): 105-112.

周生超,2017. 寿光地区农圣文化与乡村旅游的互动研究 [J]. 城市旅游规划 (7): 173-174.

Buckley R, Ollenburg C, Zhong L S, 2008. Cultural landscape in Mongolian Tourism [J]. Annals of Tourism Research, 35 (1): 47-61.

Prentice R C, 1993. Tourism and Heritage Attractions [M]. London: Routledge.

(作者李云云就职于潍坊科技学院)

农业文化遗产对乡村振兴的意义

闵庆文　曹幸穗

中国 5 000 多年的游牧和农耕历史中衍生出灿烂的农业文明。这些农业文化遗产蕴含着丰富的生物、技术、文化"基因",对于乡村振兴具有重要的现实意义。

一、乡村振兴是全球面临的共同课题

城乡差距扩大、乡村衰落是当今中国快速发展中的现实境遇。随着工业化和城镇化发展,在城市扩张的同时出现了农村的衰落。农村劳动力从农业向非农产业转移以及其中一部分人口向城镇流动,这一过程的直接显现就是农村资源或要素的"过度"流出,弱化了农业与农村发展所必要的人力、物力、财力和聚集力。主要表现为农村居住人口过度减少而导致所谓"空心化"现象,同时伴以居住人口和农业从业人口"老龄化"现象,以及农村产业发展缓慢、传统乡村文化消失、农村生态环境恶化和乡村人才流失等。

其实不仅在中国,世界各地也面临着共同的问题。据研究,大多数国家都在不断推进城市扩张,以促进经济发展和提高国民生活水平,但与之相应的则是乡村发展活力的不断降低。无论是发达国家还是发展中国家,概莫如此。从某种意义上说,乡村衰落是全球面临的共同挑战,乡村振兴是全球面临的共同课题。

以我们的近邻日本为例。20 世纪 60 年代,随着日本经济的快速增长,农村劳动力不断向城市流动,许多农村出现了衰落。主要表现为农村劳动力高龄化与兼业化现象严重、村落数量不断减少、农村经济几近停滞、农业后继者匮乏,土地抛荒、半抛荒现象较为普遍,城乡差距进一步扩大。

正是为了解决这些难题,日本开展了农村振兴运动,并在 70 年代末又发起了造村运动,旨在以振兴产业为手段,促进地方经济发展,振兴逐渐衰落的农村。

2017 年 10 月 18 日,习近平总书记在中共十九大报告中提出乡村振兴战略。2017 年 12 月 29 日,中央农村工作会议进一步提出走中国特色社会主义乡村振兴道路,并按照中共十九大提出的决胜全面建成小康社会、分两个阶段实现第二个百年奋斗目标的战略安排，明确了实施乡村振兴战略的目标任务与时间表。

2018 年 3 月 8 日，习近平总书记在十三届全国人大一次会议期间参加山东代表团审议时，强调实施乡村振兴战略"是中共十九大作出的重大决策部署""是一篇大文章""要统筹谋划、科学推进"。提出"五个振兴"的科学论断，对实施乡村振兴战略目标和路径给出明确指示，即乡村产业振兴、乡村人才振兴、乡村文化振兴、乡村生态振兴、乡村组织振兴。

二、农业文化遗产富含乡村振兴的多种资源

中国 5 000 年以上的游牧和农耕历史中衍生出灿烂的农业文明。这些珍贵的农业文化遗产，至今依然发挥着重要的作用。不仅在中国，在世界上其他地方也存在着各种各样的农业文化遗产，对当地的百姓生计、社会进步和文化传承起到了重要的作用。

2002 年，联合国粮农组织发起了"全球重要农业文化遗产"倡议，中国成为这项事业的最早响应者、成功实践者、重要推动者和主要贡献者。这里所说的"农业文化遗产"，是以活态性、系统性、多功能性为主要特征的新的遗产类型，是劳动人民在与所处环境长期协同发展中世代传承并具有丰富的农业生物多样性、完善的传统知识与技术体系、独特的生态与文化景观的农业生产系统。农业文化遗产蕴含着丰富的生物、技术、文化"基因"，对于乡村振兴战略实施具有重要的现实意义。

品种单一化是一个全球性问题，并产生了一系列负面影响：容易发生大范围的突发性病虫害或其他生物灾害；不能满足不同消费需求的差异化供应，出现"万国一色，千种一味"的市场格局；难以满足人们对农产品功能特色越来越高的要求。通过发掘农业文化遗产，将有助于坚持农业育种的多元化方向、克服过度追求产量导向的单一化育种倾向；有助于坚持良种选育的优质化、特色化、地方化目标，重视传统优质品种的提纯复壮和推广利用，形成具有显著地方特色的农业生产和农产品质量的优势；有助于进一步发掘并利用好地理标志品种资源和农业良种资源。

以化肥农药施用为主要特征的现代农业，造成土壤劣化、环境污染、肥力下降的弊端，也促进了当前世界范围内发展生态循环农业的热潮。传统农业可以称为无污染农业、零排放农业，因为它的生产过程和产后加工利用，都没有向环境排放废弃物，做到了综合利用、循环利用、绿色利用。我国传统农业中的桑基鱼塘、稻鱼共生、农林复合、农牧结合等，都是生态循环农业的成功范例。

可持续的农业绿色发展已在国际范围内取得广泛共识。在农业结构调整的"提质增绿"方面，可以借鉴我国农业文化遗产的优良传统：我国历史上选育了大批作物优良品种，在当前的"稳量提质"结构调整中可以发挥重要作用；在栽培技术取向上，坚持绿色环保的技术措施，恢复"绿肥养田，厩肥养稼"的农业技术，可以使田园增绿、品种增优；采用传统农业的生物防治技术，发展中医农业，可以有效避免化学合成肥料和生物激素对农产品品质的影响；倡导循环农业和生态农业的种植方式，减少环境污染，确保农业产品的优质安全，可以促进绿色农业、绿色产品、绿色乡村的绿色发展目标的实现。

作为农业文化遗产系统重要组成部分的乡村民俗文化，也是中华优秀传统文化的重要组成部分，对于农耕文化传承、农村社会和谐，同样具有重要意义。

农耕文化是中国五千年文明发展的物质基础和文化基础，是中华优秀传统文化的重要组成部分，是构建中华民族精神家园、凝聚炎黄子孙团结奋进的重要文化源泉。历经千百年而不衰的农业文化遗产，是中华文化的重要组成部分，是"人与自然和谐相处"的典范。

三、农业文化遗产地将成为乡村振兴示范区

自 2005 年浙江青田稻鱼共生系统被联合国粮农组织认定为全球重要农业文化遗产以来，经过 10 多年的发展，在农业部的统一领导下，在中国科学院等单位的支持下，中国不仅以 15 项全球重要农业文化遗产的数量位居各国之首，而且在探索遗产保护、经济发展进行了有益探索，取得了显著成效。

从农业部发布的 4 批 91 项涉及 104 个县（区、市）的中国重要农业文化遗产可以明显看出这些地方的一些显著特点：

1. 基础设施薄弱、经济发展落后　在 104 个县（区、市）中，有 40 多个属于国家重点贫困县，是实施精准脱贫的重点地区。即使像浙江青田这样的东部地方，也因"九山半水半分田"的自然条件，农村基础设施建设和农业经济相对滞后。

2. 生态系统脆弱、生物资源丰富　所认定的农业文化遗产地中，绝大多数位于高原、山区、洼地、旱地、水源保护地等，生态系统脆弱但服务功能重要，属于重要生态功能区。同时，这些地方不仅保留了青田田鱼、梯田紫米、从江香禾、兴化龙香芋等独特的地方农业物种资源，也是生物多样性富集的地区。

3. 传统知识丰厚、技术体系完善　由于受到现代技术的影响相对较小，

许多农业文化遗产地依然保留着农业生产、资源管理的传统知识与技术。不仅有桑基鱼塘、稻田养鱼、农林复合这些典型的生态农业模式，也有木刻分水、坎儿井这样的资源保护与利用技术。

4. 文化资源富集、乡村景观优美　"农耕文化是中华文化的根"，在农业文化遗产地表现尤为显著。那里不仅有青田鱼灯舞、从江侗族大歌、哈尼四季生产调等一大批国家甚至世界非物质文化遗产，也有田鱼干炒粉干、九层糕等地域特色明显的饮食文化，还有森林-村落-梯田-水系组成的完美稻作梯田系统以及垛田、古香榧群、古桑树群、古枣园等乡村景观。

5. 人口数量较多、人才资源短缺　人多地少、人才缺乏、劳动力资源富集是农业文化遗产地的一大特色，有序推进城镇化、实施劳动力转移、提高劳动力素质是乡村发展的重要课题。

农业文化遗产地应当针对上述特点，充分利用资源优势与"后发"优势，实现"五个振兴"。

产业振兴方面，应当围绕农村一二三产业融合发展，充分发掘遗产地的生物、生态、文化与景观资源优势，构建乡村产业体系，因地制宜、突出特点、发挥优势，形成既有市场竞争力又能持续发展的产业体系。敖汉旗紧紧抓住"全球环境 500 佳""全球重要农业文化遗产"两个金字招牌，做大做强小米产业，就是一个成功案例。

人才振兴方面，应当在重视引进外来优秀人才的同时，更加重视本土人才的培养与利用，注重吸引知识青年回归故土，注重劳动者能力的提高。青田县归国华侨金岳品、敖汉旗返乡创业的刘海庆、红河县带领村民致富的郭武六都是这方面的突出代表。

文化振兴方面，应当本着扬弃的态度，发掘传统文化中的优秀成分，弘扬主旋律和社会正气，培育文明乡风、良好家风、淳朴民风，使乡村社会更加互助发展、乡邻和睦、乡风文明。同时，利用丰厚的文化资源促进多功能农业与文化创意产业的发展，实现经济与文化的同步发展。

生态振兴方面，科学合理利用自然资源，有效保护生态环境与生态系统功能，治理美化乡村生活环境。让良好的生态环境成为乡村振兴的支撑点，贯彻"绿水青山就是金山银山"的发展理念，将生态系统保护、资源持续利用贯穿于农业绿色发展之中。真正使乡村成为山清水秀、生态宜居的美丽乡村。

组织振兴方面，在建立健全基层党组织的同时，充分发挥传统社会治理的积极因素，坚持法治、德治、村民自治相结合的治理结构，利用行之有效的乡规民约，构建新型乡村社会治理体制。

在农业文化遗产地，通过乡村振兴战略的实施，对实现乡村经济发展、乡土文化传承、乡村社会和谐、乡村生态健康有着特别的意义，而且通过探索出一条经济发展、生态保育与文化传承的农业文化遗产保护之路，可以为世界农业与农村可持续发展贡献出中国方案。

（作者闵庆文为联合国粮农组织全球重要农业文化遗产科学咨询小组副主席；作者曹幸穗为农业农村部全球/中国重要农业文化遗产专家委员会副主任委员）

传统农业文化遗产中的农业
伦理挖掘与研究

——以广西龙脊梯田为例

卢 勇 余加红

随着 2002 年联合国粮农组织（FAO）全球重要农业文化遗产（Globally Important Agricultural Heritage System，简称 GIAHS）^① 项目的启动，农业文化遗产热潮席卷全球，我国关于农业文化遗产的研究与保护开发也不断升温。随之于 2012 年 4 月农业部也启动了中国重要农业文化遗产^②发掘工作，旨在对我国的农业文化遗产进行更好地挖掘、保护、传承和利用。中国重要农业文化遗产应在活态性、适应性、复合性、战略性、多功能性和濒危性方面有显著特征，具有悠久的历史渊源、独特的农业产品、丰富的生物资源、完善的知识技术体系、较高的美学和文化价值，以及较强的示范带动能力（李明、王思明，2012）。因此，在当下的农业文化遗产保护与研究的过程中，也要充分挖掘其中所蕴藏的农业伦理思想，并对其农业伦理思想价值进行深入研究，从而为我国现代化农业发展提供新的思想基础。而广西龙胜龙脊梯田系统^③就是现存的活态性的中国重要农业文化遗产，具有一定突出代表性，值得我们作一番深入研究，挖掘其中价值所在。

---

① 全球重要农业文化遗产：联合国粮农组织（FAO）给出的概念是："农村与其所处环境长期协同进化和动态适应下所形成的独特的土地利用系统和农业景观，这种系统与景观具有丰富的生物多样性，而且可以满足当地社会经济与文化发展的需要，有利于促进区域可持续发展"。

② 中国重要农业文化遗产：农业部的界定是"人类与其所处环境长期协同发展中，创造并传承至今的独特的农业生产系统，这些系统具有丰富的农业生物多样性、传统知识与技术体系和独特的生态与文化景观等，对我国农业文化传承、农业可持续发展和农业功能拓展具有重要的科学价值和实践意义。"

③ 广西龙胜龙脊梯田系统：位于广西壮族自治区桂林市东北部的龙胜各族自治县和平乡平安村，地处越城岭山脉西南麓的龙脊山，其核心区域面积共 66 平方千米，梯田面积达 10 734 亩*，海拔最高 1 180 米，最低 380 米，坡度大多为 26°~35°，最大坡度达 50°。龙脊梯田始建于宋代，发展于元代，成形于明代，完工于清初，距今已有 800 多年的历史。龙脊梯田以其独特的水循环灌溉系统和稻作农业生产体系入选 2014 年第二批中国重要农业文化遗产名录、2017 年全球重要农业文化遗产（GIAHS）名录。

* 亩为非法定计量单位。1 亩=1/15 公顷。

一、农业伦理的内涵

关于伦理，我们耳熟能详的大概有道德伦理、医学伦理、技术伦理等，但对于农业伦理似乎少有耳闻。伦理学属于哲学范畴，但农业伦理始于农业科学阵营内部的"反叛"，20世纪六七十年代蕾切尔·卡森（Rachel Carson）、罗伯特·泽姆丹（Robert L. Zimdahl）等农业科学家对农业生产行为提出预警性思考和伦理问题，奠定了农业伦理学发展的基础（李建军，2015）。经过40多年的发展，农业伦理学逐渐受到来自各个领域的关注和研究。

作为一个农业问题突出的农业大国，我国农业的发展更需要农业伦理学的指导与支持。但是，农业伦理学在我国起步较晚，发展也比较缓慢。在10多年前，任继周[①]院士就意识到了缺少伦理关怀的农业是容易误入歧途的。而且，在他的倡议下，我国农业伦理学在近几年得到了长足的发展，引起了各个领域学者的关注和研究，逐渐构建起了较为完善的中国农业伦理学系统。但是，对于农业伦理学的理解，各个方面的学者从不同的维度作出了不同的阐述。

任继周等（2015）认为："农业伦理学就是探讨人类对自然生态系统农业化过程中发生的伦理关联的认知，亦即对这种关联的道义诠释，判断其合理性与正义性。"这就从道德层面概括了农业伦理的内涵，是人与农业生产系统之间的关联问题。在齐文涛（2015）看来，农业伦理学涉及的主要问题可以从3个维度去理解："农业是人干预自然以获取农产品的过程，农业伦理学所论者不外乎农民及其他涉农人员、农业资源与环境、农产品这3个维度的伦理问题，不妨称其为人本身、自然界和农产品的三维伦理学"。这就要求人作为这个关联中的主体，要充分发挥自身的主观能动性，从道德层面出发处理好与自然界以及农产品之间的关系。这也可以从王思明、刘启振（2016）的观点中看出来，他们认为："农业伦理研究和探讨的是农事活动过程中人类的伦理道德问题，主要包括人类如何保持农业的永续发展，如何在促进生产、繁荣经济和提高社会文明程度的同时，更加合理、科学地对待自然和保护生物，从而更好地协调人与人、个人与社会以及人与自然之间的关系"。该观点也更加全面地论述了在农业生产中农业伦理应该发挥出的作用，也就提升了农业伦理的现实意义。

笔者看来，在农业伦理学的内涵界定上应该将其上升到哲学的高度，因为哲学是高于其他具体科学的，要用哲学的思维去锻造农业伦理思想。此外，在

[①] 任继周：中国工程院院士，兰州大学草地农业科技学院教授、博士生导师。

具体农业生产中，应充分发挥农业伦理学的普适性和应用性，要将高上的哲学思想转化为基本的行为准则。这样农业伦理学既能以高屋建瓴的姿态指导具体农业相关科学的自身发展，又能以简单的平行状态与具体科学相融合，从而在人本身、自然界、农产品之间形成一个可视性的操作系统，而不只是抽象的理论体系。在此过程中也要充分汲取我国古代的农业生产思想，如此，便能更好地为现代农业问题的解决发挥更大的积极效益。

二、农业文化遗产中的农业伦理思想挖掘

"在漫长的传统农业社会，我们的祖先用勤劳和智慧创造了呼应自然节律和农业生产周期的'应时'，因地、因物的'取宜'，'农为本、和为贵'的'守则'，天、地、人'和谐'等农耕哲学，其地域多样性、民族多元性、历史传承性和乡土民间性，在世界上均独树一帜，深深影响着中国的历史进程，影响着世界文明的发展"（富兰克林·H. 金，2016）。看待农业文化遗产并不能只从其表面，也要从历史角度发掘其内在价值。因此，农业文化遗产并不只有历史文化和旅游价值，其中更是蕴藏着诸多农业伦理思想，能够为今所用，当充分挖掘以用之。因中华文化思想宝库博大精深，所以本文主要以广西龙胜龙脊梯田系统为主要代表，辅以其他农业文化遗产，对"三才思想""三宜思想""用水五术思想"等农业伦理思想进行研究。

（一）"三才思想"

所谓"三才"，乃天、地、人也。《吕氏春秋》云："夫稼，为之者人也，生之者地也，养之者天也"（夏纬瑛，1956）。这是中国古代最早对农业生产与天地人三者之间关系的阐述，从而也是后世农业思想以及其他思想发展的基础。我们所熟知的天时、地利、人和大都来源于兵书和战争思想，殊不知天、地、人"三才思想"最初来源于农业生产，后来逐渐演变成世界观和方法论，成为我国古代百家学说的共同思想观念。既然"三才思想"源于农业，当然也就会对农业生产产生诸多影响，传统农业文化遗产中也会保留"三才思想"的影子，其中以广西龙胜龙脊梯田系统为最典型。

龙脊梯田地处亚热带季风气候区，常年雨量充沛，且容易受台风影响，暴雨多发，造成山洪、泥石流等次生灾害。但龙脊梯田区域内植被保护良好，随山势海拔变化形成了乔、灌、草森林植被的立体生态屏障，四季常青，非常有利于水土保持。再者，当地壮、瑶各族人民在利用区域内土地时，充分考虑了当地的地理自然环境，将整个山体分为3段：山顶为森林，山腰建村寨，寨边及寨脚造梯田（图1），即当地百姓民谚中俗称的："山顶戴帽子，山腰围带

子，山脚穿裙子"（卢勇等，2017）。山顶的森林分布在 1 100~1 850 米的高程范围，有利于水土保持、涵养水源，使山泉、溪涧常年流动，保障了人畜用水和梯田农业生产用水的充沛，同时，森林中还可以为人们生活提供一定的食物；在山腰上建村寨，是利用了山腰气候较为温和，冬暖夏凉，适宜居住，从而创造了一个舒适的生活环境；村下开垦的梯田分布范围在 350~1 100 米高程之内，有利于引水灌溉，发展农业生产，又能够方便村内粪便等有机肥料运输到田间。

图 1　森林-水系-村寨-梯田同构生态系统

资料来源：参考闵庆文等《哈尼梯田稻作系统》等资料整理而成。

这样的设计，一方面，形成了梯田区加森林区的一个生态平衡系统，对水土保持、改良土壤都有重要意义；另一方面，层层田埂把土壤和水分很好地控制在稻田中，做到了很好的水土保持工作，使梯田的水土始终处于一个不干不涝、林田共养的动态平衡之中。这种森林-水系-村寨-梯田的结构实现了功能合理、自我调节能力强的养分循环，体现了人与自然天人合一的高融合复合农业特征。

此外，浙江湖州桑基鱼塘系统[①]也是农业文化遗产中完美体现天地人"三才思想"的杰作。由于区域内经常洪水泛滥，因此这里的劳动人民就将低洼积水的地方挖深形成水塘，水塘里养鱼，挖出来的泥土堆积成塘基，在塘基上再种桑树，用于养蚕，蚕沙用来喂鱼，如此便形成了"塘中养鱼、塘基种桑、桑叶喂蚕、蚕沙喂鱼、鱼粪肥塘、塘泥壅桑"的桑基鱼塘生态系统（叶明儿，2016）。在这个生态系统内不仅融种桑、养蚕、养鱼于一体，而且真正实现了

---

① 浙江湖州桑基鱼塘系统：始于春秋时期，该区域位于太湖南岸的低洼地带，古称菱湖湖群，又名湖州低地，是典型的水乡湿地。入选 2014 年第二批中国重要农业文化遗产名录、入选 2017 年全球重要农业文化遗产（GIAHS）名录。

零污染排放，不会给生态系统造成破坏，也没有浪费资源。

龙脊梯田和湖州桑基鱼塘这样的农业生态复合系统，正是我们梦寐以求的生态农业的典范。而正是该生态系统将天、地、人三者的积极效益充分结合并发挥到了极致，才达到了这样一个完美的生产效果。在现代的农业生产中，虽有高度发达的农业科学技术，我们也应该敬畏自然、避凶趋吉，结合天时地利，充分发挥人的主观能动性，而不能盲目改造自然条件，如此方能实现农业可持续发展。

正如荀子所言："应之以治则吉，应之以乱则凶"（章诗同，1974）。龙脊梯田系统和湖州桑基鱼塘系统的创造正是当地人民结合地势、顺应天常的千古佳作，也是在天地人"三才思想"的影响下形成的耦合农业生态系统的典范。

（二）"三宜思想"

所谓三宜，乃时宜、地宜、物宜也。明代《农说》曰："合天时、地脉、物性之宜，而无所差失，则事半而功倍矣"（宋湛庆，1990）。《农说》是我国古代农书中第一部系统阐述农业理论的著作，对"三宜思想"作出了完整性的说明。实则"三宜思想"很早就受到了古人的重视，也一直在古代农业生产中运用。我国古代农历中的二十四节气、七十二物候，对每一个节气该播种的农作物都有较为明确的规定，这便是古代"时宜思想"的最好体现；根据《周礼》的记载，春秋战国时期就有了土和壤的概念，其中"辨十有二土之名物"的目的是"以相民宅，而知其利害，以阜人民，以蕃鸟兽，以毓草木，以任土事"，再有"辨十有二壤之名物"的目的是"知其种，以教稼穑、树艺"（张芳、王思明，2001），这也许就是最早的"土宜之法"的体现；对于物宜思想，在明清时期的盐碱地改造中最能体现，据《增订教稼书》记载，在不能种稻的地方，可"先种苜蓿，岁薿其苗食之，四年后犁去其根，改种五谷、蔬果，无不发矣，苜蓿能暖地也"（张芳、王思明，2001），这里能够用苜蓿来对盐碱地进行改良利用，说明能够在合适的土壤中种植适合的作物，实乃"物宜思想"之功。

同样，龙胜龙脊梯田系统在其创造和利用过程中也充分体现了"三宜思想"。在开发梯田之初，龙脊先民就懂得要遵循当地自然环境天衣无缝的生态规律，严格根据山体走势和形态精心打造每一层梯田，达到了目的性和规律性的有机统一。在纵向的坡度上，依照同一个角度依势而上，层次分明；在横向的等高线上，每一块梯田都随着山体的曲线而塑造，与山体走向相融合。此外，龙脊梯田的土壤在垂直分布上各有不同：海拔 500 米以下多为山地红壤，500~800 米多为黄红壤，800~1 350 米多为黄壤，1 350 米以上以黄棕壤为主。于是，龙脊人民根据土壤的不同特性，种植不同的农作物，自然土壤适宜林木、茶叶的生长；由花岗岩发育成的高山黄棕壤最适于种植夏秋萝卜；由砂页岩发育成的黄红壤最适于罗汉果的生长。各土壤层有机质含量丰富，土壤肥沃，在不同海拔的各个土壤带因地制宜地种植茶叶、罗汉果、辣椒、甘薯、芋头、玉米、高山蔬菜、水果等农产品。龙脊梯田农业系统也形成了融水土保持和有较高经济价值为一体的山地利用系统，堪称人与自然和谐共生的典范。

除了龙脊梯田之外，贵州从江侗乡稻鱼鸭复合农业系统①也是在"三宜思想"的影响下形成的古代农业生产体系。侗乡稻田大都位于云贵高原的阴冷山区，常年积蓄着深水，因为较为特殊的水土条件，一般的水稻在此无法生长。当地人民经过长期摸索，培育出了适合此处环境的糯稻品种。也正因为栽种的是糯稻品种，才在时间和空间上为鱼鸭生长创造了有利环境。与其他品种的杂交水稻相比较，糯稻的有效分蘖较多，一般能达到7~11个，因此种植密度较小，其根系延伸面积也小，给鱼鸭生存留下了足够的空间；再者，糯稻需要提前栽种，延迟收割，生长周期长达8个月，刚好足够鱼鸭的生长发育，因此能够在时间上满足鱼鸭的正常成长；而且，鱼鸭的生长又能够达到肥田、除虫、中耕、活水、增氧等多重效果，促成水稻的绿色生长，从而实现稻鱼鸭三者共生共收。所以说，从江侗乡稻鱼鸭复合农业系统中，各种不同的有机体占据着各自的生态空间，而彼此之间又建立了多种相辅相成的共生关系；此外，稻鱼鸭根据各自的生长周期，在合适时间节点的规律下和谐共生；从而，在不增加空间和不延长时间的前提下，最大限度地利用了稻田空间和资源，生产出了丰厚的农产品，实现了农田的永续利用（詹全有、龙初凡，2014）。

无论是从龙脊梯田系统来看，还是从从江侗乡稻鱼鸭复合农业系统来看，都是古代人民从时、地、物3个方面出发，在三者共同适宜的层面上创造出了一个三者有机结合的生态系统，犹如《浦泖农咨》所说："农之为道，习天时、审地宜、辨物性，而后可以为良农"，也就使得"三宜思想"在"农道"的哲学层面得到了有效应用。而在农业高科技广泛应用的今天，"良农"甚少，更不能从"农道"的哲学层面审视农业生产与自然生态之间的关联，大量使用化肥、农药以促生产，造成水土污染、生态失衡等诸多问题。因此，"三宜思想"作为古代农业伦理思想应在当今农业发展中得到认同和遵循。

（三）"用水五术思想"

水利是农业的命脉，也是万物之本源。从大禹治水开始，到都江堰水利工程的修建，再到明清时期黄淮治理，无不显现着我国古代人民的"用水思想"。

---

① 贵州从江侗乡稻鱼鸭复合农业系统：从江侗乡稻鱼鸭复合农业系统位于贵州省东南部的重山叠嶂之中，已有1 000余年的历史，2013年被列入第一批中国重要农业文化遗产名录，入选2011年全球重要农业文化遗产（GIAHS）名录。

可以说，中华五千年的农耕文明，也是一部浩瀚的水利发展史。其中，最具代表性的就是"用水五术思想"。所谓用水五术，乃用水之源、用水之流、用水之潴、用水之委、作源作潴以用水也。明代徐光启在《旱田用水疏》中说："用水之术，不越五法。尽此五法，加以智者神而明之，变而通之，田之不得水者寡矣，水之不为田用者亦寡矣！"用水之源，源者，水之本也，泉也；用水之流，流者，水之枝也，川也；用水之潴，潴者，水之积也；用水之委，委者，水之末也，海也；作源作潴以用水，作源者，井也，作潴者，池塘水库也（赵敏，2013）。"用水五术思想"实则是对我国明代之前水利思想的高度概括，这五大用水之术在诸多农业生产实践中都得到了充分应用。

对"用水五术思想"发挥最大的古代农业遗产莫过于梯田，"源之来甚高于田，则为梯田以递受之"。而众多梯田中，广西龙胜龙脊梯田的水循环利用系统最具代表性。水是龙脊梯田农业生态系统中最重要的构成要素之一，龙脊人把水看得比生命更重要。他们认为，有了水，才会有森林；有了森林植被，才能涵养土地，形成田地；有了田地，才会有粮食；有了粮食，才会有生命。足可见，水在其中的重要作用。龙脊梯田的水源主要来自大气降水、森林植被、岩石土壤、高山沼泽和河流5个方面。第一，龙脊梯田属于亚热带季风气候，温润多雨，且受副热带高压的影响形成东南季风，带来充沛的降水，年降水量在1 500~2 400毫米之间。第二，在漫长的生产发展过程当中，龙脊先民意识到山林涵养水源的巨大优势。因此，在开辟梯田的过程当中，没有将森林全部砍伐，而是在山顶封山育林，从而在山顶形成了巨大的水库。可以说，没有水源林，就没有龙脊梯田。第三，在湿润的土层上面，土壤极易发生淋滤作用促使土壤黏化，有利于造田蓄水。研究表明，龙脊梯田位于温暖湿润的亚热带地区，只要具有排水好的地表和相对高差10~30米的地貌条件，就有可能发生淋滤黏化作用。淋滤和黏化过程是同时进行的。土壤黏化将改变土壤的物理性质，使土壤具有了吸水速度快、吸水量多、失水速度慢、失水量少的特点。因此，经过淋滤黏化作用的土壤既易筑埂成田，又能蓄水保水，为梯田稻作生产创造了良好条件。第四，据考察，在龙脊梯田的山巅存在许多深不可测的沼泽。沼泽涵养水源的能力也是巨大的，而这些沼泽都得到了非常好的保护。第五，龙胜地区河流众多，大小河流达480多条。由于山势奇特，河流大多湍急，蕴藏着丰富的水能资源，再加上千百年来梯田生态农业系统的维护，就算是在干旱季节，龙脊地区的河流也照样流淌不息。对于这5个方面的水源，龙脊先民在创造梯田的漫长岁月中，不仅通过各种办法加以充分利用，形成了一个相当完善的水循环系统，而且在保护中也时刻不忘维护生态平衡，使得梯田农业生产可以长期可持续发展。

龙脊梯田是南方湿润地区水循环利用的典型，在西北干旱地区要想发展农业生产，更要充分发挥"用水五术思想"的作用，才能够充分合理利用原本稀有的水源。新疆吐鲁番坎儿井农业系统[①]就是"用水五术思想"下发展而成的古代农业水利杰作。坎儿井由竖井、具有一定纵坡的暗渠、地面输水的明渠和储水用的涝坝4部分组成。竖井有着两个方面的作用：一是能够收集雨水和高山融水，二是能够方便开挖地下暗渠时方便人工上下和渣土清运，也有利于后续的维护保养工作；暗渠主要起到将竖井收集到的水源输送出来；明渠主要起到将暗渠输送出来的水源输送到涝坝中；涝坝则主要起到蓄水的作用。坎儿井也是古代吐鲁番人民根据本地地理环境特点开发出来的独特水资源利用系统，由于吐鲁番地区位于西北内陆干旱地区，常年干旱少雨，蒸发量极大，而坎儿井不仅可以很好地收集高山融水和雨水，更能够很大程度上减少水资源的蒸发，此可谓"用水之源"也。此外，通过暗渠和明渠将水输送至涝坝，行成蓄水池，以便随时用水，此可谓"作源作潴以用水"也。正是这样高效的水利工程才使得干旱的吐鲁番地区形成了大大小小的绿洲农业地带，增加了当地的生物多样性。坎儿井本身也就是一个独特的生态系统，竖井井口周围的土丘是动物生存的良好空间，诸多鸟类筑巢于竖井井壁，明渠和涝坝里水生生物繁多，明渠两侧植物茂盛。这些就构成了一个个独特小气候区域，从而为人类生存和生产提供了诸多有利条件，也促进了当地农业生产的发展，形成了一个人与自然和谐共生的农业生态系统，体现了人与自然和社会关系的协同进化（崔峰等，2012）。

当前，我国水资源紧张，水体污染严重，洪涝、干旱灾害频频，黄河断流，地下漏斗区面积不断扩大，海水倒灌等一系列水利问题频发，极大地影响到农业生产的永续向前，给人民生产、生活也带来极大的困扰。我们更应该深入思考其中原因所在，对照古人用水思想，重新考量当下用水方式。在现代生产生活中，尤其是农业生产中应当融入"用水五术思想"，开源节流，创造性地开发出新的水利灌溉方法，从而减少水资源浪费，避免生态破坏，确保农业生产万世长青。

三、农业文化遗产中的农业伦理思想对"三农"发展的重要意义

作为一个古老的农业大国，农业是国民经济的命脉，"三农"问题长期以

---

① 新疆吐鲁番坎儿井农业系统：坎儿井是维吾尔语 karez 的音译，早在公元前 100 多年的汉代，新疆、甘肃一带就已经开始利用坎儿井开采地下水，至今已有 2 000 多年的历史。坎儿井作为新疆特有的文化景观，是新疆各族劳动人民根据本地自然条件、水文地质特点，在第四纪地层中自流引取地下水而创造出来的一种特殊的地下水利工程设施。入选 2013 年中国重要农业文化遗产名录。

来都是党和国家工作的重中之重。在 2017 年的中共十九大报告中，习近平总书记作出了要实施乡村振兴战略的重要指示。那么，以上农业文化遗产中所体现的农业伦理思想对"乡村振兴"有没有促进作用呢？我认为是具有重要意义的。任继周院士（2015）指出："当前我国农业面临着污染严重、资源短缺、农资无节制使用、农产品安全等诸多严峻问题。解决这些问题，需要农业伦理学贡献智慧。"面对如今的农业边缘化、农村空心化、农民脱农化等"三农"问题，农业伦理思想能在哪些方面起到积极效益呢？笔者认为主要有以下 3 个方面。

（一）塑造现代化农民

实现农业现代化不仅要实现物质条件现代化，也要实现劳动者智能化，劳动者智能化的过程就是农民现代化的过程（李小丽，2008）。现代化农民是农业现代化发展的核心，塑造现代化农民自然也就成为发展现代化农业的根本所在。那何以古代之农业伦理思想塑造现代之农民呢？态度决定行动，而农民对农业劳作的态度正是由他们的思想所决定的。因此，要想改造农业，首先要转变农民的思想。

近年来，对于农业发展似乎过于强调高科技、机械化、规模化等，忽视了人与农业之间的情感联系，也忽视了农业与自然之间的必然联系。农业是人化的自然，自然是农业的基础。如果在农业中过度强调"人定胜天"，必然会引发农民思想对自然的强制性，从而造成自然生态的破坏。再者，现代科学技术虽然是现代农业发展的必要条件，但是诸多农业问题单单靠科技是不能够解决的，必须辅以亲近自然的惯性伦理思维。在天、地、人"三才思想"中强调了三者的作用及关系，但其中起主导性作用的是人，然而人又要遵循天地之法，有如《道德经》所言："故道大、天大、地大、王[①]亦大。域中有四大，而王居其一焉""人法地、地法天、天法道、道法自然"。老子在此虽然强调人是四大之一，但在万事之法中，人并不高于其他，而是要效自然之法，与天地和谐共处。

因此，在现代化农民的培育塑造过程中，不能单纯要求农民了解农业生产的科学技术知识，也应培养其"道法自然"的科技运用思想，在农业生产中应当"以辅万物之自然而不敢为"的思想去辅助自然成长而不随意破坏其规律。犹如龙脊梯田系统中，古代劳动人民正是在自然规律运行的范围内，改造了一定的条件，促进生态与人居的和谐共生。虽然不是所有的农业生产都能如此完美，但在大农业生产的社会化条件之下，农民不能只有"增产增收"的片面观

---

① 陶鸿庆注："天地之性人为贵，而王是人之主也"，因此，此处"王"指人也。

念，更要有持续发展、功利千秋的农业伦理思想。总之，一个合格的现代化农民，不仅要能掌握农业科技，更要能够将农业伦理思想植根于现代农业科技的运用当中。

（二）规范农业生产

农业生产本身就是对自然环境进行改造的结果，必然会对最初的生态造成微小的破坏和改变。但是，这种破坏只是在农田建设初期，在农田建设完成之后，农业就逐渐融入自然生态系统，成为原初生态系统的一部分。传统农业无论在理论上还是在实践当中，都重视农田自身生态系统的健康。此外，对于农田与周边自然生态系统的关系，也予以足够重视（田松，2015）。农业生产的现代化，并不是农业发展的结果，而是一个动态性的转变过程，是由传统农业的耕作方式到运用现代农业科学技术进行农业生产的过程。在这个动态的转变过程之中，对传统农业应该有所摒弃，也要有所改造，更要有所保留。摒弃的是那些不符合现代科学的落后迷信的生产观念；改造的是不能满足现代社会需求的生产技术；保留的是那些寻求自然生态平衡有利于可持续发展的农业伦理思想。然而，在农业现代化的过程当中，对农业文化遗产中所蕴含的农业伦理思想并没有被"现代农民"所关注，更没有运用到现代农业生产当中。因此，当前急需用农业伦理思想来规范现代的农业生产行为。

无论是"三才思想"还是"三宜思想"，都值得现代农业生产行为充分借鉴。在龙脊梯田系统、湖州桑基鱼塘农业生态系统、贵州从江侗乡稻鱼鸭复合农业系统中，都充分遵循了上述农业伦理思想，才造就了如此完美的农业生态系统。在古人的精耕细作中，这些思想都时刻被运用着。如《吕氏春秋》所言："凡耕之道，必始于垆，为其寡泽而后枯，必厚其靯，为其唯厚而及"（夏纬瑛，1956），这里就对土壤的性质有了充分认识，在耕作时要先耕硬土、后耕软土，如此方能达到最佳的耕作效果。而在机械化作业的当下，根本不会去考虑土壤的差异化，考虑的都是如何达到最大的效率。又如《孟子》所言："不违农时，谷不可胜食也；数罟不入洿池，鱼鳖不可胜食也；斧斤以时入山林，材木不可胜用也；谷与鱼鳖不可胜食，材木不可胜用，是使养生丧死无憾也；养生丧死无憾，王道之始也"（万丽华、蓝旭，2006），这就告诉我们，在现代农林牧渔的生产当中，也应继续遵循自然之规律，"以时禁发"。然而，当前的农业生产都没有很好地遵循这一农业伦理思想，大量耕地被占用，围湖造田，毁林开荒，乱砍滥伐，只砍不栽，不论时节，无序捕捞，诸如此类的问题屡见不鲜，从而导致耕地面积锐减，水土流失严重，生物多样性大量减少，造成生态失衡。因此，在现代农业生产当中，对于古代伦理思想也不应该被埋没忽视，而需要重新捡起，加以重视，并用于指导现代化的高科技农业生产。

当然，现代机械化的规模生产与古人传统的精耕细作有着很大的区别，但我们也应该汲取其中的思想精髓。在大农业生产的层面上，不仅要考虑区域之间的差异化，更要洞察区域内部的细小差异化。此外，在现代农业发展过程中，要努力构建一个合乎伦理型的农业发展运行机制，不仅要有合乎农业伦理的决策，更要有合乎农业伦理的执行（朱宏，2015）。这样才能因时、因地、因物发展现代农业生产，达到节约资源、保护生态、增产增收理想状态。

（三）促进乡村振兴

习近平总书记在中共十九大报告中提出要实施乡村振兴战略，那么"乡村振兴"该如何振兴呢？笔者认为，当前乡村振兴，不仅要有乡村基础设施建设、乡村产业发展、农业生产发展，更要有农业伦理思想的指导和促进。

当前，"田园综合体"模式下的乡村旅游热潮席卷全国。但试问，我们能把所有的乡村都建设成"旅游乡村"吗？显然是不能的。虽然厉以宁先生（2016）曾断言："中国已进入后工业化阶段，服务业将主宰中国"，但是农村的核心在于农民，农村的根本在于农业生产。除了一部分乡村能够充分挖掘旅游资源，以旅游服务业为支柱产业之外，绝大部分农村还是要"循规蹈矩"地进行农业生产，大力发展农业生产力，才能从根本上解决"三农"的一系列问题。

除有序有效发展农业生产外，在乡村建设与乡村振兴上也需要农业伦理的指导。也就是说，农业伦理思想不仅仅是用于农业生产的，在整个乡村发展的宏观层面都可以被奉为指导思想。在实现城乡一体化的发展过程中，既要避免城乡一体化变为城乡一样化，也要避免乡村建设的"千篇一律"。因此，对于价值观念的转变而言，应该充分考虑到对农村文化、生活方式和思维方式的尊重，对自然生态的尊重（李卫朝、王文昌，2007）。再者，并不是所有的乡村都能发展为城镇，也不是所有的乡村都需要城镇化。因此，在现代乡村建设过程中，不能完全将城镇化的统一模式照搬套用，更需要"用天之道，因地之利"，保留各地的特色，凸显各地不同的风土人情，地方文化、风俗是民族文化、精神繁荣发展的重要推动力量。

此外，乡村环境保护是乡村振兴的基本保障。在未来的社会发展进程当中，生态文明和环境保护必定是大势所趋，乡村生态建设也不例外。同时，对农产品的生态化要求也会逐渐提高。这正是社会普遍的伦理需求，也是保证人们幸福生活的基本要求。乡村伦理建设包含农产品供给的生态化、乡村自然环境的美化以及"绿水青山就是金山银山"等内容，因而它必然成为促进农业强盛、农村美丽、农民富有的必由之路（曹孟勤，2017）。笔者认为，乡村伦理应是农业伦理的一部分，在农业伦理大趋势下，就应该在农业生产、农民塑造、农村建设等方面得到全方位的体现，如此方能发挥农业伦理在现代农业中的有效作用。

四、结语

综上所述，传统农业文化遗产是中华民族几千年发展历程中留下来的宝贵财富，我们应当倍加珍惜、妥善保护、充分利用。在当下整理、挖掘、研究和保护农业文化遗产的过程中，不仅要关注农业文化遗产的旅游文化价值，更需要挖掘其中的思想内涵，尤其是农业伦理思想。不仅要发现传统农业伦理思想内涵，更要古为今用，从哲学层面发挥其伦理学的指导作用，运用到当前的农业生产实践当中。尤其是在我国各方面正面临深化改革、转型升级的特殊时期，更要把握时机，与农业科技发展、农民意识升级、农村振兴繁荣相融合，从思想理论层面更好地塑造现代化农民、规范现代农业生产、促进乡村建设与乡村振兴。在塑造现代化农民方面，要着力转变农民思想，塑造农民的惯性伦理思维；在规范现代农业生产方面，要运用传统的农业伦理思想去指导当前农业科技的研发和应用，不能盲目寻求科技解决生产中的一切问题，需对现代农业生产行为作出审慎的判断；在乡村建设与乡村振兴方面，应当在融合前两者的基础之上进行科学合理规划，不仅要符合现代科学思维，更要融入传统农业伦理思想，保持地方韵味。如此方能推动乡村振兴战略的顺利实施，促进"三农"问题的解决，达到"产业兴旺、生态宜居、乡风文明、治理有效、生活富裕"的总要求。

参 考 文 献

曹孟勤，2017. 对中国乡村环境伦理建设的哲学思考［J］. 中州学刊（6）：96 - 101.

崔峰，王思明，赵英，2012. 新疆坎儿井的农业文化遗产价值及其保护利用［J］. 干旱区资源与环境，26（2）：47 - 55.

富兰克林·H. 金，2016. 四千年农夫［M］. 程存旺，石嫣，译. 北京：东方出版社.

缪启愉，1998. 齐民要术校释［M］. 第二版. 北京：中国农业出版社.

姜皋，1963. 浦泖农咨［M］. 上海：上海图书馆.

李建军，2015. 农业伦理学发展的基本脉络［J］. 伦理学研究（1）：100 - 103.

李明，王思明，2012. 农业文化遗产：保护什么与怎样保护［J］. 中国农史，31（2）：119 - 129.

李卫朝，王文昌，2007. 转变农民的思想观念：新农村建设成败的关键——由建设社会主义新农村引发的思考［J］. 中国农学通报（8）：610 - 614.

李小丽，2008. 农业现代化与现代化农民［J］. 学术交流（7）：130 - 133.

厉以宁，2016. 服务业将主宰中国［J］. 资本市场（1）：9.

卢勇，唐晓云，闵庆文，2017. 广西龙胜龙脊梯田系统［M］. 北京：中国农业出版社．

齐文涛，2015. "守候与照料"的农业伦理观［J］. 伦理学研究（1）：104 - 106.

任继周，2015. 重视农业发展的伦理维度［N］. 人民日报，07 - 21（7）．

任继周，林慧龙，胥刚，2015. 中国农业伦理学的系统特征与多维结构刍议［J］. 伦理学研究（1）：92 - 96.

宋湛庆，1990. 农说的整理与研究［M］. 南京：东南大学出版社．

田松，2015. 还土地以尊严——从土地伦理和生态伦理视角看农业伦理［J］. 兰州大学学报（社会科学版），43（4）：114 - 117.

万丽华，2006. 孟子［M］. 蓝旭，译注．北京：中华书局．

楼宇烈，2011. 老子道德经注［M］. 北京：中华书局：66.

王思明，刘启振，2016. 论传统农业伦理与中华农业文明的关系［J］. 中国农史，35（6）：3 - 12.

夏纬瑛，1956. 吕氏春秋上农等四篇校释［M］. 北京：农业出版社．

徐光启，1956. 农政全书［M］. 北京：中华书局．

叶明儿，2016. 湖州桑基鱼塘系统与儒家生态伦理思想［J］. 遗产与保护研究，1（4）：37 - 42.

詹全友，龙初凡，2014. 贵州从江侗乡稻鱼鸭系统的生态模式研究［J］. 贵州民族研究，35（3）：71 - 75.

张芳，王思明，2001. 中国农业科技史［M］. 北京：中国农业科学技术出版社．

章诗同，1974. 荀子简注［M］. 上海：上海人民出版社．

赵敏，2013. 中国古代农学思想考论［M］. 北京：中国农业科学技术出版社．

朱宏，2015. 伦理学视阈下生态农业发展新思考［J］. 山西农经（7）：15.

（作者卢勇为南京农业大学人文社科处副处长、中国农业遗产研究室教授；作者余加红为南京农业大学人文与社会发展学院研究生）

传统农业复兴在乡村振兴
战略中的价值研究

——以湖南保靖黄金茶文化复兴为例

何治民

中共十九大报告中首次提出乡村振兴战略，按照"产业兴旺、生态宜居、乡风文明、治理有效、生活富裕"的总要求，建立健全城乡融合发展体制机制和政策体系，加快推进农业农村现代化。在"二十字方针"中，"产业兴旺"是乡村振兴战略的核心，"生态宜居"是乡村建设的重点，"乡风文明"是乡村振兴的文化保障。要实现乡村产业兴旺，显然不能照搬城镇的发展经验，只能从乡村的实际情况出发，选择适合乡村社会可持续发展的产业。

一、传统农业中的生态文化智慧

我国是一个传统的农业大国，各民族在长期与自然生态系统打交道的过程中，形成了各式各样的农耕文化。这些独特的农耕文化都包含着当地民族对所处自然生态系统的认识、改造、利用的智慧。所形成的农耕文化都体现了当地民众在与生态环境打交道的过程中，形成了稳定的资源利用方式。这种传统的资源利用方式，能最大限度地保证资源的利用与维护的统一，让生态系统始终处于一种动态平衡的状态。这就为乡村振兴中的产业兴旺提供了来自本土知识和技术体系的借鉴，也为乡村生态维护提供了手段和工具。

由于农耕文化与自然生态环境之间具有特殊的密切联系，而生态民族学在研究关于农业文化时，以生态民族学的理论与方法指导，可以很好地解决文化与环境之间的关系，还可以透过相关民族的农耕文化特征与文化逻辑去获得农耕文化的生态意义。

有关传统农业中所包含的生态文化智慧的问题，学者们对此早有关注，特别是农史专家和民族学、人类学的学者们，从不同的角度对传统农业的生态智慧进行阐述，所得结论趋于一致。英国人类学家雷蒙德·弗斯（Raymond Firth）（1991）认为，自然环境对人类文化的形成和发展起了重要的作用，人类在不同的文化环境中创造了适合自己的文化类型。美国人类学家博厄斯

(Franz Boas)（1936）也注意到生态环境对文化产生的影响。而生态人类学的代表人物之一斯图尔德（Julian Steward）（1989）则重点关注文化与生态之间的关系，他认为某一文化现象是某种特定的生态特征的产物，文化之间的差异是由社会与环境相互影响的特殊适应过程引起的（地形、动植物群的不同，会使人们使用不同的技术和构成不同的社会组织）。斯图尔德的这一理论与方法，成为学者们研究传统农业文化的指导方法，为后来的生态民族学学科奠定了理论基础。

生态民族学的思想传入中国后，一大批中国民族学学者将生态民族学的理论与方法同中国的实际情况相结合，发展和创新了生态民族学的理论与方法。宋蜀华先生（1996）提到在多民族、多种生态环境和多元文化的国家里，各民族在适应和改造他们所居住的地理生态环境过程中，创造了各具特色的传统文化。我国著名的生态民族学家杨庭硕先生在其众多研究中，将其生态民族学的思想作了详细的介绍①。此外，尹绍亭先生、崔延虎先生和罗康隆先生等也在他们的著述中阐述了文化与生态之间的关系②。

文化是指导人类生存发展延续的信息系统，文化的建构是以所处自然生态系统为底本，以并存的社会生态系统为参照，文化这一信息系统不断偏离与回归所处自然生态系统与社会生态系统，在世代延续过程中逐步认知、积累其成败的经验与教训，并在传承的过程中不断地丰富和完善起来（罗康隆、何治民，2019）。农耕文化与生态系统的联系最为紧密，生态系统的类型决定了农耕文化的类型和性质，任何农耕体系都是在特定的生态系统中产生和运行的。生态系统为农耕体系提供物质基础，并且规约着农耕技术的产生和发展，同时也为相应的农事节庆等文化事象提供基础。农耕文化一旦形成后，会反作用于所处的生态系统。农耕文化在充分认识所处自然生态系统的基础上，充分利用生态系统所提供的物质基础，为当地民族的生存和发展提供物质能量。与此同时，传统农耕文化还承担起维护生态系统的平衡和稳态运行的责任，以确保人

---

① 杨庭硕先生的论著颇丰，体现其生态民族学理论与方法的论著有：《民族、文化与生境》贵州人民出版社，1992；《人类的根基——生态人类学视野中的水土资源》云南大学出版社，2004；《生态人类学导论》民族出版社，2007；《本土生态知识引论》民族出版社，2010；《生态扶贫导论》湖南人民出版社，2017等。

② 此类著述有：尹绍亭，《文化生态与物质文化（论文篇）》云南大学出版社，2007；尹绍亭，《云南物质文化·农耕卷（上下）》云南教育出版社，1996；崔延虎，《生态人类学与新疆文化特征再认识》新疆师范大学学报（哲学社会科学版），1996（1）；崔延虎，《生态决策与新疆大开发》民族研究，2001（1）；罗康隆，《文化适应与文化制衡》民族出版社，2007；罗康隆，《地方性生态知识对区域生态资源维护与利用的价值》中南民族大学学报（人文社会科学版），2010（3）；罗康隆，《论文化多样性与生态维护》吉首大学学报（社会科学版），2007（2）；罗康隆，《生态人类学的"文化"视野》中央民族大学学报（哲学社会科学版），2008（4）等。

类能持续繁衍生息。无怪乎美国农业专家富兰克林·H. 金（F. H. King）（2011）在考察中国等 3 个国家的传统农业时，发出了这样的疑问，中国农民数千年来如何成功地保持了土壤的肥力和健康，他们没有使用大量的外部资源投入，却养活了这么高密度的人口。为什么美国仅仅耕作几百年的历史，就已经面临着肥沃土壤大量流失，农业难以持续下去的危机呢？答案就是中国的传统农业文化中蕴含着丰富的生态智慧，在充分利用生态环境的同时，还能对生态环境进行适当修复，以达到农业的可持续发展。

二、湖南保靖黄金茶传统茶产业的生态智慧

（一）保靖黄金茶的种植历史

湖南保靖黄金茶古茶园集中分布于吕洞山镇的黄金村，整个古茶园包括 7 个片区。核心区的古茶园初建于明永乐宣德年间，一直沿用至今。古茶树树龄较长者达五六百年，最短者也超过百年，具有重要的文物价值。目前，登记在册的现存古茶树共 5 923 株，分属 108 个株系。保靖黄金茶古茶园的建构，遵循着仿生式种植理念，将不同株系的茶树定植于常绿阔叶林和混交林生态系统之中，并与稻田、牧场、旱地和园圃融为一体，实现了资源利用与生态维护的辩证统一，堪称生态复合农业的典范。

保靖古茶园是历史上土家族、苗族和汉族人民，统筹规划、协同努力、共同建构的优质茶生产基地，是多民族文化和谐共荣的历史见证。从东汉到明初，当地各族民众主要是利用当地原产的野生茶树，从事茶叶的采摘和加工，产品主要是销往汉族地区。有关这片古茶园以及人与茶树的关系，最早见于唐·陆羽《茶经》。该书转引古书《坤元录》云："辰州溆浦县西北三百五十里（有）无射山。云：蛮俗当吉庆之时，亲族集会，歌舞于山上。山多茶树。"该书所称"无射山"，按其方位正好就是今保靖县的吕洞山一带。而当地所产茶的质量上乘，深受人们喜爱，如西晋《荆州土地记》载："武陵七县通出茶，最好。"这一记载表明，这里出产的茶叶至迟到东晋时，就得到了全国范围内的好评。

唐代以前，茶主要为少数封建统治者和士大夫占有，并未完全成为民间的普遍饮品。但是，到了唐代，饮茶之风在民间已经颇为普遍，对茶叶的需求量也随即逐渐增大，茶叶的种植也普遍推广。隋唐时代，朝廷在武陵山区设置大量的州，黄金村所在地当时就属于羁縻州的辖境。州的设置是为了延续"修其教，不易其俗，齐其政，不易其宜"的政策理念，朝廷并不直接干预当地居民的生活和生产方式，仅要求这些羁縻州首领向朝廷定期朝贡。关于这点，从《新唐书》和《旧唐书》的贡品清单中就可发现，这些贡品全部出自当地的土

特产，茶叶也包括在内。这些贡品都是当地各族居民按照其传统的经济生活方式获取，与汉族地区的经济方式拉开了很大差距。唐代杜佑《通典》载唐玄宗天宝年间，"溪州土贡茶芽、灵溪郡土贡茶芽二百斤。"灵溪郡治所在今日永顺、保靖、龙山和古丈一带，这也是武陵山区规模性进贡茶叶的首次记载。

元代在边疆地区创设土司制度，向朝廷纳贡的职责就落在了各级土司身上。当然，武陵山区向内地输送的贡品，并非只有茶叶一项，其他诸如白蜡、木材、黄牛、山羊等。清乾隆《永顺府志》载："峒茶，四邑皆产，桑植为多……味道较厚。"① 当时的永顺府辖永顺、保靖、龙山、桑植四县。清同治《保靖县志·物产》卷四记载："保邑少艺此者，惟里耶一带亦间有住制谓之里耶茶。"②

（二）保靖黄金茶的茶文化

在保靖县吕洞山地区，以保靖黄金茶为核心，形成了相关的茶文化。

从节庆方面看，当地茶农都要过来自汉族的春节、中元节和中秋节等，而且茶汤是过节的必备。其他地区的苗族不设置神祖牌位，而这片古茶园所在区不但设神祖牌位，而且还将花神列入其中，花神也就被建构成了这片茶园的守护神。此外，茶园开始采摘的日子也有特定的节日和祭祀形式。但祭祀的不是花神，而是某棵茶树，茶农们要向茶树表明人的用意，即对茶树的受损表示歉意，并安慰茶树的灵魂和躯体。这些文化现象显然都来自苗族传统宗教的万物有灵观。

苗族原来有传统的苗年，过年的目的是要借此宣布某些农事活动的结束和狩猎采集时段的开始。但现在的苗年和春节已经合为一体，节日与茶叶最直接的关系也转变宣布茶农们已经到了采茶的准备期。

苗族的另一个传统节日是跳花节，青年男女借此歌舞择偶。由于这个节日安排在原先苗族狩猎采集季，因而跳花节的活动是和采茶制茶相伴进行的，跳花节其实也可以理解为是采茶节。这一传统节日的最早记载是上文提及的《坤元录》。文中在提及当地少数民族节庆，就会说到在茶树周边载歌载舞，而且是以亲族为单位去参与这样的活动的。对比当代民族学资料调查，这里所描述的歌舞节庆活动，正是当代苗族所延续的跳花活动的原形。苗族跳花活动，通常都在冬春两季举行，跳花的同时都伴有狩猎采集活动，在茶林间载歌载舞，同时兼顾采茶。目前，这一节日仅在民间仍从事狩猎采集活动的群体中流传，已经不再普遍存在于苗族乡民中了。

---

① （乾隆）《永顺府志·物产》卷十。
② （同治）《保靖县志·物产》卷四。

苗族另一个重要节日是祭祖，也就是他们所说的"打家先"。祭品以传统的牛、猪、茶为主。但这个节日在保靖黄金茶文化系统中，已经发生改变。当地的苗族相信他们的祖先就是吕洞山的化身，并有相应的传说认定。他们的祖先是与古丈县另一个名山的化身，通过血腥复仇的方式，杀死了古丈的山神，使本家族迅速壮大起来，并得以定居在吕洞山地区。目前，这个节日已经演化成当地苗族祭祀远祖的特有活动，而且沾附上了跳花节的内容，从而标志着吕洞山神也成了他们祖先的化身。这就使得这一节日，不仅渗入了汉文化的内容，也接纳了土家族土王崇拜的内容，同时还保留着苗族的祖宗崇拜内容。苗族认定的祖宗不仅是战神，也是庇护神，还是生产活动的开创者，在当地当然也包括茶叶的生产。

在土家族传统中，有祭火神、祭火塘的专门节日。由于火与茶叶的加工直接关联，因而祭灶神也与茶树和制茶的始祖有关，并且内化为土家族的传统习俗。这样的信仰在苗族中又具祭祀家族始祖的内容。而当地苗族祭祀的火神和灶神时间，同样被编排在了腊月二十三，祭祀的功能又兼有祷告、祈求、敬茶神、祭祖等，可以看做是当地苗族的特有节日。

从饮食习俗看，当地苗族茶农每餐必以茶佐食。但苗族和土家族的饮茶习惯稍有差别。土家族饮茶有炙茶的习惯，甚至可以用冷水泡茶。苗族则倾向于用瓦罐煮茶，汉族则有品茶的传统，有着完善的茶道。此外，在苗族中，还有用茶来做茶粥、茶点的传统。这些传统均来自唐代以前汉族的饮茶方式，具有重要的历史认识价值。

从居处习俗看，在当地苗族茶农家中，都有独特的火塘和灶火间，平时用于生火煮饭、烹制牲畜饲料，制茶时则活用为茶叶的加工作坊。近年来，由于制茶机械的大量引进，这种制茶方式受到了越来越大的冲击。但这种传统工作坊仍有传承，且主要用于手工加工的高质量茶品。在火塘顶上，还有悬空悬挂的烘床。这是用木材或者竹子制成的平板架子，借助火塘的余温保存制好的茶叶。此外，住房中还有储存成品茶和放置各种茶具的房间。当地苗族的住房结构和习惯，都因茶叶生产和加工，作出了空间上的调整和配套。在这一点上，与其他苗族拉开了很大的差距。在土家族居民中，也具有相似的住房安排和居处习惯。

从衣着习惯看，当地苗族和土家族都喜欢宽松的服装。苗族妇女通常着短衣短裙，男人穿短衣肥裤，而且都是无领上衣，衣袖也极为宽松。这样的衣着，不仅是为了不妨碍山间行动，更重要的则是便于搭梯上树采茶，具有生产活动中的极高适应能力。但不管是苗族、土家族，都有其特殊的衣着配饰，不分男女都要用布缠头。苗族妇女的缠头以"高""大"为美，参与采茶或者在田间劳作一般都要戴斗笠，小腿都要缠"绷腿布"。这样的配饰主要是为了适应丛林生态环境而作出的安排。在茂密的森林环境中，山蚂蟥和毒蛇会对人类的生产活动构成骚扰和伤害，这些配饰可以避开这些动物，做到自我保护。为了方便茶叶修剪的需要，男人通常都要佩戴刀弩。刀用来修剪茶树、对付野兽攻击，弩机则用来狩猎。男女上山作业，都要佩戴背篓。这既是采茶工具，也是从事其他农牧生产的工具。他们的这种衣着习惯，已经与茶叶种植生产融为一体。清代改土归流，特别是清乾嘉苗民起义后，当地苗族和土家族在衣饰上发生了很大变化。但尽管如此，衣着仍然强调以方便生产劳动为主。

从出行习惯看，茶园区的便道都是苗族、土家族的各宗族分别铺设的石板小路，而对外的通道则是仰仗国家修建的驿道或者官道。这样的道路，自然成为当地茶叶外销和生活必需品进入的主要渠道。但不管是自修的便道，还是官修的驿道，都是依山势就地取材。这样的便道，不仅不会破坏茶树的正常生长，还能方便出行。近年来，随着新农村建设的兴起，村内修建了村级公路，极大地方便了乡民的出行，但对于生态的破坏也是明显的。在今后的工作中，应该尽量保存村寨的原有风貌。

从文学艺术看，当地的苗族茶农拥有丰富的口传故事。从这些传说故事中不难看出，苗族人对于这片古茶园的认识和理解。这些认识和理解虽然不一定与实情百分之百的吻合，但它确实可以为这片古茶园提供一整套代表苗族观念的解读。例如，上文提到的七仙女造茶园的故事，就是为了表达这里的茶园，为何要分为 7 个小片区，同时也为他们祭祀茶神提供了依据。再如有关吕洞山和古丈丫角山争夺配偶的故事，无意中也反映出了神话中吕洞山的特殊价值，反映出苗族社会中血亲复仇的历史面貌。在故事的表述中，将这片茶园和吕洞山联为一体，客观上也揭示出茶园和吕洞山的关联性。这一点是非常重要的。

（三）保靖黄金茶传统茶文化的生态智慧

保靖黄金茶传统茶叶种植和加工体系属亚热带低山丘陵复合农耕系统。这一农耕体系在我国的布局，主要集中在云贵高原东部、东南部的边缘低山丘陵区。随着这片古茶园和传统茶文化的确立，当地的农耕体系也随之呈现出了鲜明的"双轨制"特色，茶树生产成为农耕体系中的主导产业，主要负责对外销售；其他的农耕体系则延续着早年的传统，产品主要满足当地乡民的需要，并因此形成了这一以茶树生产占主导地位的复合农耕体系。这一体系虽然在其后的历史岁月中经受了多次冲击，发生了重大变化，但其基本格局仍保持至今而没有大的改变。

所谓"复合农业"，是指通常所说的农林牧渔乃至狩猎采集业融为一体的农业生产方式。地域性和文化性的差异，仅仅表现为上述各业之间的规模比例。事实上，在整个保靖县，不同民族的乡民以及各个村寨，上述各业的比重都会有所差别，乡民对各业的参与程度也会有所差别。但具体到每个乡民，对上述各业都会有所参与，而且都有其特有的本土的知识与技术，能较好地应对外界的各种变化。保靖黄金茶传统茶文化系统的主要特征，仅是因当地乡民为顺应所处自然与生态系统以及时代的需要，选中茶叶生产作为主业而已。正因为复合农业具有这一鲜明特征，保靖黄金茶文化系统所涉及的古茶园中，茶叶并非是当地的唯一产业，其他传统农产品也与整个保靖县发生极为密切的关联性。

保靖黄金茶文化系统中的生态价值体现在以下 3 个方面：

1. 生态稳定价值　保靖黄金茶文化系统核心区的基本生态结构由 3 种类型构成：冷寨河沿岸的洪泛带，早年是典型的亚热带湿地生态系统，在整个地域范围内，它所占面积仅为 5%；山脊区段则是疏树草地生态系统，约占总面积的 8%；河谷坡面所占面积比例较大，是茂密的常绿阔叶林生态系统。保靖黄金茶文化系统是典型的复合农业体系，其经营范式又具有特殊的仿生种养功效，当地乡民在高效利用生物资源的同时，也能最大限度地维护当地生物多样性水平。鉴于茶园所处位置，是从山地坝区通往高原台面的孔道，以至于湘西土家族苗族自治州常见的物种，在这里绝大部分都能找到。各种动植物的病虫草害也都能够借助生物的办法做到有效防治。

2. 灾害预防价值　当地各民族建构的农业文化系统生态景观，足以保证植物对地表的覆盖率（接近 100%），而且植物群落的层次结构也多达 3～4 层。只要这样的生态系统能稳定延续，要实现诸多生态服务功能，自然无需后人投入大量的劳工进行维护。本系统所处区域山高谷深，重力侵蚀和流水侵蚀隐患极大。但因本系统可以确保地表植物覆盖接近百分之百，因而水土流失可以得到有效抑制。在历史上，当地从未发生过此类地质灾害，也说明了这一点。

3. 生态修复价值　保靖黄金茶文化系统生态价值的另一个特征，还具有极强的能动调节的潜力和空间，从而使得相关的农业生态系统即使局部受损，其自我修复也完全不成问题。事实上，在此前的众多变故中，如"大炼钢铁"运动时期的毁林以及其后的过度砍伐、林权认定管理失控时期的盗伐，都使当地的生态环境在一定程度上蒙受过损失。但一段时间后，即使没有人力的投入维护，生态系统本身大体上也能自我修复，始终能保障整个生态系统，不至于因种种原因而发生整体或局部的生态灾变。

三、保靖黄金茶文化在脱贫攻坚和乡村振兴战略实施中的作用

保靖黄金茶农耕体系在生态维护和促进当地经济发展方面一直起着重要的

作用，尤其是在县域和州域的脱贫攻坚及乡村振兴战略的实施中，起着引领和示范作用。

据清代后期成书的《保靖县志》记载，每年该县的财政总收入为 96 两，茶税 2 两 4 钱。考虑到清代后期的"厘金税"收税规制，通常"值百抽一"，即税率为 1%，茶叶产值超过 200 两，远远超过了当时保靖县财政的总收入。此外，还需要考虑当时所收取的"厘金税"，只能反映纳入国家税收监管的集市贸易的茶叶商品价值，不能涵盖流入非正规交易渠道的茶叶商品价值。足见，保靖县所产茶叶的实际价值，远比文献反映得高。

中华人民共和国成立后，国家设置了中华全国供销合作总社，在各地设置了供销合作社，茶叶被纳入了"统购统销"范畴。自此，茶叶的收购价基本上保持了 30 年不变的态势。保靖县统计资料表明，保靖县供销合作社向农民收购茶叶的价格为 3 元，出售价高达 12 元。其间所赚取的差价是资本积累的重要来源，为我国的工业振兴和大国崛起作出了卓越贡献。若将这一收购价与当时的生活必需品售价作横向比较，更能说明保靖黄金茶文化系统在当地人经济生活中发挥着不可替代的作用。

改革开放后，当地大量优质茶流入市场，经过多方的茶叶评选，黄金茶的售价与日俱增。某些古茶树所产茶叶，拍卖价高达 10 000 元/斤*，普通茶叶的售价也维持在 500～1 000 元/斤。保靖黄金茶文化系统所涉及的这 5 000 多棵古茶树，每株年产量大概为 0.5～1 斤，市场价值前景可观。

由此可知，保靖黄金茶文化系统所能产出的优质茶叶，具有较高的市场价值，有效支撑着当地乡民的脱贫致富。目前，保靖黄金村茶叶被有关部门评选为优质绿茶。这批古茶树所能派生的文化价值和精神价值，同样具有特殊的社会意义。在农业供给侧结构性改革的背景下，古茶树的保护与利用所带来的物质价值和非物质价值，还有很大的提升空间。

由于保靖黄金茶文化系统的根基是复合农业，当地除了产出优质茶叶外，在古茶园中，还能出产各式各样的传统生态产品。在这 10 多项农产品中，几乎每一项产品都能够在古茶园中产出。这些产品不仅能满足当地各族居民的不同方面、不同层次的生活需求，还能流入市场获得丰厚的经济回报。其中的原木、木本油料、药材、山羊、猪等，都是保靖黄金茶文化系统最具规模性和代表性的产品，对国家建设贡献和提高当地民族生活发挥了重要作用。

值得强调的是，按照保靖黄金茶文化系统形成的各种生物产品，是优质绿色农产品。在生态文明建设的今天，传承与保护好这项农业文化遗产，不仅能生产出深受国内外欢迎、供不应求的绿色农产品，而且能生产出生态绿色的畜

---

* 斤为非法定计量单位。1 斤＝500 克。

牧产品和林产品。这对确保食品安全、提高本地居民福祉、维护人与自然和谐
关系发挥着重要的作用。

四、结语

保靖县地处武陵山区腹地，属于全国 11 个连片特困地区之一，通过几年
脱贫攻坚，仍有 1 万多农村贫困人口尚未脱贫。茶叶产业具有产业链条长、见
效增收快、收益时间长、参与人数多等特点。按当前发展形势测算，发展茶叶
比传统种植业可为贫困户每亩年增收 5 000 元左右，可以作为带领贫困群众脱
贫致富的当家产业。大力发展茶叶产业是贯彻习近平总书记关于带领贫困户发
展当家产业、落实县委、县政府关于打好打赢脱贫攻坚战的重要抓手，更能通
过发展茶叶产业为保靖县农村经济发展开辟一条绿色、和谐、共享的发展
坦途。

参 考 文 献

杜佑，1981. 通典·食货（卷六）[M]. 北京：中华书局.

富兰克林·H. 金，2011. 四千年农夫 [M]. 程存旺，石嫣，译. 北京：东方出版社.

雷蒙德·弗斯，1991. 人文类型 [M]. 费孝通，译. 北京：商务印书馆.

罗康隆，何治民，2019. 论民族生境与民族文化建构 [J]. 民族学刊（5）.

裴渊，2010. 坤元录 [M] //沈冬梅. 茶经. 北京：中华书局.

史徒华（J. H. Steward），1989. 文化变迁的理论 [M]. 张恭启，译. 台北：台北允展文化
    实业公司.

宋蜀华，1996. 人类学研究与中国民族生态环境和传统文化的关系 [J]. 中央民族大学学
    报（4）.

陶弘景，2010. 桐君采药录 [M] //沈冬梅. 茶经. 北京：中华书局.

Franz Boas，1936. History and Science in Anthropology：A Reply [J]. American Anthropol-
    ogist (New Series)，38（1）.

（作者何治民就职于吉首大学历史与文化学院）

传统精耕细作农耕文化对
现代农业发展的影响

王清慧　刘金同

精耕细作是中国古代农业的生产模式，指的是在一定面积的土地上，投入较多的生产资料、劳动力和技术，进行细致的土地耕作，最大限度地提高单位面积产量（赵青，2008）。中国原始农业分为火耕农业和耒耜农业，可见中国的农业来源历史悠久。春秋战国时期，伴随着铁制农具的出现，中国历史上使用农具的劳动力也在不断地变化着。这一时期铁犁的大量出现并应用于农业生产上，耕地效率大幅度提高，但所需的动力也大。这样，仅依靠人的力量就很难完成用犁耕地的繁重劳动。所以，随着铁犁的出现，迫切需要解决拉犁的动力问题。在这种情况下，牛就作为一种动力应用到农业生产上。《三农纪》中说："一牛可代七人之力，助民益民者广矣。"由此可见，牛耕的应用让人从繁重的耕作劳动中解放出来。这一时期，对整地已明确要求做到"深耕熟耰"，即要求深耕之后的土块要打得很细。这样一来可以减少蒸发，保持水分；二来又可达到抗旱、保墒、增产的目的。"其深植之度，阴土必得"，即深耕要耕到有底墒的地方，以保证作物根部能吸收到地下水分。因此，对于整地所需的劳动力非常大，也需要有更合适的农具。于是，随着炼铁工业的发展，铁制农具得到推广。原来的木耒这时也装上铁套刃，提高了翻土的功效；原来的木耜也装上了金属套刃，变成了铜锸和铁锸。汉代时期对于整地不仅深耕还要细锄。西汉农书《氾胜之书》对耕作已明确指出："凡耕之本，在于趣时、和土、务粪泽、早锄、早获。"就是要适时耕作，改良土壤特性，重视肥料和保墒灌溉：及早中耕，及时收获。东汉王充也提出"深耕细锄，厚加粪壤，勉致人工，以助地力"的基本要求，都重视农业生产过程，注重田间作业。魏晋南北朝时期，形成了一套耕-耙-耱的技术体系。即在耕地之后，用耙将土块耙碎，再用耱将土耱细。唐宋以后，中国北方的旱作农业整地技术一直是继承耕-耙-耱的传统，南方则形成耕-耙-耖的技术体系，在生产中都发挥了很大作用（徐潜，2013）。

一、精耕细作理念在古代农业中的体现

(一) 土地精细化管理

《齐民要术·耕田篇》对耕耰技术有详细要求。首先，要求"犁廉耕细"，即耕地的犁条不能太宽，宽了就耕不细致。其次，要求根据土壤墒情来确定耕作时间："凡耕高下田，不问春秋，必须燥湿得所为佳"。耕多深，要因时而定："凡秋耕欲深，春夏欲浅""初耕欲深，转地欲浅"。中国古代劳动人民还从长期的生产实践中总结出一个重要原则："凡五谷惟小锄为良""锄不厌数，周而复始""与其滋蔓难图。孰若先务于决去，故上农者治未萌"。这就是大锄与小锄。同时，还确定了各次锄地的时期和深度，形成了一种较浅-深-稍浅-较浅的锄地措施。这种土地精细化管理，与一些旱作物的生育要求相符合，对今天的农业生产仍有一定的参考价值（王达，1984）。这种"天人相参，精耕细作"（李根蟠，2004）的农业科学技术体系一直延续至今。

(二) 耕作技术改进

在夏商周时期，中国的农耕技术相当粗放。春秋时期，随着社会关系的变化，农民对农田产量关心程度剧增。在实践中，人们逐步认识到，土壤耕作的精细与农业产量的高低有密切关系。因此，到了战国时期，中国的耕作技术就逐步趋向精细化，从而使农耕由粗放耕作转到"深耕熟耰"。这是耕作技术的一大进步，也由此产生了农业上精耕细作的萌芽。耰既是如前所述的一种农具，又是一种田间作业技术。作为农具，在田间作业中，用它把土块砸碎、打细。作为一种田间作业技术，当时提出 3 方面的要求：一是熟耰，就是要把土块敲得细细的，从而起到保墒的作用。二是"疾耰"，就是土地耕过后，马上将土块打碎。这是因为在黄河流域干旱多风的条件下，水分蒸发的非常快，保持土壤中的水分。由此证明，通过这种耕作方法，可达到抗旱保墒的目的。三是"深耕易耨"。耨是除草的意思，就是要把田间的杂草除干净，说明在田间管理上当时也有了相当高的要求。《齐民要术·耕田篇》所说的"再劳地熟，旱亦保泽"，也是着重强调耙、耰的作用，即把土壤中的大土块耙碎，目的是把土壤中的毛细管切断，在地面形成一层松软的土层。这样既可减少水分蒸发，也可起到保墒防旱的作用。在黄河中下游地区，降水少，气候干燥，降水主要集中在 7～9 月这 3 个月，春夏少雨，蒸发量大，作物播种和生长易受干旱气候影响。而耕耙耰技术体系较好地缓解了这一矛盾，对农业生产意义重大。魏晋南北朝以后，中国北方基本上也都是沿用这一精耕细作的耕作技术。

深耕、疾耕和易耨这 3 项土壤耕作技术，有力地证明了战国时期农田耕作的精细化倾向。因此，人们常把战国时期称为精耕细作的奠基时期。由于战国时期农田水利工程的兴修、肥料的使用、耕作水平的提高，使中国的土地利用由撂荒发展到连年耕种，有的土块上出现了一年两种两收的景象。在 2 000 多年前，中国的土地利用率就达到了这么高的水平，这是世界农业历史上少有的。

（三）重视耕作农时

到西汉时期，这一技术有了很大发展。在土壤的耕作上，《氾胜之书》认为，适期耕作可以"一而当五"（盛伯飙，2002），就是说耕一遍的作用相当于其他时间耕 5 遍。反之，则"五不当一"，就是说，若耕作的时间不对，耕 5 遍不如耕一遍。对麦田的耕作就有"凡麦田，常以五月耕，六月再耕，七月勿耕"的记载。

为此，黏性土壤要抓住适耕期（马顺喜、刘九虎，1998），适当降低作业速度，避免产生坷垃，影响作物出苗、发育。底层土性是沙质的地块，作业深度要浅，避免漏水、漏气、漏肥，底层土性为黏壤质的地块作业深度可适当加大，以增加活土层。对活土层浅、犁底层厚度大的地块，作业深度加大，以削减底层厚度，增加耕层与底层土壤水肥气热的交换强度；反之，作业深度要浅，以保证耕层与底层土壤水肥气热的正常交换。对春季播种的地块，作业深度要大，为播种创造条件；夏季玉米中耕深松要浅，避免损伤根系，影响玉米生长；秋季小麦播前第一次深松，应适当削减犁底层厚度。墒情好的地块作业深度可适当增加，墒情差的地块作业深度要浅或等到来年再作业。

二、耕耙耱技术的发展演变以及对农业的影响

（一）从刀耕火种到铁犁牛耕

中国是世界三大农业起源中心之一，原始社会时期的农业生产方式是刀耕火种。早在七八千年前，中国农业进入了"耒耜"或"石器锄耕"时代。商周时期出现青铜农具，人们已懂得灌溉、除草、沤制绿肥、治虫等技术，一定程度上提高了农业生产效率，促进了农业生产方式的革新。铁器牛耕在春秋出现，战国时期将其扩大推广，牛耕是农业技术史上耕作方式的革命。随后，中国传统农业耕作的主要方式就以铁器和牛耕为主（许淑青，2008）。自此以后的农业都在此基础上发展，因地制宜发明农具，整治土地，为提高农业生产做好辅助。

（二）耕作技术对土地改革的影响

耕耙耱技术不是在任何土地上都非常适用，不同的土地经营模式有不同的收益效果。一家一户个体经营的土地用此种耕作技术，对土地实现了精细化管理，但投入的劳动力较多。这就是封建社会农民收益甚微，承担繁重徭役的其中原因之一。随着经济的发展，人们在土地改革的历史上摸索着前进，对农村土地进行不断改革。新中国成立初进行土地改革，废除了封建剥削的土地所有制，实行农民阶级的土地所有制。社会主义建设新时期，农村经济体制改革，形成了以家庭联产承包责任制为主要形式的责任制，发展乡镇企业和非农产业，使农村改革向专业化、商品化、社会化方向发展，大大解放了农村农业生产力。21世纪初，继承家庭承包经营，发展包田到户，个体经营和集体经营有机结合，农村经济正向更健康有序的方向发展。发展到如今现存的这种集约化经营，不仅对土地实行精细化管理，而且大大减少了劳动力投入。

（三）精耕细作农业技术走向成熟

从隋唐时期江东地区出现曲辕犁始，至此中国牛耕技术已相当完善，一直为后世沿用。宋元时期，精耕细作技术进入全面成熟期，南方稻麦两熟制出现，当时有"苏湖熟，天下足"，东北、西北地区得到发展。明清时期，大量引进经济作物，出现农学著作《农政全书》和《天工开物》。精耕细作逐渐走向成熟，成为当代中国农业发展的主要形式。精耕细作不仅是中国传统农业技术体系的特点和主流，而且对中国的社会经济制度及其发展变化、中国历史的发展有着重大影响，甚至可以说它是中国历史文化的一个"基因"，是构成中国历史发展的一个要素。许倬云先生认为，精耕细作是中国历史发展的三原色之一（另有科举制和亲缘组织）。它不但影响着中国历史的发展进程，还影响到中国现代化的道路（赵青，2008）。

三、耕耙耱技术在现代农业农机技术中的应用

根据联合国粮农组织的有关研究表明，坡地、多沙石地的土壤深度和排水情况会加速土壤侵蚀，但它们并非是造成土壤侵蚀的主要因素。而农民耕作土地的方式是导致土壤发生物理、化学等生物退化的根源。据统计，中国干旱、半干旱及半湿润偏干旱地区的面积约占国土面积的52.5%。旱区农业持续发展的主要问题：一方面是干旱少雨、旱灾频繁、产量低而不稳，难以持续发展；另一方面是水土流失严重，导致土壤贫瘠，土石山地耕层变薄。耕作方式

的落后，使贫瘠的土地雪上加霜，因此传统旱地耕作方式亟待改进（魏项森，2002）。发达国家采取的主要措施——保护性耕作，这对中国机械化旱地耕作的转变有重要的借鉴意义。

保护性耕作是相对于传统翻耕的一种新型耕作技术，就是将大量秸秆残茬覆盖地表，可大量减少地表径流和土壤流失，有明显的保水、保土效果（邵扬等，2017）。在尽量减少不必要的田间作业的基础上，通过机械化和半机械化措施保证免耕播种质量。针对干旱、半干旱的自然条件，采用一些技术措施应用于传统的机械化旱地耕作技术，可对旱地耕作产生一定的积极作用。保护性耕作与传统耕作的最大区别之一就是取消铧式犁翻耕，而且大多数情况下实行免耕播种。这样对农作物播种带来以下3个方面的问题：一是地表容重较大，免耕播种时阻力大；二是收割机进行收获、运粮、深松等作业时会在地表产生沟辙，地表平整度较差，会影响播种质量；三是秸秆覆盖量过大或分布不均时，会影响播种机的通透性。所以，应在播种前进行必要的表土作业。表土作业一般可选用圆盘耙、浅松机、弹齿耙等，特殊情况下也可用旋耕机进行浅旋（陈树文，2004）。

1. 全方位深松技术　该技术是利用深松机械疏松土壤而不翻转土层的一种耕作方式。耕作中虽然加深了耕层，增加了土壤孔隙度，起到了蓄水、保墒、防风腐蚀的作用，但没有减少机械作业量。而且，农机在田里反复出入，对于已经深松过的土地，具有一定的副作用，同时也不能有效培育土地肥力。

2. 耙糖镇压技术　耙糖是改善耕层结构，以达到地平、土碎、灭草、保墒为目的的一项整地措施。镇压技术使土壤结构上层紧实下层松散，既可减少土壤水分蒸发，又可使下层水分上升，起到提墒引墒作用。但是，该技术保水能力差，对因降雨和风蚀引起的水土流失和培育土地肥力起不到良好的效果，因此也增加了作业成本。

3. 秸秆还田技术　该技术是在作物收获后或收获的同时秸秆还田，秸秆还田可改善土壤结构、培肥地力、增加有机肥，秸秆覆盖还可减少土壤水分蒸发，缓解降雨对地表的冲刷。但在深耕时会造成土壤肥力下降。

由以上传统的机械化旱地耕作方式可以看出，虽然上述技术措施在不断改进，但随着农村经济发展方式的转变，这些技术和耕作制度已不再适应现代农业发展的要求。而机械化旱地保护性耕作基本上克服了传统机械化旱地耕作的缺点，有效地利用了自然降雨、控制了水土流失、降低了作业成本。根据不同地域、不同条件下所采用的工艺方案和配套措施，在发展生态农业、促进农业的可持续发展方面具有重要作用。其优点在于：

（1）提高土壤含水量。保护性耕作使蓄水保墒能力增强，充分提高对自然降雨的利用率。

（2）有效增加土壤有机质含量。秸秆粉碎覆盖还田能有效培肥地力，提高有机质含量。

（3）减少作业成本。与传统耕作技术相比，保护性耕地减少了机械镇压和负荷最大的深耕作业，而播种的负荷程度也有相应减轻，因此作业成本大大降低。

综上所述，以秸秆残茬覆盖、免耕与深松、表土作业三要素组成的保护性耕作法，与传统耕作相比，既可提高作物产量，取得良好的经济效益，又可保护生态环境，具有生态效益。国家相关部门应制订研究推广规划，加强机械化旱作保护性耕作的基础理论研究工作，加快配套农业机械的研究开发和制造，建立推广使用机械，推进干旱和半干旱地区农业的可持续发展（魏项森，2002）。

四、传统农学思想对未来农业发展的技术启示

（一）精耕细作传统的继承和发扬

精耕细作所包含的合理内核至今仍具有生命力，在农业现代化进程中应继承和发扬。2017年中央1号文件把发展现代农业作为社会主义新农村建设的首要任务，提出了建设精准农业的现代农业发展目标（陈元，2018）。精准农业就是运用现代科学技术提高单位面积产量，满足日益增长的人口的需要。这与精耕细作的思想是一脉相承的。

采用现代科技手段，发扬光大精耕细作传统。现代农业发展中新问题层出不穷，传统的方式难以根除复杂的现代问题。于是，机器耕作代替了二牛抬杠，使用除草剂代替了人工除草作业。虽然形式不同了，但追求高产的目的与精耕细作的精神则一以贯之。传统的劳动密集型农业逐渐向技术型、知识型农业转变，精耕细作的传统也在新的高度上被继承、提高和发展。

中国现代农业的发展并未仅仅停留在对优良农耕传统的继承上，在许多方面又对它进行了改进提高，使农耕传统进入了一个新的发展阶段。首先，对传统的经验农学进行彻底改造，建立了中国现代农业科学，用科学的理论指导生产，研究并解决生产中存在的问题。遗传育种学、微生物学、动植物保护学、生理学、农业经济学分别对农业生产中的品种选育、病虫害防治、养分供应、资源配置和经济效益等问题给予了科学的解答，开阔了人们的视野，增强了农业活动的社会能力。

（二）耕耙耱的历史继承性和借鉴性

在精耕细作、集约化经营的技术路线背景下，中国传统农业工具的演变趋

势表现出以下 3 个方面特点：

1. 小型化 西欧中世纪生产工具适应粗放化耕作需要，形体大而粗重。以农具中最重要者耕具为例，西欧 11 世纪流行的用来深耕的重犁需要 68 头牛拉，浅耕的轻犁要用 2 头牛来拉。17 世纪英国有许多人移居美国，使用的犁仍然是"巨大的木制家伙，有笨重的犁杆、犁头和犁板。这种犁要两个人来使用：一人扶犁，一人来牵牛。土地耕到大约 7 厘米深，就需要 4 头、6 头甚至 8 头牛来拉犁"。中国传统农业实行犁耕后，犁经历了由大到小、由笨重到灵活便利的发展过程。早期是庞大的二牛抬杠、二牛三人耦犁，后出现一牛双辕犁，唐代出现了中国犁的典型形式——江东犁。江东犁把以前的直辕改成曲辕，又称曲辕犁。这些改变逐步适应小型家庭化的耕种方式。

2. 多样化 中国三代以前（即夏商周时期以前）已经有农业生产工具，按其用途大致可分发土、收割、加工三大类。据汉代农书记载，当时各类农具有 10 多种，魏晋南北朝时便增加了近 1 倍。到明代，《王祯农书》的"农器图谱集"介绍农业生产工具已达 100 多种。

3. 专用化 受到精耕细作技术传统制约，中国传统农业生产工具主要遵循专用化的趋势发展。可以播田整地为例说明这一点，播田整地工作，战国时期只有一个"耕"的环节，主要通过增加耕的次数来提高精耕细作水平，整地工具只有犁一项。后来，整地操作精细化水平提高，出现了专门用于磨碎土块、匀平地面的整地工具——耙和耢。在南方水田耕作区也是如此。自东晋到唐宋，播前整地逐步形成耕、耙、耖、滚 4 个程序，每个程序却创制了专用工具。有的研究者认为，"中国农业生产力发展的基本途径是通过生产工具专用化来保证精耕细作水平的提高"。

（三）农具的革新对乡村发展的影响

现如今，传统的耕耙耢农具，如锄、犁、耙子、耧具等工作效率低，远不能满足现在日益增长的粮食需要。随着现代科技的发展，应用内燃机的整地农具层出不穷，不仅减少了人力，也大大提高了作业效率。现代农耕机，如四轮耕地机、水田耕地机、微型耕地机、履带式耕地机、柴油耕地机、手扶式拖拉机等可大大提高田间作业效率。

《农业机械》杂志曾记载"农具改革运动"的字眼。据记载，1958 年 5 月 5 日，中共八大二次会议在北京召开，会议制定了"鼓足干劲、力争上游、多快好省"的社会主义总路线，明确提出了把中国建成"现代工业、现代农业、现代科学文化"的社会主义国家。于是，当时有观点认为，中国传统的小农农业由于出产率低、土地利用率低等缺点，越来越不适应国家加快建设发展的要求，全面丰收和劳力不足之间的矛盾日益尖锐。因此，当年中共中央、国务院发出了在农村开展农具改革运动的指示，旨在加快农业机械化发展进程。笔者翻开具体报道内容发现，当时在很短的时间内，中国就有近22个省市试制出了149种拖拉机，而正是那批国产拖拉机的试验成功，使中国农业机械化发展进程迎来了一个新的重要的里程碑。"它们大都结构紧凑、操作方便，可进行多种农业作业，便于农村综合利用。"当然，当时也客观地认为，那批产品"仍存在着不少问题"，但随后几十年的发展中，出现的瑕疵逐步改善。农具的发展出现一个现代化发展的趋势。

耕作方式的变化，说到底就是科学技术的变化。科学技术是第一生产力在农村得到了具体展示。农业机械化是农业现代化的重要组成部分，是解放劳动生产力、提高生产效率的重要手段，农业机械化的实现把广大农民从"面朝黄土背朝天"（姜长阳、宋秀洁，2001）的繁重体力劳动中解放了出来。耕作方式的变化也体现了农民思想意识的进步，逐渐认识到知识、科学的重要，逐步从完全的体力劳动走向体力与脑力相结合的劳动方式，农民的文化意识在增强。耕作方式产生质的变化、飞越式的发展，离开政府的扶助与支持同样是不可能实现的。政府颁布各种利民惠民政策，对农民来说，犹如天降甘露，极大地刺激和鼓励了农民接受新事物，改变一成不变的劳动方式。农村农民耕作方式的变化最基本地体现了国家对农民的重视。"民以食为天"，农民是人类大群体的食物供应者，农民的重要程度可以从中充分体现出来。

然而，生产力的发展、农民耕作方式的变化，还是受到一些因素的阻碍作用。对于机械化生产的现代，农民的知识水平还远远不够。部分机械只有极少数的农民能够操作，而且不能完全发挥出该机械的全部能量。这样，潜力没有完全发挥出来，效率也就没有预期的那样好。由于农民知识的不完善，对于种植一些作物，管理与种植方法就会出现一些失误，致使减产或是更严重的颗粒不收。还有在耕作方式的变化过程中，有些器械的应用范围受到不小的限制。对于小块的田地，一部分农机器械根本就不能进入，只有那些承包户可以使用，这样对于小户农户，使用那些机械就显得有些大材小用。要想真正促进乡村振兴，还需要提出针对性的措施。

改革开放40多年来，中国农村的变化日新月异，农民的发展进步也要求与时俱进。农村耕作方式的变化，也是国家发展的不竭动力。生产力在发展、祖国在壮大，在此过程中，国家要想农民所想、补农民所需。针对一些阻碍生产力发展的问题，笔者有以下4点建议：

（1）在农村建立农耕知识传授点，专门向农民普及农机器械的使用方法。

（2）在恰当的时节，组织一些专家下乡为农民讲解该时节作物的种植方法、管理方法。

（3）政府发布惠农政策，使机械化生产全面普及。

（4）鼓励农民自主创新，发明出更适合农民使用的器具。

五、小结

中国精耕细作传统文化对现代农业发展的影响是多方面的。中国人民在现代农业的发展过程中，继承和发扬了古代优良的文化传统，创造了中国农业的新辉煌，提高了农业劳动效率和经济效益，并对传统的农业生产结构、生产方式进行了更新改造（苏黎、陈红兵，2007）。表现在农业科学技术上，特别是耕耙耱技术的继承发扬和整地农具的发展，精耕细作、集约经营、精细化土地管理等传统则被继承并有了新的发展；传统的重农政策在新的形势下继续保持旺盛生命力并焕发勃勃生机，国家在巩固农业基础地位的同时，加大了对农业的投资力度，减轻了农民负担，保护了农民利益，有利于促进乡村振兴。

参 考 文 献

陈树文，2004. 现代农业保护性耕作技术［M］. 哈尔滨：黑龙江科学技术出版社.

陈元，2018. 马克思恩格斯的中国观及其当代价值［D］. 衡阳：南华大学.

葛汝凤，杨鹏，2015. 中国农具［M］. 济南：黄河出版社.

贾思勰，2009. 齐民要术［M］. 缪启愉，缪桂龙，译注. 济南：齐鲁书社.

姜长阳. 宋秀洁，2001. 面朝黄土背朝天：历代农业［M］. 沈阳：辽海出版社.

李根蟠，2004. 精耕细作、天人关系和农业现代化［J］. 古今农业（3）.

马顺喜，刘九虎，1998. 如何确定农田土壤的适耕期［J］. 科技园地（3）.

邵扬，郭延平，杨生华，等，2017. 保护性耕作对土壤理化性质影响研究综述［J］. 甘肃农业科技（2）.

盛伯骠，2002.《氾胜之书》哲学思想浅析［J］. 西北农林科技大学学报（社会科学版），2（6）：94-96.

苏黎，陈红兵，2007. 中国传统农学思想的传承及启示［J］. 沈阳农业大学学报（社会科学版），9（6）.

王达，1984. 中国传统农业田间管理技术的发展［J］. 农业考古（2）.

魏项森，2002. 概述传统机械化旱地耕作与保护性耕作［J］. 拖拉机与农用运输车（5）.

徐潜，2013. 古代耕织与劳作［M］. 长春：吉林文史出版社.

许淑青，2008. 不同农作方式对耕层土壤理化性质的影响［D］. 兰州：甘肃农业大学.

赵青，2008. 如何理解中国古代"精耕细作"的农业生产模式［J］. 中学历史教学参考（5）：17-19.

（作者王清慧为潍坊科技学院学生；作者刘金同为潍坊科技学院教授）

农业文化遗产相关概念的辨析

曹幸穗

2002 年，联合国粮农组织发出"全球重要农业遗产系统保护"倡议。我国是最早响应项目试点的国家之一，也是世界上农业文化遗产类型最多的国家之一。近年来，随着农业文化遗产项目试点的开展，"农业文化遗产"在我国逐渐被社会各界所认知和重视。特别是自 2005 年推荐评审"浙江青田稻鱼共生系统"为联合国粮农组织试点项目开始，我国相继评选出 3 批 60 多处农业遗产项目，对促进农业文化遗产保护产生了积极的作用。

在申报农业文化遗产项目材料过程中，以及在传承保护和推广利用过程中，首先要弄清农业历史、农业遗产、农业文化遗产的特定内涵及它们之间的关系，需要建立关于农业文化遗产的研究保护和管理利用的科学体系。但是，目前学术界对于这些相关概念尚未取得一致的共识，有的还存在争议。

一、农业历史和农业史学

（一）农业历史的源与流

中国农业的起源，可以追溯到距今 1 万多年的史前年代。"神农氏"是农业起源时代的传奇式人物。根据先秦时期诸子百家的推演辩考结果，比较一致的共识是神农即炎帝。我们注意到，神农氏被描述成"牛首人身"的形象。这里面隐含的历史信息可能是，种植业的发明源自之前的游牧业。还有一点需要注意，神农氏一个人，几乎囊括了他那个时代的所有重大发明。例如，发明耒耜，教导人民种植五谷；发明药病，曾经尝遍百草；发明制陶，从此开始用炊具烹煮食物，等等。近代考古学的常识告诉我们，这一切重大文明成果的诞生，贯穿于漫长的新石器时期，不可能由一个人独自发明。由此可知，神农氏实际上是一个漫长时代的文明化身。到了春秋时代，《诗经》中叙述的周族先祖"后稷教稼"的故事，尽管其中也还有传说的痕迹，但是与史前时代的神农氏相比，已经更接近于"信史"了。

农业开启了人类文明之源，逐渐汇成溪流、汇成江河，奔流万年而至今日，形成一部浩瀚壮阔的农业文明史。这是一部凝聚智慧的历史、一部巧夺天工的历史。有了农业，自然就有农业史。历史的本义，特指事物发生发展的时间过程，是自然的客观存在。农业史是文明进程中的客观存在。中国传统农业曾经长期领先于世界其他文明古国，形成了辉照千秋、惠及四海的中华农业文明体系。中国传统农业的精华部分，至今仍是现代农业发展值得借鉴和发扬的要素。

（二）农业史观的形成

认识历史的客观存在既是一个过程，也是时空上的特定点位。也就是说，不同时代的人，处于不同时空点上的人，对于客观的历史会出现不同的描述，产生不同的认识。于是，观察农业发展史的时候，就不可避免地烙上观察者的主观印记。农业本身是一个极其庞大的系统，它远远超出了个人的视野和经验的范围。由于知识背景、经验阅历以及关注重点的差异，即使面对同一个农业史事象，不同的观察者、不同的历史学家，也会产生不同的观点和结论。为了区分客观存在的农业史，将认识农业史的学问称为农业史学。史学是主观的，可以仁者见仁、百家争鸣。

在古代，还没有形成"农业史学"的学术概念。但是，以农业为对象的学问是与史俱来、与史俱存的。历朝历代都有人在作农业史的学问，今天可以称他们为古代农史学家或者农书作者。他们留给后世的农业史学的业绩，主要体现在3个方面：

1. 编写农书 古代农书的知识体系，大致来源于农事经验的搜集、归纳和总结，在史料积累和叙事释义等方面进行了农业史学的研究。我国古代留存了卷帙浩繁的农书古籍，这在世界文明古国中是绝无仅有的。从5 000年前的甲骨文时代，我国就有了关于农业的记载。公元4世纪成书的《齐民要术》，开创了系统收集农业生产的经验资料和征引前代农书与典籍记载的传统，使得我国的农史叙事，在历代农书中相因相承、绵延不断。

2. 考释农史名物 如三国陆玑的《毛诗草木虫鱼疏》、晋代郭璞的《尔雅注》、清代程瑶田的《九谷考》和刘宝楠的《释谷》等。特别是晚清学者吴其濬的《植物名实图考长编》和《植物名实图考》，更堪称农作物名实考证的鸿篇巨制。《植物名实图考长编》22卷，辑录了838种植物文献，分为谷、蔬、山草、隰草、蔓草、芳草、水草、石草、毒草、果、木共11大类；《植物名实图考》38卷，收录植物1 714种，附图1 800余幅，堪称严谨的植物学专著。

3. 正史典籍中的"食货"类记述 其中多以历代的土地制度、农业田赋、农产品贸易交换等农业经济史的记述为重点。这些都是传统史学时期的农业遗产（李根蟠、王小嘉，2003）。

（三）近代农业史学科的出现

近代意义上的农业史学科，是受西方学术范式的影响而逐渐形成的。我国早在明代后期，通过来华传教士的介绍，已经接触了西方农学的一些端倪。徐光启在《农政全书》中就设了专章介绍"泰西水法"。但是，由于清代推行闭关锁国的政策，阻断了东西方文化的交流，在一个相当长的历史时期内，中国失去了吸收借鉴世界先进文化的机会。

直到1840年发生西方列强入侵的鸦片战争，尤其是甲午战争失败、洋务运动破产，朝野人士认识到，振兴农业当为国家要务，于是逐渐出现一股兴农兴邦的社会潮流。振兴农务成为维新变法的一项重要内容，促使光绪皇帝连续颁布了关于农业变革的谕令。自此，中国开始仿效先进国家的农政管理经验，推行了农业科研、教育、推广等一系列政策措施，完成了近代农学从知识启蒙上升为国家意志的转变。历史由此翻开了一个新纪元。

大致与此同时，"史学革命"开始掀起，社会经济史研究进入了史学家的视野，而农业史正是构成古代经济史的重要组成部分。于是，农业史研究开始登上大雅之堂。20世纪20年代末，金陵大学、中央大学相继开设中国农业史课程。中国出现了一批筚路蓝缕的农业史学家，如《中国田制史》作者万国鼎、《中国水利史》作者郑肇经、《中国救灾史》作者邓云特、《中国渔业史》作者李士豪，等等。他们的开创性工作打下了农业史的学科基础（曹幸穗，2003）。

二、农业遗产

（一）公共遗产概念的提出

"遗产"本义是指法定继承人依法继承其先辈遗留下来的私人财产，是法律意义上的私人财产中的一种。

遗产被用于公共领域，产生于近代工业化之后。工业化耗用或者损毁了大量的公共资源，如森林、草原、湿地、田园等。工业化的扩展，使大量的"公共资源"遭到了破坏和污染。人们开始警觉起来，开始提出保护公共资源的要求，第一次明确地将"公共资源"视为财产。对于这些公共财产，需要使用一个新的概念，以表达共同的认知，进而产生共同的保护意识。于是，有人提议借用私人财产中的"遗产"概念，用以统称过去时代遗存下来的、当下受到了威胁或破坏的公共资源。这就是"自然遗产"概念的由来。

后来，人们进一步发现，不仅公共资源遭到了破坏，一些具有历史记忆意义的人类文明载体，如各种各类的古代建筑物以及历史遗址遗存，也都遭到了损毁、废弃或拆除。于是，又产生了"文化遗产"的概念。特别是进入21世纪以来，随着经济全球化进程的加快，各国、各民族的文化多样性面临着前所未有的严峻挑战。全球化在带来科学技术进步和物质生活水平提高的同时，也使包括中国在内许多国家的大量农业文化遗产面临消亡的危险。"遗产"被越来越多地用于公共领域，成为日常话语中出现频率很高的词汇。

有学者指出，在首先提出和倡导自然与文化遗产保护的西方社会，其最初形成的"遗产观"，只是源于"过去"的概念。正是极平凡的"过去"，催生了遗产学的兴起。英国历史学家罗文索尔（David Lowenthal）在1985年出版的《过去是一个陌生的国度》一书中说：历史时期的大部分年代，人们很少把"过去"和"现在"区分开来，缓慢的历史演变使"过去"和"现在"被认为是一回事。去年和今年几乎没什么不同，祖辈和晚辈的生活方式也没什么不同。在传统农业时代，甚至过去的2 000年与1 000年，也很难说有很大的变化或者不同（沈宁，2012）。

但是，近代工业化的飞速发展，人们开始觉察到"过去"常见的情形开始发生了改变。"现在"与"过去"有了很多而且很大的不同。于是，"现在"开始受到关注和关切，而"过去"却需要保护了。例如，现在的环境状况开始受到关注，而对过去环境的记忆需要恢复和保护了。进入19世纪，保护"过去"的行为在一些早期工业化国家突然出现，并不是历史的偶然。到了20世纪，更多的国家也开始想到拯救自身的遗产，以抵抗社会的衰退。于是，"过去"被视为一种遗产而受到追捧。一个民族国家的环境、古物、遗物、民俗传统等，被作为民族认同和情感维系的标物而受到越来越多的保护。自然遗产、文化遗产，以至"景观遗产""非物质文化遗产""工业遗产""农业遗产"等概念，都先后应运而生。

（二）中国是最早关注农业遗产的国家

在农业遗产领域，中国人继承了农业大国和农业古国的传统，保持了引领世界潮流的领跑地位。一个确凿的历史事实是，1955年4月，农业部所属的农业宣传总局在北京召开了"整理农业遗产座谈会"。从这个会议的主办者和会议的主题即可看到，新中国成立初期，中央人民政府已经十分重视继承和弘扬祖国的农业遗产。很难想象，在历经了100多年的战乱摧残而百废待兴的新中国，成立之初就开始运用国家的力量，着手整理祖国的农业遗产。这其中的意图，应当不仅仅是为了繁荣学术研究。这是中国开始"农业遗产"的研究和保护的开端。由中央人民政府直接启动农业遗产整理研究的工作，世界上大概没有更早的先例。随着时间的推移，这次会议越来越凸显出先知先觉般的历史意义（游修龄，1995）。

根据当时与会专家的回忆，这次会议是执行国务院总理周恩来的指示。会议主题"农业遗产"的概念也是周恩来确定的。可见，在当时，"农业遗产"已经上升为国家意志，而整理农业遗产成为新中国政府的职责工作。会议结束后，受中共中央农村工作部和农业部的指令，当时的中国农业科学院筹建办公室和南京农学院（今南京农业大学）奉命联合组建中国农业遗产研究室。这是一个从事农业遗产研究的国家级机构，行政级别为司局级，额定编制76人，实行中国农业科学院与南京农学院双重领导。1955年7月，中国农业遗产研究室挂牌成立。

今天回顾60多年前成立中国农业遗产研究室的宗旨，可以帮助我们辨析"农业遗产"的含义。其中有3个值得考究的关键点：

一是新中国成立之前，南京农业大学前身的金陵大学和中央大学的农学院都已设有"农业史研究室"。1955年初，农业部不是恢复"农业史研究室"的建制，而是明确地改名为"中国农业遗产研究室"，升格为国家级的专业机构。而将"农业史"变为"农业遗产"，其中的用意应当不只是机构称谓的不同。

二是这家研究机构成立之初，同时编辑发行《农业遗产研究集刊》和《农史研究集刊》2种刊物。两者之间显然要有不同的学术领域，否则就用不着取用2个刊号。

三是当时国内不少农业高校也设有类似的研究机构，但是都不用"农业遗产"称谓。例如，在西北农学院称为古农学研究室、在北京农业大学称为农业史研究室。有意思的是，华南农学院称之为农业历史遗产研究室，这里显然是兼有农业历史和农业遗产的双重意思。

（三）农业史学与农业遗产的区别

从以上所述可以看出，新中国成立初期，国家对农业历史和农业遗产是有着学术取向上的区别的。农业历史的研究重点在于对农业发生发展和历史演变的探索和陈述，而农业遗产则是特指农业史演进过程中所遗存下来的具有继承价值的优良部分。概而言之，农业史学侧重于历史过程的客观陈述，农业遗产侧重于对传统农业要素的价值判断。二者既有内在联系又有领域区别。

基于以上的认识，就不难理解为什么新中国在医治战争创伤、恢复发展经济之时，立即专门设立一个国家级的农业遗产研究机构，并且要求它同时进行文献整理和实地调查两方面的研究，发掘和揭示对于现实农业生产具有可资借鉴利用的农业遗产，如优良的传统品种、切实可用的传统农业技术措施等。这方面的代表性成果有陈恒力等专家深入浙江桐乡，长期驻村调研而写成的《补农书研究》，以及采用科学实验的方法对某些传统技术，如搜种法、区田法进行科学检验等。这些做法已经与近年的"农业文化遗产保护"很接近了。

三、农业文化遗产

（一）关于"农业文化遗产"汉译的争议

"农业文化遗产"概念的产生，是由于现代农业科技经过一个多世纪的快速发展，显露出了其固有的一些负面影响，诸如消耗大量化石能源、过度依赖机械装备、大量施用化肥农药污染环境、农牧生物品种的基因资源匮乏等问题而提出的。1972年，联合国教科文组织颁布《保护世界文化和自然遗产公约》，提出了自然遗产、文化遗产、文化和自然双重遗产的范畴、认定和保护的公约条款。1992年，世界遗产委员会提出了一个新的遗产类型——文化景观遗产。文化景观遗产既不同于人类文明创造的文化遗产，也区别于自然禀赋客观存在的自然遗产。

2002年，联合国粮农组织、联合国发展计划署、全球环境基金、联合国教科文组织、国际文化遗产保护与修复研究中心、国际自然保护联盟、联合国大学等国际组织或机构以及一些国家的政府，共同提出"全球重要农业文化遗产"（Globally Important Agricultural Heritage Systems）的项目试点，旨在最终能够建立全球重要农业文化遗产保护体系。由此可见，世界遗产的类型是随着全球社会经济格局变化而逐渐增加和扩展的。

闵庆文教授是最早将"Globally Important Agricultural Heritage Systems"译为"全球重要农业文化遗产"的中国科学家。这里将"Agricultural Heritage Systems"翻译为"农业文化遗产"引起了学术争议，因为原文的直译应该是"农业遗产系统"。有学者指出，丢失了"系统"的概念可能会引起歧义。按照联合国粮农组织的定义，全球重要农业文化遗产是"农村与其所处环境长期协同进化和动态适应下所形成的独特的土地利用系统和农业景观，这种系统与景观具有丰富的生物多样性，而且可以满足当地社会经济与文化发展的需要，有利于促进区域可持续发展"（闵庆文，2006）。显然，联合国粮农组织在陈述这个概念的定义时，多次提到甚至强调了"系统"（Systems）。

熊礼明、李映辉指出，农业文化遗产（或是农业遗产）与农业遗产系统（或是农业文化遗产系统）二者存在涵义上的差异，认为农业文化遗产概念应有狭义和广义之分，狭义的农业文化遗产指的就是农业文化系统，而广义的农业文化遗产则等同于农业遗产（熊礼明、李映辉，2011）。对于这个特指性的概念，也有人提出翻译为"全球重要农业遗产"或"农业系统遗产"等。闵庆文教授对这些不同的译法作了回应。目前，"Globally Important Agricultural Heritage System"（GIAHS）项目正处于初始阶段，随着项目的不断推进，GIAHS可能会成为联合国教科文组织世界遗产中的一种类型，这是该项目的目标之一，到时这一名词的翻译可能要根据世界遗产委员会的要求进行修改。因此，在目前阶段的研究中，我们暂且仍然将其称为"农业文化遗产"和"全球重要农业文化遗产"（闵庆文、孙业红，2009）。

我国最早倡导和引进 GIAHS 项目的李文华院士，采用了"农业文化遗产"的译法。他在《农业文化遗产的保护与发展》中说：农业文化遗产植根于悠久的文化传统和长期的实践经验，传承了固有的系统、协调、循环、再生的思想，因地制宜地发展了许多宝贵的模式和好的经验，蕴含着丰富的天人合一的生态哲学思想，与现代社会倡导的可持续发展理念一脉相承。现代农业的发展，不仅要重视新技术的开发、应用和推广，也要重视对农业文化遗产的挖掘和提高。在经济快速发展、城镇化加快推进和现代技术应用的过程中，由于缺乏系统有效的保护，一些重要农业文化遗产正面临着被破坏、被遗忘、被抛弃的危险。因此，2002 年联合国粮农组织提出了"全球重要农业文化遗产（Globally Important Agricultural Heritage Systems，GIAHS）"的概念，旨在建立全球重要农业文化遗产及其有关的景观、生物多样性、知识和文化保护体系，并在世界范围内得到认可与保护，为现代农业的可持续发展提供物质基础和技术支撑（李文华，2015）。

在我国引进 GIAHS 项目试点工作之前，即 2005 年推荐评审"浙江青田稻鱼共生系统"为联合国粮农组织试点项目之前，我国学者已经提出并使用了"农业文化遗产"的概念。曹幸穗教授于 2004 年 3 月 5 日，以全国政协委员身份提出了"关于将中国农业文化遗产纳入中国民族民间文化保护工程的提案"，第一次在政治性文本中使用"农业文化遗产"的概念。后来，这个提案被转到文化部答复办理。文化部领导非常重视，及时与提案人取得联系，并批复在中国农业博物馆启动"中国农业文化遗产保护项目"，2004 年 4 月至 2006 年 6 月实施了"贵州从江县和威宁县的农业文化保护试点"。巧合的是，2 年后"从江县侗乡稻鱼鸭系统"成为全球重要农业文化遗产项目。

（二）"农业文化遗产"是特指的专用术语

鉴于当前我国学术界已经比较普遍使用"农业文化遗产"的概念，多数场合已经是特指"Agricultural Heritage Systems"的中文译语，而且已被农业农村部在正式文件中所采用，应当共同接受这个约定俗成的文化术语。在语言进化史上，当一个术语或名词被广泛采用之后，就具有了专用专享的特指，只要不与相关的法权或习俗相冲突，不引起表述上的歧义，继续使用和传播就是适当的和应当的。因此，没有必要在名实对应上对"农业文化遗产"的翻译继续争议下去。例如，联合国教科文组织所用"文化遗产"的概念，已经成为一个普遍认同的公共遗产概念，如果有人将他祖辈遗留下来的私家字画称为"文化遗产"，可能反而觉得不太合适了。至于将来"Globally Important Agricultural Heritage Systems"是否能够进入联合国教科文组织的世界遗产体系之中，以及在进入时是否要作出称谓上和概念定义上的更改，留待将来决定。因此，本文主张并赞同闵庆文教授的意见，暂且仍然特指性地将"Agricultural Heritage Systems"称为"农业文化遗产"，而不是学术上泛指的农业遗产或狭义的农业文化遗产。

（三）活态农业遗产

事实上，人们对遗产的认知也是一个相互包涵、相互促进的过程。在景观遗产和农业文化遗产被提出之前，自然遗产和文化遗产中早已出现了它们的身影。从这一点上观察，各类遗产的边界并非泾渭分明。虽然遗产的倡导者和主管者都试图对每一个遗产的内涵作出缜密的特征描述，但是一些类别的农业文化遗产依然可以被列入文化遗产名录之中。例如，菲律宾安第斯山上的科迪勒拉稻米梯田、法国的圣艾米利昂葡萄园、瑞典的奥兰南部农业景观、古巴东南部的咖啡种植园考古遗址、葡萄牙的阿尔托杜劳葡萄酒产地等，都先后被列为世界文化遗产保护名录。

如果将来联合国粮农组织的"农业遗产系统"项目纳入世界遗产体系，制定全球农业遗产公约时，是否可以建议将"Agricultural Heritage Systems"更改为更符合项目设计本意的英文表述和汉译。我个人赞成采用"活态农业遗产"（Growing Agricultural Heritage）的提法。它特指正在被使用的农业遗产或者在农业生产上受到保护的农业遗产。因为"系统"（Systems）过于具象，作为"试点项目"的用语比较切合，而作为人类文明中的一类重要遗产的抽象，用"活态农业遗产"也许更为适合和准确。由此区别于农业遗产中的所有其他类别，如图书馆里的古农书、博物馆里的农业文物、日常生活中的农业习俗等，它们都是农业遗产，但是都不同于正在实施的农业文化遗产。因为它们都没有"活态的、生长着的、在生产中受到保护的"这样一些特点。

四、结论

以上所指的农业历史，是各国各民族在其文明进程中的农业演进的历程，而农业史学是指对于农业发生发展和历史演变的探索和陈述。农业遗产则是特指农业演进过程中所遗存下来的具有继承价值的优良部分。概而言之，农业史侧重于历史过程的客观陈述，农业遗产侧重于对传统农业要素的价值判断。

联合国粮农组织于 2002 年提出的"Globally Important Agricultural Heritage Systems"（"全球重要农业文化遗产"）是与世界各国的农业历史和农业

遗产紧密相关的概念。"农业文化遗产"是历史积淀的而且依然具有现实生命力的优良农业遗产。因此,在审定是否符合该系统定义的保护项目时,需要厘清被审定对象与其长期协同进化的各国各民族的农业历史、农业遗产的相关性,以避免近代以来的经过农业科技改造的农业系统进入"农业文化遗产"的名录之中,同时也避免从域外引进而未经本土化改造的他国"农业文化遗产"被误认为是某国或某地的农业遗产。

在世界遗产的体系中,农业文化遗产是新生事物、是后来者。因此,应当给予它更多的包容、更多的关注,以使它有着足够的成长空间和良好的人文环境,成长为与文化遗产、自然遗产并驾齐驱的人类文明遗产。

参 考 文 献

曹幸穗,2003. 从启蒙到体制化:晚清近代农学的兴起 [J]. 古今农业 (2):43-49.

李根蟠,王小嘉,2003. 中国农业历史研究的回顾与展望 [J]. 古今农业 (3):70-85.

李文华,2015. 农业文化遗产的保护与发展 [J]. 农业环境科学学报,34 (1):1-6.

闵庆文,2006. 全球重要农业文化遗产:一种新的世界遗产类型 [J]. 资源科学,28 (4):206-208.

闵庆文,孙业红,2009. 农业文化遗产的概念、特点与保护要求 [J]. 资源科学,31 (6):914-918.

沈宁,2012. 西方当代遗产理论综述 [J]. 民族学刊 (9):50-58.

熊礼明,李映辉,2011. 农业文化遗产概念探讨:与闵庆文等学者的商榷 [J]. 长沙大学学报 (4):19-21.

游修龄,1995. 中国农业大百科全书·农业历史卷 [M]. 北京:农业出版社.

（作者曹幸穗为农业农村部全球/中国重要农业文化遗产专家委员会副主任委员）

中国的重要农业文化遗产
保护与发展研究进展

中国的重要农业文化遗产是指中国人民在与所处环境长期协同发展中世代传承并具有丰富的农业生物多样性、完善的传统知识与技术体系、独特的生态与文化景观的农业生产系统，包括由联合国粮农组织认定的全球重要农业文化遗产和由农业部认定的中国重要农业文化遗产。这一概念源于 2002 年联合国粮农组织（FAO）发起的全球重要农业文化遗产（GIAHS）保护项目。中国是最早响应并积极参与这一倡议的国家之一，在农业部和中国科学院地理科学与资源研究所的共同努力下，浙江青田稻鱼共生系统于 2005 年成功申报为国内第一个、世界第一批 GIAHS 保护试点，也开启了中国的系统性农业文化遗产发掘、保护、利用与传承的崭新阶段。在各方的共同努力下，中国的农业文化遗产及其保护与利用研究已走在世界前列，并在保护农村生态环境、促进农村经济发展、传承优秀农耕文化方面发挥了重要作用。10 余年来，许多科研人员围绕农业文化遗产的概念与内涵、功能与价值、保护制度与管理体制建设、保护与发展途径等方面开展了一系列研究，取得了显著进展，有效支撑了国内农业文化遗产发掘与保护工作，也引领了国际农业文化遗产及其保护与利用研究。笔者主要梳理了国内在学术期刊上发表的有代表性的农业文化遗产及其保护和利用的研究成果，力求全面总结这一领域的主要进展，并提出今后一段时间的研究重点。

一、重要农业文化遗产的概念、特征与价值

（一）重要农业文化遗产概念及其特征

农业文化遗产的内涵和外延相当丰富。传统意义上的农业遗产，从广义上看是除去来自现代农业的所有农业相关要素，狭义的则是指已经淡出农业生产的农业要素。但无论是广义还是狭义的概念，农业遗产都可分为物质的与非物质的、有形的和无形的、具体实物的和技术方法的。

自 FAO 发起 GIAHS 保护倡议以后，"农业文化遗产"的概念被引入，并被从广义和狭义上进行阐释。广义的概念相当于"农业遗产"，可以解释为具

有农业属性的物质文化遗产与非物质文化遗产的综合性遗存；狭义的概念特指 FAO 和农业部所认定的可持续的农业生产系统和景观，强调生物多样性和系统性。也可以说，农业文化遗产只是农业遗产的一部分，"农业文化遗产"在概念上等同于"世界文化遗产"，但特性略有不同。农业文化遗产体现了自然遗产、文化遗产、文化景观遗产和非物质文化遗产的多重特征，可概括为活态性、动态性、适应性、复合性、战略性、多功能性、可持续性、濒危性。若从民俗学的角度深入考虑，中国农业文化遗产还具有地域多样性、民族多元性、历史传承性、乡土民间性的特点。为与农业部 2015 年发布的《重要农业文化遗产管理办法》中的概念保持一致，本研究多用"重要农业文化遗产"名称，除特别说明外，本文中的"农业文化遗产"也多指"重要农业文化遗产"。

（二）重要农业文化遗产的价值

农业文化遗产保护的核心目的在于提高农业、生态与传统社会的可持续性。FAO 曾指出，农业文化遗产对于应对食品安全与贫困缓解、生物多样性保护、气候变化、生态系统服务功能和生态补偿、文化多样性保护等人类面临的重大问题具有重要的意义。这些功能的实现借助于其可持续机制提供的价值多样性，充分挖掘重要农业文化遗产的多重价值，可以为重要农业文化遗产保护和合理开发提供依据。

1. 生态与环境价值 生态与环境价值表现在 2 个方面：一方面，重要农业文化遗产系统有较高的农业生物多样性，可以产生各种良好的生态效益并提供优质的种质资源。基于田间试验，对稻田传统共作方式的生态效益分析结果表明，稻鱼、稻鸭、稻鱼鸭共作方式能够很好地控制稻田病虫草害，提高土壤微生物活性，改变水稻生长形状，提高水稻产量；产生更加复杂的营养结构，提高生态系统稳定性。另一方面，重要农业文化遗产系统还能够提供水土保持、水资源涵养、气候调节、提高土地肥力、减少农业面源污染等生态系统服务。相关研究还包括对遗产地的农业生态系统服务价值进行的估算，以及利用能值分析法、生态足迹法等估算的遗产地生态承载力和生态系统服务的供给-消费平衡状态、传统稻作方式的可持续性。

2. 经济与生计价值 农业文化遗产地丰富的生物资源、良好的生态条件和浓郁的地域特色，保障了当地居民的营养与食物安全，赋予遗产地独特的景观美学价值，有利于发展替代产业增加农民收入。

3. 社会与文化价值 重要农业文化遗产还包含着丰富的文化内涵，特别是乡规民约、风俗习惯、民间文化等，是增进人与人、人与自然和谐的基础，也是保护生态环境和生物多样性的文化基础，是发展休闲农业和生态旅游的资源基础。此外，农作物种质资源是农业和社会经济可持续发展的重要保障。

4. 科研与教育价值　农业文化遗产系统中蕴藏着许多尚未被人们充分认识的科技秘密，而使其成为开展科学研究的"天然实验室"。对于这样一类典型的社会-经济-自然复合生态系统，需要多学科综合研究，并在研究过程中推进学科融合。

5. 推广与示范价值　重要农业文化遗产是合理利用自然资源和保护文化多样性的杰出典型，能为现代农业提供宝贵的耕种和管理经验，为可持续农业提供示范案例。而农业文化遗产价值认识与保护理念的示范和推广，更推动了国内与国际农业文化遗产保护事业的发展。

二、重要农业文化遗产保护的政策与机制

（一）重要农业文化遗产保护的制度建设

为促进农业文化遗产保护的法治化建设，有人认为，在保护 GIAHS 方面除了遵守国际公约外，还应通过对当地社区的自治权利的确定、对环境资源的保护、对非物质文化遗产的保护，建立一个大的保护框架。同时，通过地方立法的形式保护重要农业文化遗产，并注意保护社区利益。有研究者认为，为保障有效管理，可以制定行政法规形式的《农业文化遗产保护条例》，并尽可能明确认定标准、遗产权属、管理体制等，在制定相关法律法规时可以参考其他遗产类型的法律和法规。这些研究为 2015 年颁布的《重要农业文化遗产管理办法》奠定了良好的基础。

在发掘认定方面，开展了中国重要农业文化遗产认定标准和认定原则的研究，并提出了农业文化遗产普查的思路和方法。在农业文化遗产保护的政策激励机制方面，生态补偿机制建设是研究的热点问题。研究表明，农业生态系统的服务功能也存在外部性的特点。但在一般的经济核算框架下，低估了生态农业耕作方式的综合效益，需要建立生态补偿激励机制，并在遗产地的生态价值评估和生态补偿标准方面作出一些尝试，提出了补偿标准的制定方法以及多元化的补偿途径。初步探讨了补偿主体确定、补偿标准、补偿方法、资金来源、监管措施等问题。

（二）重要农业文化遗产的管理体系

由于农业文化遗产涉及面广，农业文化遗产保护是区域发展问题，目前的条块管理、职能分散的管理体系，对农业文化遗产的保护管理有较大制约，而需要完善管理体系，需要做好确权、明确各方职能。地方政府应当将农业遗产

保护和开发纳入政府的日常工作议程，参照其他类型遗产进行统一管理。可以借助学术交流平台和企业、社区、社会的力量，通过实施参与式管理来建立激励机制、利益共享机制和市场运作实体，更好地实施监督研究评价工作。目前，国内已基本形成了"政府主导、科学论证、多方参与、分级管理、分类指导"的农业文化遗产管理体系。

（三）重要农业文化遗产保护的监测与评估

监测和评估是农业文化遗产管理的重要内容。既需要建立综合评估方法，以全面认识和评价农业文化遗产的价值，还要建立有效的监测体系，定期或不定期地通过监测评估，分析保护与发展措施的影响和效果。

在评估方面研究成果较多，既有农业文化遗产的生物多样性评价、生态系统服务功能价值评估、生态承载力估算、可持续性评价、价值评价体系构建等，也有农业文化遗产旅游资源潜力评价、旅游资源开发时空适宜性评价、旅游发展社区适应性潜力评价、旅游资源利用特征评价等，以及通过居民感知或游客体验对遗产地旅游开发效果进行评价。此外，还有遗产地人文特征、产业发展融合度等方面的探索。

在监测方面，利用 GIS 和地统计学相结合的方法对农业文化遗产地土壤养分空间分异特征的监测是一种有益的探索。

中国农业文化遗产的监测评估体系，应当包括农业文化遗产监测网络、监视巡视制度、遗产地监测年度报告和定期评估制度等内容。需重视监测人员的能力建设、监测内容与技术方法研究等。

三、重要农业文化遗产的动态保护机制

（一）保护对象

农业文化遗产的保护是一个系统工程，要保护与传承的是一个完整的生态系统、经济系统和文化系统，而不只是某个片段。农业文化遗产的保护对象是传统农业生产系统的所有组成要素，既包括品种资源、传统农具、传统村落、田地景观等物质性部分，也包括传统知识、民俗文化、农耕技术、生态保护与资源管理技术等非物质性部分。

（二）保护主体

农业文化遗产的保护需要建立多方参与机制，即以政府推动、科技驱动、企业带动、社区主动、社会联动为主要内容的"五位一体"的多方参与机制。政府是遗产保护工作的第一责任主体，也是遗产保护工作的协调者；农业文化

遗产的内在价值挖掘、保护、推广和管理都需要来自多学科的科研工作者的技术支撑；在现代市场经济条件下，企业对农业文化遗产保护起到"助推器"的作用；社区居民是农业文化遗产的主人，是遗产保护的直接参与者，是文化传承、农业生产、市场经营的主体，也应当是保护成果的最主要受益者；社会各界对农业文化遗产保护也十分重要，社会公众意识的提高与积极参与会为国内农业文化遗产保护营造良好的社会氛围。

（三）保护原则与机制

对于农业文化遗产保护，FAO的理念是"动态保护与适应性管理"。农业文化遗产保护的是一种综合性的生活方式、生产技术、生态景观，这离不开遗产地居民的传统农业活动，不同于博物馆式的静态保护，它强调的是一种动态的保护，应当尊重其随时代变化而变化的特点。在动态保护的同时，要注意利用现代经济技术发展的福利，在保护传统生态农业系统的同时，拓宽农业收入渠道，最大限度地促进当地农民就业增收，实现可持续的活态保护。整体保护就是指在农业遗产保护过程中，把农业遗产系统及其赖以存在的自然、人文环境作为一个整体加以保护。就地保护有2个方面的含义：一是农业遗产地不能在空间上发生大的迁移，二是将保护与传承农业遗产的责任交给当地农民。

在保护原则的框架下，5种重要的保护机制非常重要，即法律保障基础上的激励机制、多学科协作的科技支撑机制、政府投入为主的多元融资机制、农业功能拓展的动态保护机制、"五位一体"的多方参与机制。

四、重要农业文化遗产地的发展途径

（一）多功能产业发展研究

农业的多功能性是指除提供食品、纤维等商品产出的经济功能外，还具有非商品产出相关的环境和社会功能。农业首先是一个产业部门，通过重要农业文化遗产保护，发挥农业多功能性，促进遗产地的经济发展是必然要求，也是能够真正实现重要农业文化遗产保护的动力所在。农业文化遗产保护基础上的生态功能和文化功能拓展是农业功能拓展的2个重要方面，应当着重开发"有文化内涵的生态农产品"和以区域生态和文化为资源基础的文化休闲产业，并注意借鉴规模化和产业化的发展思路。建立以农业生产为基础，以农产品加工业、食品加农业、生物资源产业、文化创意产业、乡村旅游业为主要内容的"五业并举"的农业功能拓展的动态保护机制。推动农业向二三产业延伸，形成一二三产业高度融合的农村产业体系。

（二）高品质特色农产品发展

高品质农产品包括绿色食品、有机食品、地理标志产品（以下简称"三品"）。农业文化遗产地良好的自然生态环境为"三品"的生产提供了基础，"三品"生产不仅有利于传统农业技术和农业文化的保护，还有利于增加农民收入，促进当地的可持续发展。地理标志产品就是具有法律意义的土特产，在研究地理标志产品和农业文化遗产的过程中，一定要关注特定物产的"精神部位"，充分利用传统农业文化的历史、情感、文学价值，促进农业文化与农业产业经营的结合，延长特色农产品生产的产业链，培育和打造农业特色品牌。

（三）旅游产业发展

农业文化遗产地具有丰富的旅游资源，依托这些资源开发多种类型的旅游产业，既能够增加遗产地居民保护农业文化遗产的积极性，又能够解决遗产地劳动力就业、维护社会经济的稳定。作为一种旅游资源，农业文化遗产具有特色明显、分布范围广、脆弱性和敏感性高、可参与性和复合性强等特征，其多样复合的属性为相关旅游开发可行性模式提供了依据。农业文化遗产地的旅游资源可分为主体要素和辅助要素、有形要素和无形要素，以及若干特定的旅游资源。基于典型农业文化遗产地的多功能性分析，可以得到遗产地旅游发展的基本框架。关于旅游发展后遗产地的居民感知和利益分配情况，以及旅游演化机理、旅游的生态环境影响等方面还有所涉及。

农业文化遗产旅游和乡村旅游、农业旅游有明显的区别，因为前者需要更加关注保护与发展的关系。关于乡村旅游、农业旅游、生态农业旅游的研究为农业文化遗产旅游的研究奠定了基础，为合理开展农业文化遗产旅游提供了宝贵的经验。生态旅游是一种具有保护自然环境和维系当代人们生活双重责任的旅游活动，在遗产地开展生态旅游不但可以有效地保护农业遗产，而且可以提高当地人民的生活质量并保持原来的生活方式。

（四）文化产业发展

农业文化遗产系统中文化多样性是其重要方面，对传统知识的传承以及提供教育、审美和休闲活动等文化产业发展提供了基础。文化功能型农业发展的途径可以概括为2类：

一是文化休闲功能开发，如农业文化遗产地旅游等，为当地农业经济发展提供了新的增长点。但是，要处理好民俗传统与时代创新的关系，以农业遗产为题材的"文化产业"，也要遵循产业运营的规律，要尊重文化产品消费者的利益。

二是文化附加值产品开发，即把农产品和地域文化、地理和历史实现有效地嫁接，通过"科学商标""历史商标""人文商标""地域商标""文化商标"等赋予农产品丰富的文化内涵，以产生巨大的经济效益和社会效益。这将在地方经济发展中发挥很大作用，而且对实施生态农业产业化也具有重要价值。文化产业发展的前提是文化的传承和保护，要尝试建立文化保护的激励机制、加大政策扶持力度、加强传承队伍的建设。

五、发展展望

中国的农业文化遗产研究取得了显著进展，有效支撑了国内农业文化遗产的发掘与保护工作，促进了遗产地经济发展、文化传承和生态保护，也初步建立了一支多学科的研究队伍，催生了一个颇具生命力的新兴学科领域，引领了国际农业文化遗产及其保护与利用研究。今后的研究工作应当着重考虑以下 5 个方面：

1. 进一步开展农业文化遗产资源普查与价值评估研究　农业文化遗产是一种新的遗产类型，不仅兼具一般意义上的自然与文化遗产和非物质文化遗产的特征，还因为是一种传统的农业生产体系而关乎农业生产、农民就业、乡村振兴。需要对农业文化遗产进行全面普查，并在此基础上分析其空间格局、功能与价值以及保护的紧迫性和利用的潜力，为制订科学完善的保护与发展规划和实施有针对性的保护与利用措施奠定基础。

2. 深入开展农业文化遗产的系统演化特征与可持续维持机制研究　农业文化遗产是劳动人民在长期的生产实践中的智慧结晶、是巧夺天工的设计、是人与自然和谐的典范。开展系统演化特征与可持续性维持机制的研究，有助于深刻揭示农业文化遗产动态变化规律，并为现代生态循环农业、美丽乡村建设提供借鉴。

3. 进一步加强农业文化遗产保护的体制与机制建设研究　目前的研究在适应性管理方面较弱，需要在国家层面上进一步完善管理办法，开展主体责任、利益分享、参与机制、激励机制、奖惩机制以及监测评估体系等方面的研究，不断提高管理水平和效率。

4. 农业文化遗产保护还属于"新生事物"，不能简单地套用自然与文化遗产的保护方法，需要因地制宜地探索动态保护的范式，凝练适用于不同自然生态条件、不同社会经济水平和不同地域文化特征的保护与利用模式。

5. 从研究文献看，当前的研究主要集中于生态学、资源科学和农学，在民俗文化、经济、管理等领域上显得薄弱。应当强化农业文化遗产保护的区域发展特征，不断吸引相关学科领域的专家开展综合性研究，为农业文化遗产地的有效保护和可持续利用提供科技支持。

参 考 文 献

白艳莹，闵庆文，李静，2016. 哈尼梯田生态系统森林土壤水源涵养功能分析 [J]. 水土保持研究，23（2）：166-170.

曹幸穗，2012. 农业文化遗产保护与新农村建设 [J]. 中国农业大学学报（社会科学版）（3）：20-24.

曹智，闵庆文，刘某承，等，2015. 基于生态系统服务的生态承载力：概念、内涵与评估模型及应用 [J]. 自然资源学报，30（1）：1-11.

曾芸，王思明，2006. 稻田养鱼的发展历程及动因分析——以贵州稻田养鱼为例 [J]. 南京农业大学学报（社会科学版）（3）：79-83.

常旭，吴殿廷，乔妮，2008. 农业文化遗产地生态旅游开发研究 [J]. 北京林业大学学报（社会科学版）（4）：33-38.

陈淑峰，孟凡乔，吴文良，等，2012. 东北典型稻区不同种植模式下稻田氮素径流损失特征研究 [J]. 中国生态农业学报（6）：728-733.

陈炜，金峰，高艳玲，2011. 近十年来中国农业文化遗产研究述评 [J]. 农业考古（4）：91-95.

丁伟华，李娜娜，任伟征，等，2013. 传统稻鱼系统生产力提升对稻田水体环境的影响 [J]. 中国生态农业学报（3）：308-314.

高灯州，闵庆文，陈桂香，等，2016. 联合梯田农业文化遗产稻田土壤养分空间变异特征 [J]. 生态学报（21）：6951-6959.

耿艳辉，闵庆文，成升魁，等，2008. 多方参与机制在 GIAHS 保护中的应用——以青田县稻鱼共生系统保护为例 [J]. 古今农业（1）：109-117.

何露，闵庆文，张丹，等，2009. 传统农业地区农业发展模式探讨——以贵州省从江县为例 [J]. 资源科学（6）：956-961.

胡亮亮，唐建军，张剑，等，2015. 稻-鱼系统的发展与未来思考 [J]. 中国生态农业学报，23（3）：268-275.

黄兆祥，章家恩，梁开明，等，2012. 模拟鸭稻共作系统中鸭子机械刺激对水稻形态建成的影响 [J]. 中国生态农业学报，20（6）：717-722.

焦雯珺，闵庆文，成升魁，等，2009a. 基于生态足迹的传统农业地区可持续发展评价——以贵州省从江县为例 [J]. 中国生态农业学报，17（2）：354-358.

焦雯珺，闵庆文，成升魁，等，2009b. 基于生态足迹的传统农业地区生态承载力分析——以浙江省青田县为例 [J]. 资源科学，31（1）：63-68.

焦雯珺，闵庆文，成升魁，等，2010. 生态系统服务消费计量——以传统农业区贵州省从江县为例 [J]. 生态学报，30（11）：2846-2855.

角媛梅，张丹丹，2011. 全球重要农业文化遗产：云南红河哈尼梯田研究进展与展望 [J]. 云南地理环境研究，23（5）：1-6、12.

李伯华，杨家蕊，廖柳文，等，2016. 农业文化遗产地人居环境感知评价研究——以湖南省紫鹊界梯田为例 ［J］. 中南林业科技大学学报（社会科学版）（5）：19-24.

李刚，2007. 浅议农业文化遗产的法律保护 ［J］. 北京农学院学报 （4）：46-49.

李根蟠，2011. 农史学科发展与"农业遗产"概念的演进 ［J］. 中国农史，30 （3）：121-128.

李静，闵庆文，杨伦，等，2015. 哈尼稻作梯田系统森林雨季水源涵养能力研究——以勐龙河流域为例 ［J］. 中央民族大学学报（自然科学版），24 （4）：48-57.

李明，王思明，2011. 江苏农业文化遗产保护调查与实践探索 ［J］. 中国农史 （1）：128-136.

李文华，刘某承，闵庆文，2010. 中国生态农业的发展与展望 ［J］. 资源科学，3 （6）：1015-1021.

李文华，刘某承，闵庆文，2012. 农业文化遗产保护：生态农业发展的新契机 ［J］. 中国生态农业学报 （6）：663-667.

李文华，刘某承，张丹，2009. 用生态价值观权衡传统农业与常规农业的效益——以稻鱼共作模式为例 ［J］. 资源科学，31 （6）：899-904.

李永乐，2008. 文化遗产地游客特征与旅游发展模式研究 ［D］北京：中国科学院研究生院.

李振民，邹宏霞，易倩倩，等，2015. 梯田农业文化遗产旅游资源潜力评估研究 ［J］. 经济地理，35 （6）：198-201、208.

梁勇，闵庆文，成升魁，2012. 世界葡萄园文化遗产的地理分布特征及其成因分析 ［J］. 中国生态农业学报 （6）：693-697.

林孝丽，周应恒，2012. 稻田种养结合循环农业模式生态环境效应实证分析——以南方稻区稻-鱼模式为例 ［J］. 中国人口·资源与环境 （3）：37-42.

刘某承，白艳莹，曹智，等，2012. 稻田病虫害生态防控模式及其在西南地区的应用 ［J］. 中国生态农业学报，20 （6）：734-738.

刘某承，熊英，白艳莹，等，2017. 生态功能改善目标导向的哈尼梯田生态补偿标准 ［J］. 生态学报 （7）：2447-2454.

刘某承，张丹，李文华，2010. 稻田养鱼与常规稻田耕作模式的综合效益比较研究——以浙江省青田县为例 ［J］. 中国生态农业学报，18 （1）：164-169.

刘朋飞，高启杰，徐旺生，2008. 农业文化遗产保护与社会经济发展之关系研究 ［J］. 古今农业 （4）：89-98.

刘珊，闵庆文，2010. 清代黔东南地区森林资源变化及其社会区域响应的初步研究 ［J］. 资源科学 （6）：1065-1071.

刘珊，闵庆文，徐远涛，等，2011. 传统知识在民族地区森林资源保护中的作用——以贵州省从江县小黄村为例 ［J］. 资源科学，33 （6）：1046-1052.

刘世锦，2008. 文化遗产蓝皮书：中国文化遗产事业发展报告（2008）［M］. 北京：社会科学文献出版社.

卢勇，2011. 江苏兴化地区垛田的起源及其价值初探 ［J］. 南京农业大学学报（社会科学版）（2）：132-136.

闵庆文，2009. 哈尼梯田的农业文化遗产特征及其保护［J］. 学术探索（3）：12-14、23.

闵庆文，2010. 全球重要农业文化遗产评选标准解读及其启示［J］. 资源科学，32（6）：1022-1025.

闵庆文，何露，孙业红，等，2012. 中国GIAHS保护试点：价值、问题与对策［J］. 中国生态农业学报，20（6）：668-673.

闵庆文，刘某承，焦雯珺，2016. 关于农业文化遗产普查与保护的思考［J］. 遗产与保护研究（2）：109-113.

闵庆文，孙业红，成升魁，等，2007. 全球重要农业文化遗产的旅游资源特征与开发［J］. 经济地理（5）：856-859.

闵庆文，张丹，何露，等，2011. 中国农业文化遗产研究与保护实践的主要进展［J］. 资源科学（6）：1018-1024.

闵庆文，张丹，孙业红，2009. 农业文化遗产保护的意义、途径与近期主要任务——"中国青田稻鱼共生系统试点项目启动暨学术研讨会"综述［J］. 古今农业（2）：116-120.

闵庆文，赵贵根，焦雯珺，2015. 世界遗产监测评估进展及对农业文化遗产管理的启示［J］. 世界农业（11）：97-100、255.

秦钟，章家恩，骆世明，等，2010. 稻鸭共作系统生态服务功能价值的评估研究［J］. 资源科学，32（5）：864-872.

石汉生，1981. 中国农学遗产要略［M］. 北京：农业出版社.

孙白露，朱启臻，2011. 试论中国农业文化的价值及保护［J］. 西北农林科技大学学报（社会科学版）（5）：173-177、182.

孙业红，成升魁，钟林生，等，2010. 农业文化遗产地旅游资源潜力评价——以浙江省青田县为例［J］. 资源科学（6）：1026-1034.

孙业红，闵庆文，成升魁，等，2009. 农业文化遗产资源旅游开发的时空适宜性评价——以贵州从江"稻田养鱼"为例［J］. 资源科学（6）：942-949.

孙业红，闵庆文，成升魁，等，2010. 农业文化遗产的旅游资源特征研究［J］. 旅游学刊（10）：57-62.

孙业红，闵庆文，成升魁，等，2011. 农业文化遗产地旅游社区潜力研究——以浙江省青田县为例［J］. 地理研究（7）：1341-1350.

孙业红，闵庆文，刘某承，2013. 农业文化遗产地旅游资源利用的多类型比较——以技术型、景观型和遗址型遗产为例［J］. 资源科学（7）：1526-1534.

孙业红，周洪建，魏云洁，2015. 旅游社区灾害风险认知的差异性研究——以哈尼梯田两类社区为例［J］. 旅游学刊，30（12）：46-54.

唐晓云，闵庆文，何露，2012. 农业文化遗产地的旅游社会文化影响测量及调控研究——以广西桂林龙脊平安寨为例［J］. 中国生态农业学报（6）：710-716.

唐晓云，闵庆文，吴忠军，2010. 社区型农业文化遗产旅游地居民感知及其影响——以广西桂林龙脊平安寨为例［J］. 资源科学，32（6）：1035-1041.

王灵恩，何露，成升魁，等，2012. 驱动因素视角的中国农业旅游发展模式与策略研究

［J］. 中国生态农业学报（6）：681 - 687.

王衍亮，安来顺，2006. 国际化背景下农业文化遗产的认识和保护问题［J］. 中国博物馆（3）：29 - 36.

乌丙安，孙庆忠，2012. 农业文化研究与农业文化遗产保护——乌丙安教授访谈录［J］. 中国农业大学学报（社会科学版），29（1）：28 - 44.

吴江洲，李映辉，熊礼明，2012. 中国农业文化遗产的研究［J］. 中国农学通报，28（9）：302 - 306.

吴莉，焦洪涛，2010. 法律视野中的全球重要农业文化遗产［M］//易继明. 中国科技法学年刊：2008 年卷. 武汉：华中科技大学出版社.

夏学禹，2010. 论中国农耕文化的价值及传承途径［J］. 古今农业（3）：88 - 98.

肖玉，谢高地，2009. 上海市郊稻田生态系统服务综合评价［J］. 资源科学，31（1）：38 - 47.

熊礼明，李映辉，2011. 农业文化遗产概念探讨——与闵庆文等学者的商榷［J］. 长沙大学学报（4）：19 - 21.

徐旺生，闵庆文，2008. 农业文化遗产与三农［M］. 北京：中国环境科学出版社.

杨波，何露，闵庆文，2014. 基于国际经验的农业文化遗产监测和评估框架设计［J］. 中国农业大学学报（社会科学版）（3）：127 - 132.

杨海龙，吕耀，焦雯珺，等，2010. 传统农业地区土地利用方式变化的驱动因子分析——基于贵州省从江县农户行为的实证研究［J］. 资源科学，32（6）：1050 - 1056.

杨海龙，吕耀，闵庆文，等，2009. 稻鱼共生系统与水稻单作系统的能值对比——以贵州省从江县小黄村为例［J］. 资源科学，31（1）：48 - 55.

杨伦，刘某承，闵庆文，等，2017. 哈尼梯田地区农户粮食作物种植结构及驱动力分析［J］. 自然资源学报，32（1）：26 - 39.

苑利，2006. 农业文化遗产保护与我们所需注意的几个问题［J］. 农业考古（6）：168 - 175.

苑利，2014.《名录》时代中国农业文化遗产保护与利用的跨产业参与问题［J］. 中国农业大学学报（社会科学版），31（3）：133 - 136.

苑利，顾军，2012. 农业文化遗产遴选标准初探［J］. 中国农业大学学报（社会科学版），29（3）：16 - 19.

苑利，顾军，徐晓，2012. 农业遗产学学科建设所面临的三个基本理论问题［J］. 南京农业大学学报（社会科学版）（1）：126 - 133.

占纪文，黄立洪，叶丽娜，等，2016. 农业文化遗产地旅游体验质量评价研究——以福建尤溪联合梯田景区为例［J］. 内蒙古农业大学学报（社会科学版）（6）：145 - 150.

张百灵，2013. 中国农业文化遗产保护的立法构想［J］. 西部法学评论（5）：34 - 40.

张灿强，闵庆文，田密，2017. 农户对农业文化遗产保护与发展的感知分析——来自云南哈尼梯田的调查［J］. 南京农业大学学报（社会科学版），17（1）：128 - 135、148.

张丹，成升魁，杨海龙，等，2011. 传统农业区稻田多个物种共存对病虫草害的生态控制效应——以贵州省从江县为例［J］. 资源科学，33（6）：1032 - 1037.

张丹，刘某承，闵庆文，等，2009. 稻鱼共生系统生态服务功能价值比较——以浙江省青田县和贵州省从江县为例 [J]. 中国人口·资源与环境，19（6）：30-36.

张丹，闵庆文，成升魁，等，2009. 传统农业地区生态系统服务功能价值评估——以贵州省从江县为例 [J]. 资源科学，31（1）：31-37.

张丹，闵庆文，成升魁，等，2010a. 不同稻作方式对稻田杂草群落的影响 [J]. 应用生态学报，21（6）：1603-1608.

张丹，闵庆文，成升魁，等，2010b. 应用碳、氮稳定同位素研究稻田多个物种共存的食物网结构和营养级关系 [J]. 生态学报，30（24）：6734-6740.

张剑，胡亮亮，任伟征，等，2017. 稻鱼系统中田鱼对资源的利用及对水稻生长的影响 [J]. 应用生态学报（1）：299-307.

张凯，闵庆文，许新亚，2011. 传统侗族村落的农业文化涵义与保护策略——以贵州省从江县小黄村为例 [J]. 资源科学，33（6）：1038-1045.

张永勋，2017. 农业文化遗产地"三产"融合发展研究——以云南红河哈尼稻作梯田为例 [D]. 北京：中国科学院大学.

张永勋，何璐璐，闵庆文，2017. 基于文献统计的国内农业文化遗产研究进展 [J]. 资源科学（2）：175-187.

张永勋，刘某承，闵庆文，等，2014. 陕西佳县枣林生态系统环境适应性及服务功能价值评估 [J]. 干旱区研究，31（3）：416-423.

章家恩，许荣宝，全国明，等，2009. 鸭稻共作对土壤微生物数量及其功能多样性的影响 [J]. 资源科学，31（1）：56-62.

章家恩，许荣宝，全国明，等，2011. 鸭稻共作对水稻植株生长性状与产量性状的影响 [J]. 资源科学（6）：1053-1059.

赵立军，徐旺生，孙业红，等，2012. 中国农业文化遗产保护的思考与建议 [J]. 中国生态农业学报（6）：688-692.

赵文娟，闵庆文，崔明昆，2011. 澜沧江流域野生稻资源及其在农业文化遗产中的意义 [J]. 资源科学，33（6）：1066-1071.

周洪建，孙业红，闵庆文，等，2014. 半干旱区庭院农业旱灾适应潜力的空间格局——基于河北宣化传统葡萄园的分析 [J]. 干旱区资源与环境，28（1）：43-48.

Bai Y, Min Q, Li J, et al, 2013. Resilience of the Hani rice terraces system to extreme drought [J]. Journal of Food, Agriculture & Environment, 11 (3/4): 2376-2382.

Garrod B, Fyall A, 2001. Heritage tourism: A question of definition [J]. Annals of Tourism Research, 28 (4): 1049-1052.

He L, Min Q, 2013. The role of multi-functionality of agriculture in sustainable tourism development in globally important agricultural heritage systems (GIAHS) sites in China [J]. Journal of Resources and Ecology (3): 250-257.

Hua Honglian, Zhou Shangyi, 2015. Human-environment system boundaries: A case study of the Honghe Hani rice terraces as a world heritage cultural landscape [J]. Sustainability, 7 (8): 10733-10755.

Koohafkan Parviz, CRuz Mary Jane dela, 2011. Conservation and adaptive management of globally important agricultural heritage systems (GIAHS) [J]. Journal of Resources and Ecology, 2 (1): 12 – 13.

Li J, Jiao W, Min Q, et al, 2016. Effects of traditional ecological knowledge on the drought resistant mechanisms of the Hani rice terraces system [J]. Journal of Resources and Ecology (3): 211 – 217.

Li J, Min Q, Li W, et al, 2014. Spatial variability analysis of soil nutrients based on GIS and geostatistics: A case study of Yisa township, Yunnan, China [J]. Journal of Resources and Ecology (4): 348 – 355.

Liu M, Xiong Y, Yuan Z, 2014. Standards of ecological compensation for traditional eco-agriculture: taking rice-fish system in Hani terraces as an example [J]. Journal of Mountain Science, 11 (4): 1049 – 1059.

Mary Jane dela Cruz, Parviz Koohafkan, 2009. Globally important agricultural heritage systems: A shared vision of agricultural, ecological and traditional societal sustainability [J]. Resources Science, 31 (6).

Min Q, Zhang Y, Jiao W, et al, 2016. Responding to common questions on the conservation of agricultural heritage systems in China [J]. Journal of Geographical Sciences (7): 969 – 982.

Poria Y, Butler R, Airey D, 2001. Clarifying heritage tourism [J]. Annals of Tourism Research, 28 (4): 1047 – 1049.

Poria Y, Ashworth G, 2009. Heritage tourism current resource for conflict [J]. Annals of Tourism Research, 36 (3): 522 – 525.

Sun X, Min Q, Bai Y, et al, 2014. Analyzing environmental stress counter measures in agricultural heritage sites in China [J]. Journal of Resources and Ecology (4): 328 – 334.

Sun Y, 2012. Research review on agricultural heritage systems and its tourism development [J]. Journal of Landscape Research (6): 54 – 58.

Tian M, Min Q, Lun F, et al, 2015. Evaluation of tourism water capacity in agricultural heritage sites [J]. Sustainability, 7 (11): 15548 – 15569.

Tian M, Min Q, Tao H, et al, 2014. Progress and prospects in tourism research on agricultural heritage sites [J]. Journal of Resources and Ecology (4): 381 – 389.

Wang H, Wang Y, 2017. Factors influencing indigenous rice protection in the Yuanyang terraced rice fields of China [J]. Journal of Resources and Ecology, 8 (3): 287 – 295.

Xu Y, Min Q, Yuan Z, et al, 2013. Identifying landscape pattern metrics for the Hani terrace in Yunnan, China [J]. Journal of Resources and Ecology, 4 (3): 212 – 219.

Yang L, Liu M, Lun F, et al, 2017. An analysis on crops choice and its driving factors in agricultural heritage systems—A case of Honghe Hani rice terraces system [J]. Sustainability, 9 (7): 1162 – 1180.

Zhang Y, Min Q, Li H, et al, 2017. A conservation approach of globally important agricultural heritage systems（GIAHS）：Improving traditional agricultural patterns and promoting scale-production［J］. Sustainability，9（2）：295.

Zhang Y，Min Q，Zhang C，et al，2017. Traditional culture as an important power for maintaining agricultural landscapes in cultural heritage sites：A case study of the Hani terraces ［J］. Journal of Cultural Heritage.

（作者闵庆文就职于中国科学院地理科学与资源研究所；作者张碧天就职于中国科学院大学）

中国农耕文化的优良传统及其现代价值

姚兆余

20 世纪以来，在世界工业文明加速发展的进程中，人类的生产方式和生活方式发生了巨大而深刻的变化。在农业生产领域，无论是发达国家还是发展中国家，都开始了从"传统农业"向"石油农业"的转变。"石油农业"虽然具有见效快、高产出的特点，但因其偏重于石化能源的投入，在一定程度上违反了农业具有自然再生产和经济再生产相结合的本性。因而，不可避免地造成了农业资源短缺、农村环境污染严重、农村生态环境恶化等问题，影响了农业的可持续发展。这一客观事实的存在，自然而然地引起了人们对农业现代化道路的深刻反省。人们在反思"石油农业"弊端的同时，开始探讨"生态农业"和"有机农业"的模式和构建路径。在这种背景下，很多国家开始关注中国传统农业技术体系的价值，出现了一股学习和研究中国传统农业科学技术的热潮。那么，以精耕细作为特点的中国传统农耕文化，究竟有哪些合理内核值得继承和弘扬？传统农耕文化对于今天建设生态农业、促进农业可持续发展有什么借鉴意义？本文结合学界已有的研究成果，试图对这个问题作一解答。

一、中国农耕文化的优良传统

中国农业文明博大精深、源远流长。自人类进入原始社会以来，农业文明的曙光便开始出现在神州大地上，在经历了采集农业、耒耜农业和锄农业 3 个阶段之后，便进入了长达 2 000 多年的传统农业社会，形成了以天、地、人"三才说"为理论依据，以土地整治、田间管理、集约经营及农牧结合为核心的技术经验和知识体系，成为传统农业社会人们从事农业生产经营活动的行动指南，也构成了中国农耕文化的优良传统。限于篇幅，这里仅从 6 个方面进行阐述。

（一）"农为邦本"，重农思想和利农政策相结合

在传统农业社会，农业是国民经济最主要和最重要的生产部门，农业生产决定了国家的富裕和强盛。因此，历代统治者都把"农桑"或"耕织"定为"本业"，推行"崇本抑末""重农抑商"的重农政策。

中国最早的重农思想产生于西周时期。据《国语·周语》记载，西周后期，虢文公为了规劝周宣王行籍田之礼，建言"夫民之大事在农，上帝粢盛于是乎出，民之蕃庶于是乎生，事之供给于是乎在，和协辑睦于是乎兴，财用蕃殖于是乎始，敦庞纯固于是乎成"。这是中国古代最早系统阐述重农思想的开端。到了春秋战国时期，很多思想家都从立国和治国的角度，强调农业在国民经济中的首要地位和重要作用，主张优先发展农业。如商鞅提出"国之所以兴者，农战也。圣人知治国之要，故令民归心于农"。韩非子也指出"仓廪之所以实者，耕农之本务也，而綦组、锦绣、刻画为末作者富"（王先慎，1954），明确提出以农为本、以工商为末的主张。汉代统治者基本上沿袭前代的重农抑商思想，认为"农，天下之大本也，民所恃以生也，而民或不务本而事末，故生不遂。"贾谊、晁错、王符等不仅在理论上对重农思想多有阐发，而且提出了很多重农抑商的政策建议。唐宋明清时期，重农思想仍然是中国经济思想史上的主旋律，只不过在不同时期声调高低有所不同。

在重农思想的指导下，历代统治者采取了很多安民、惠民和利民的政策，如轻徭薄赋、劝课农桑、兴修水利、储粮备荒、安辑流民等。可以说，正是由于历代统治者奉行重农思想和重农政策，才创造出封建社会的繁荣景象。从西汉的"文景之治"到东汉的"光武中兴"，从唐代的"开元盛世"到清代的"康乾盛世"，无不是重农思想和重农政策结出的硕果。

（二）集约经营，精耕细作，提高单位面积产量

精耕细作是近人对中国传统农法精华的高度概括，主要是指由种植制度、耕作技术和田间管理技术等构成的综合技术体系。从农作物生长的角度来看，精耕细作技术主要是改善农作物生长的环境条件，提高农作物自身的生产能力。

在种植制度方面，经过长期的实践探索，形成了以轮作复种、间作套种和多熟种植为主的种植制度。在原始农业时期，人们主要采取撂荒耕作制。三代时期（即夏商周时期）出现了轮荒耕作制（也叫休闲制），实行短期的或定期的轮荒耕作。春秋战国时期，在土地连种制的基础上又发明了轮作复种制，并形成了灵活多样的轮作倒茬和间作套种方法。隋唐宋元时期，水稻与麦类等水旱轮作、水稻连作的一年两熟的复种制有了初步发展。明清时期，除了多熟种植和间作套种继续发展外，还出现了建立在综合利用土地资源基础上的生态农业雏形（张芳、王思明，2001）。

在耕地技术方面，人们遵循"因地制宜、因时制宜、因物制宜"的原则，创造了多种多样的耕作方法。至魏晋南北朝时期，北方旱地形成了"耕、耙、耱、压、锄"相结合的耕作技术体系，在防旱保墒方面发挥了重要的作用。宋

元时期，南方水田也形成了"耕、耙、耖、耘、耥"相结合的耕作技术。为适应稻麦两熟、水旱轮作的需要，还发明了"开畦作沟，沟沟相通"的整地排水技术，解决小麦根系遭水涝渍的难题。

（三）充分用地，用养结合，提高土地再生能力

早在春秋战国时期，人们为了合理利用土地的资源，因地制宜发展农业生产，开始对土壤肥力的属性和特点进行研究，把"万物自生"的地称作"土"，把"人所耕而树艺"的地称作"壤"。这种区分的最大意义在于：一是阐明了两类土壤具有不同的肥力属性，即自然土壤只具有自然肥力，农业土壤则是自然肥力和人工肥力的结合；二是阐明了自然土壤和农业土壤之间的转化关系，为人工培肥土壤奠定了理论基础（郭文韬，1988）。到了汉代，人们对地力高低与作物产量的关系有了比较深刻的认识，出现了"人工肥力观"，认为土壤有肥瘠之分，但并不是固定不变的。对于贫瘠土壤，只要"深耕细锄，厚加粪壤"，就会与肥沃的土壤一样长出好庄稼；反之，如果对肥沃土壤只用不养，就会沦为贫瘠之地。这种观点，对后世产生了很大的影响。南宋时，陈旉在此基础上，提出了"地力常新壮"的理论。在《农书》中，他驳斥了"凡田土种三五年，其力已乏"的观点，认为"若能时加新沃之土壤，以粪治之，则益精熟肥美，其力当常新壮矣"（万国鼎，1965）。这就是说，土壤属于可再生资源，要想保持土壤可持续利用，就要注意补充和培肥地力。其后，《王祯农书》和《知本提纲》等农书，都继承和发展了"地力常新"的理论。

在上述各种土壤肥力理论的指导下，中国古代劳动人民发明了很多补充和培育地力的办法。一是施用有机肥，改善土壤的物理结构和化学结构。为此，人们开辟了粪肥、绿肥、泥肥、饼肥、骨肥、灰肥、矿肥、杂肥等多种肥源，创造了沤肥、堆肥、熏土等积制肥料的方法，积累各种有机肥料。二是采取豆谷轮作、粮肥轮作复种等生物措施，实行生物养地。正是由于采取了这些方法，我国土地复种指数虽然很高，但土地越种越肥，产量越种越高，没有出现过普遍的地力衰竭现象。这是中国传统农业区别于西欧中世纪农业的重要特点之一。

（四）因地制宜，多种经营，农林牧渔并举

我国传统农业结构的最大特点是以农为主、农林牧渔并举。除了生产粮食之外，还要养殖六畜，栽种蔬菜、瓜果和桑麻。这种因地制宜、多种经营的经济结构，能够最大限度地将农业生物资源与土地资源结合起来，形成结构合理、功能健全的农业生态系统。

因地制宜、多种经营的经济结构，尽管在三代时期就已经存在，但直到战

国时期才从经验层面上升为农学理论。战国时，孟子在谈到农家经营模式时，认为"五亩之宅，树之以桑，五十者可以衣帛矣；鸡豚狗彘之畜，无失其时，七十者可以食肉矣。百亩之田，勿夺其时，数口之家可以无饥矣"（杨伯峻，1960）。这个设想不仅对后世农业经济结构产生了重要的影响，也为后代农学家规划农业经济结构提供了蓝本。到了汉代，人们对因地制宜、多种经营的认识，已经从农家经营模式发展到区域经济模式，要求人们按照宜农则农、宜林则林、宜牧则牧、宜渔则渔的原则，全面发展农林牧渔生产。在这种农业经营思想的指导下，我国早在秦汉时期就形成了农牧分区的格局。其后，随着历代中央王朝垦殖政策的实施，农牧业经济出现过此消彼长的变化，但总的格局变化不大。

值得一提的是，明清时期还出现了多种经营的生态农业。人们以水土资源的综合利用为基础，利用各种农业生物之间的互养关系，组织起多品种、多层次的生产，形成良性循环的农业生态系统。例如，在杭嘉湖地区，实行农牧桑蚕鱼相结合，圩外养鱼，圩上种桑，圩内种稻，通过生物循环方式，实现生态平衡（闵宗殿，1982）。在珠江三角洲地区，出现"桑基鱼塘"模式，"将洼地挖深，泥复四周为基，中凹下为塘，基六塘四。基种桑，塘养鱼，桑叶饲蚕，蚕粪饲鱼，两利俱全，十倍禾稼（郭文韬，1988）。"这种"农-牧-桑-鱼"农业生态系统，代表了中国传统农业技术的最高水平，被国外专家喻为"最完善的农牧结合形式"。

（五）保护自然资源，重视生态平衡

早在春秋战国时期，人们对保护自然资源、维持生物资源的再生能力问题就有了较为深刻的认识。《论语》《孟子》《管子》《荀子》《礼记》《逸周书》《吕氏春秋》《淮南子》等文献中均有记载。如孔子主张"钓而不纲，弋不射宿"（刘宝楠，1954），即不用大网取鱼，不射夜宿之鸟，目的在于保持生物资源持续存在和永续利用。孟子主张"数罟不入洿池，鱼鳖不可胜食也；斧斤以时入山林，材木不可胜用也"（杨伯峻，1960）。荀子主张"草木荣华滋硕之时，则斧斤不入山林，不夭其生，不绝其长也；鼋鼍、鱼、鳖、鳅、鳝孕别之时，罔罟毒药不入泽，不夭其生，不绝其长也"（王先谦，1954）。《吕氏春秋》中说："竭泽而渔，岂不获得，而明年无渔；焚薮而田，岂不获得，明年无兽"（许维遹，1954），因为"竭泽""焚薮"是短期行为，势必影响生物资源的持续利用。到了汉代，人们对保护自然资源再生能力的重要性又作了进一步阐述，如《淮南子》所云"畋不掩群，不取麛夭。不涸泽而渔，不焚林而猎。豺未祭兽，置罘不得布于野；獭未祭鱼，网罟不得入于水；鹰隼未挚，罗网不得张于溪谷；草木未落，斤斧不得入山林，昆虫未蛰，不得以火烧田。孕育不得杀，毃卵不得探，鱼不长尺不得取，麑不期年不得食"。所有这些认识，其实都是要求人们遵从自然规律，对自然资源采取使用和保护相结合的态度，以期生生不息、永续利用。

中国传统的生态保护思想不仅反映在伦理道德层面，而且向法制领域延伸和扩展，形成了很多保护自然资源的制度和法令。如西周《伐崇令》中规定："勿伐树木，勿动六畜，有不如令者，死无赦。"《礼记》规定："五谷不时，果实未熟，不粥于市；木不中伐，不粥于市；禽兽鱼鳖不中杀，不粥于市。"王制《秦简·田律》规定："春二月，毋敢伐材木山林及雍堤水。不夏月，毋敢夜草为灰，取生荔，麛卵毃，毋毒鱼鳖，置阱罔，到七月而纵之。"《唐律》中也有"非时烧田野者笞五十"的规定。宋代关于保护自然资源的法令更是连绵不断。如建隆二年二月下诏"属阳春在候，品汇咸亨，鸟兽虫鱼，俾各安于物性，置罝罗网，宜不出于国门，庶无胎卵之伤，用助阴阳之气。其禁民无得采捕虫鱼，弹射飞鸟。仍永为定式，每岁有司具申明之。"太平兴国三年四月下诏："方春阳和之时，鸟兽孳育，民或捕取以食，甚伤生理而逆时令。自宜禁民二月至九月无得捕猎，及持竿押弹，探巢摘卵，州县官吏严饬里胥，伺察擒捕，重寘其罪。"大中祥符四年八月下诏："火田之禁，著在《礼经》，山林之间，合顺时令。其或昆虫未蛰，草木犹蕃，辄纵燎原，则伤生类，式遵旧制，以著常科。诸路州县畲田并如乡土旧例外，自余焚烧野草并须十月后方得纵火。"通过这些法令，使人们形成保护自然资源的意识和习惯，从而维持生物资源的再生能力，促进生态良性循环，满足人们对生物资源的永续利用。

（六）采取多种措施，应对各种自然灾害

在传统农业社会，由于科学技术发展水平较低，人们抗御自然灾害的能力非常有限。尽管如此，人们在抗御各种生物灾害和自然灾害的过程中，创造了很多行之有效的办法和措施。

在防治生物灾害方面，人们发明了农业防治、生物防治、药物防治等办法。农业防治就是采取轮作、深耕、抗病良种来达到防治病虫害的目的。如《吕氏春秋》记载"五耕五耨，必审以尽，其深殖之度，阴土必得，大草不生，又无螟蜮"（许维遹，1954），就是采用深耕的办法来消灭病虫害。《氾胜之书》和《齐民要术》也记载了很多抗虫选种、轮作防病、防治仓库害虫的办法。在生物防治方面，人们利用生物之间相互制约的关系，发明了很多"以虫治虫""以鸟治虫"的办法，如利用黄狼蚁防治柑橘害虫，从晋代一直沿用到明清，效果非常显著。在药物防治方面，人们摸索出很多用天然药物治虫的办法。如《周礼·秋官》就有"莽草（今毒八角）熏之""以嘉草（今襄荷）攻之""焚

牡菊（今野菊）以灰洒之"的记载。《氾胜之书》还记载了用"艾"防治仓储害虫的经验。宋元时期，人们不仅广泛利用苦参、白蔹、芫花、百部等植物性药剂，还利用硫黄、石灰和食盐来防治花卉、果树和蔬菜的害虫，甚至发明了用桐油、苏子油、胡麻油等防治害虫的办法。上述种种办法，都是利用农业生态系统中生物之间彼此依存和制约的关系，既能够防治病虫害，又不造成任何污染，有利于保护生态环境。

在预防自然灾害方面，从中央到地方都建立了粮食储藏机构——常平仓，根据各地的人口数量和经济水平，储存一定数量的粮食。如唐代规定，大州县储存粮食100万石、中等州县8 000石、小州县6 000石。遇到灾荒之年，政府支拨仓储粮食救济灾民。除了常平仓之外，还有民办的社仓和义仓，丰年积谷，灾年赈济。可以说，建仓存储是集农业借贷和救灾养恤为一体的社会制度，它有效地整合了政府和民间的力量，应对各种自然灾害所造成的困境。此外，在抗灾救灾方面，历代统治者还采取蠲免、赈济、调粟、借贷、除害、安辑、抚恤等措施，帮助灾民渡过难关，恢复农业生产。

二、中国传统农耕文化的现代价值

中国农耕文化是在以小农经济为基础的传统农业社会形成的，是指导我们祖先从事农业生产实践活动的理论和经验。

今天，我国农业正处在从传统农业向现代农业转变的过程中，农业现代化是中国农业发展的必然选择。但是，农业现代化不能以欧美国家现代化为目标指向，要考虑我国人口多、耕地少的国情，既要处理好农业与其他产业之间的关系，又要处理好发展现代农业与保护生态环境之间的关系。为此，我们需要从传统农业文明中汲取有益的养分，走出一条适合中国国情和文化传统的农业现代化之路。

（一）继承和发扬"重农"传统，把农业作为国民经济的基础产业

在传统农业社会，农业是封建国家政权赖以存在的经济基础，因而得到历代统治者的高度重视。时至今日，农业已经不是国民经济的主导产业，2006年农业产值仅占国民生产总值的11.26%。但是，这并不意味着农业的重要性在逐渐下降。我国是人口大国，也是粮食消费大国，近年来粮食消费量达到1万亿斤以上，而且还呈现出平稳增长的趋势。从世界粮食贸易格局看，目前全球每年的粮食贸易量为2 000多亿千克，还不及我国粮食消费量的一半，依靠大量进口来满足国内需求是不现实的，也是不可能的。在这种情况下，如何保障国家粮食安全，如何削弱工业化、城镇化对粮食生产造成的负面影响，如何

减少农业产业结构调整中经济作物对粮食作物的排斥，等等，都是农业现代化进程中需要认真思考的问题。

从产业特质上看，农业是一个劳动密集但效益较低的特殊产业。由于农业生产对象是动物和植物，生产程序受到生物规律的制约，不像工业生产那样具有周期短、见效快的特点。另外，农业还是一个非常脆弱的产业，极易受到自然灾害的侵害，一旦发生旱涝灾害和病虫害，农业产量就会受到影响。对于这样一个低效、脆弱，却又关系到国计民生的产业，究竟应该采取什么样的保护措施和支持政策？第一，要重新认识农业产业的属性，把农业作为基础产业，而不是单纯追求产值、利润等经济效益的产业；把农业产品作为全社会的公共产品，而不是以营利为目的的商品。第二，作为公共产品，农业与基础教育、医疗卫生、公共安全等一样，具有基础性、社会性、服务性、非营利性等特征。因此，国家应成为发展农业生产的责任主体，不仅要在制度、政策和投入方面采取一系列重大举措，而且要完善农村基础设施和应急机制，在兴修水利、抗逆防灾上发挥国家的主导作用。

（二）继承和发扬精耕细作、集约经营的优良传统，合理地开发利用土地资源

精耕细作是中国传统农业科技的最大特点。从广义上说，精耕细作既包括选种、育种、合理耕作、灌溉施肥、旱地保墒、田间管理、植物保护等技术措施，还包括多种经营、农牧结合、利用自然界的物质循环、节能低耗、维持生态平衡、实行农产品综合加工利用等，也包括兴修水利、改良土壤、利用多种能源、进行工具改革等一系列改善生产条件的措施。说到底，就是充分运用各种生产技术，在有限的土地上，获得较高的单位面积产量。

精耕细作这个传统，是在中国古代人地关系日趋紧张的社会环境中逐渐形成的。据史料记载，从秦汉至明清 2 000 多年间，人口增长指数远远高于耕地面积增加指数，导致人均耕地面积不断减少。西汉时期人均耕地大约 10 亩，明代中期人均耕地下降到 6 亩。清代末年人均耕地已不足 3 亩。为了满足日益增长的人口对物质生活资料的需要，人们只能对有限的土地进行精耕细作，以期获得最大的经济效益。今天，精耕细作仍然值得继承和发扬，这是由我国国情所决定的。目前我国耕地面积是 18.26 亿亩，人均耕地面积不到 1.4 亩。而我国人口数量却在不断增加，据人口学者分析，2030 年我国人口数量将达到 14.5 亿。因此，今后一个时期内，我国人地关系的总趋势是人均耕地面积下降，人地关系越来越恶化。在这种情况下，我们不可能走扩大耕地面积、增加粮食产量的路子，只能通过改良土壤，提高土地利用率，增加单位面积的产量和质量，才能满足越来越多的人口对食物和其他生活资料的需要。也就是说，

中国国情的特点决定了我们应该继续走集约经营、精耕细作、可持续发展的道路。当然，这种集约经营不只是劳动力集约，而是劳动力、知识和技术的结合，是传统技术与现代技术的结合。

（三）继承和发扬我国利用生物技术措施的优良传统，减少"无机农业"的危害，促进农业生态系统良性循环

我国传统农业基本上属于"有机农业"或"生态农业"，主要是以农业资源的综合利用为基础，利用农业生态系统中生物之间互利或互抑的关系，促进农作物生长，抑制各种病虫害。例如，为了保持土壤肥力持久不衰，实行用养结合，不仅创制了粪肥、绿肥、泥肥、饼肥、骨肥、灰肥、矿肥、杂肥等多种有机肥料，而且采取豆谷轮作、粮肥轮作复种等措施，实行生物养地，保证了农田生态系统内的物质、能量的循环和高效利用。为了防治病虫害，人们发明了农业防治、天然药物防治、生物防治、人工捕捉等办法，在消灭病虫害的同时，也保护了生态环境。这些措施，对于今天解决地力衰竭、减少"无机农业"所造成的危害，仍然具有借鉴意义。20世纪以来，在实现农业现代化的进程中，由于我们过于强调以现代农业代替传统农业，使农业生产从原先依靠生物能源转变为依靠机械、化肥、农药、塑料和除草剂，农业生产能力有了很大的提高，但在一定程度上违反了农业具有自然再生产和经济再生产相结合的本性，因而不可避免地造成了环境污染、水土流失、病虫害抗性增加等问题，影响了农业的可持续发展。2006年，我国化肥使用量达到5 600万吨，农药使用量达到130万吨，农膜和地膜消费量超过110万吨。大量使用石化燃料、化学肥料和有机农药，导致大量有害物质进入空气、水体和土壤中，对农业生态环境造成了严重的破坏。因此，在发展现代农业的过程中，一方面，要认真分析以石化能源为基础的现代农业的种种弊病，处理好农业发展与环境保护之间的关系；另一方面，要认真总结我国传统农业的成功经验，在继承中创新，在创新中发展，走中国特色农业现代化之路。

（四）继承和发扬因地制宜、农林牧并举的优良传统，和谐人地关系

强调天、地、人三位一体交互作用的"三才论"，是中国古代宇宙观的基本内核，也是中国传统农业哲学的理论依据。早在先秦时代，人们就运用"三才"理论解释农业生产活动中各种要素之间的关系。《吕氏春秋·审时》认为，"夫稼，为之者人也，生之者地也，养之者天也"，高度概括了农业生产中生物有机体（稼）与人、环境（天和地）之间的辩证关系。贾思勰在《齐民要术》中提出了"顺天时，量地力，则用力少而成功多，任情返道，劳而无获"（缪

启愉，1998）的种谷的思想，要求人们在农业生产活动中，要考虑到各地的自然条件，因地制宜地进行农业生产活动。元代王祯在《农书》中提出要"顺天之时，因地之宜，存乎其人"，实现天、地、人三者的和谐统一。总的来说，中国传统农学非常重视农业生态系统的和谐统一，把天、地、人、物看成是彼此联结的有机整体，人们既不能随心所欲地开发利用农业资源，更不能破坏要素与要素之间、要素与系统之间、系统与环境之间的关系。这种认识是完全符合自然规律和经济规律的。违背了这些规律，就必然要受到惩罚。新中国成立后，由于片面强调经济增长，强调"以粮为纲"，对农业自然资源采取掠夺式的开发利用，毁坏山林草地，破坏了地表生态系统，导致人地关系日趋恶化，草地和森林面积减少，水土严重流失，土地沙漠化不断扩大。直到 20 世纪末，我国政府提出可持续发展战略，实行退耕还林、退耕还草，才逐渐扭转了这个局面。今后我们在开发利用农业资源时，要按照宜农则农、宜林则林、宜牧则牧、宜渔则渔的原则，全面发展农林牧渔生产，适度调整农业产业结构，使种植业、养殖业和农产品加工业协调发展，形成农林牧综合经营的农作制度体系。

（五）继承中国古代保护生物资源的优良传统，合理利用生物资源，维持生物资源的再生能力

如前所述，我国古代在保护生物资源方面形成了很多伦理说教和法律规定。之所以如此，并不是人们懂得尊重生物资源的生存权利，而是遵循"取之有时，用之有节"的"爱物"原则，保持生物资源的持续存在和永续利用。时至今日，尽管我国生物资源品种丰富，但并非取之不尽、用之不竭。调查结果表明，由于人口增长、过度开发、环境污染、气候变化等原因，我国生物物种资源正急剧减少。2003 年国际自然与自然资源保护联盟公布的《濒危物种红色名录》，我国有 417 个物种面临灭绝的威胁，其中哺乳动物 81 种、鸟类 75 种、鱼类 46 种、爬行动物 31 种、植物 184 种。江苏省最近一项调查表明，太湖和洪泽湖的鱼类从历史记录的 190 种减少到 70 种左右，水生高等植物种类也大为减少，全省有 26 种水生高等植物正趋向濒危。因此，要改变对自然界的传统态度，把人与自然的关系视为一种道德关系，建立起新的道德和价值标准。自然界是一个有机整体，自然界中每一个物种的存在都有其合理性和利他性。人类必须将人伦道德扩展到整个自然界，确立与自然万物共生共存的大生命观，有意识地维护自然界生物的多样性。只有这样才能维持人类与自然生态的和谐统一，实现人类与自然的协调发展。

参 考 文 献

郭文韬，1988. 中国农业科技发展史略［M］. 北京：科学出版社.

刘安，1954. 淮南子［M］. 北京：中华书局.

刘宝楠，1954. 论语正义［M］. 北京：中华书局.

缪启愉，1998. 齐民要术校释［M］. 北京：中国农业出版社.

闵宗殿，1982. 明清时期浙江嘉湖地区的农业生态平衡［J］. 中国农业科学（2）.

睡虎地秦墓竹简整理小组，1978. 睡虎地秦墓竹简［M］. 北京：文物出版社.

万国鼎，1965. 陈旉农书校注［M］. 北京：农业出版社.

王先谦，1954. 荀子集解［M］. 北京：中华书局.

王先慎，1954. 韩非子集解［M］. 北京：中华书局.

王祯，1981. 农书［M］. 北京：农业出版社.

许维遹，1954. 吕氏春秋集释［M］. 北京：文学古籍刊行社编辑部.

杨伯峻，1960. 孟子译注［M］. 北京：中华书局.

张芳，王思明，2001. 中国农业科技史［M］. 北京：中国农业科学技术出版社.

（作者姚兆余为南京农业大学人文与社会发展学院副教授）

乡村文化创意及其实践案例

朱冠楠　曹幸穗

乡村文化创意的核心要旨，就是强调采用创新思维与文化理念，对农业生产、乡村生活、农村生态资源进行创新配置与利用，从而实现农业增效、农民增收、农村增美的发展目标。

一、乡村文化创意是"双新双创"的动力源泉

培养新农民、推广新技术、推进农村创业创新，是促进乡村振兴的重要举措。投身于农村"双新双创"事业的有志之士，认真学习贯彻中共十九大精神，以习近平新时代中国特色社会主义思想为指导，积极参与农业发展和农村建设的伟大实践，为推进农业农村现代化注入新动能。

（一）乡村文化创意推动"双新双创"的发展与提高

目前，我国各地农村的"双新双创"工作如火如荼、方兴未艾。各级农业部门扎实推进农村创业创新工作，通过抓政策、育主体、建机制、搭平台、搞服务，为农村"双创"创造了良好环境。到 2018 年底，返乡下乡创业创新人员超过 740 万人，农村本地非农自营人员 3 140 多万人，新型农业经营主体 300 万家，高素质农民 1 400 万人，农村网民规模突破 2 亿人。先后举办了两届"全国农村创业创新成果展示暨创业创新创意项目大赛"活动，全国参赛项目超过 3 万项。通过大赛，激发了返乡下乡人员的创业创新热情，提升了农村创业创新能力水平，推动了农村产业兴旺和城乡融合的健康发展。"双新双创"活动引起了社会各界的强烈反响，得到了相关专家、社会投资者和媒体的热切关注。同时，农业农村部大力表彰全国农村创业创新优秀带头人典型，积极培养农村创业创新导师，引导和构建大学生农村创业机制，扶持和鼓励院校毕业生在推进农村创业创新中实现精准扶贫，促进"互联网＋"引领农村创新发展。

（二）农耕文化是乡村文化创意的基础

农耕文化包括乡村社会的农业生产制度和村民行为规则，是乡村社会约定俗成并世代传承的习俗风尚的总和。农耕文化以其特定的审美情趣和价值观

念，潜移默化地影响和规束着人们的道德观念和日常行为。随着传统农业逐渐退出历史舞台，随着城市化、全球化的趋势越演越烈，人们在喧嚣拥堵的都市圈子之中、在奔波逐利的操劳忙碌之后，开始回过头来品赏乡村边寨的古老文化，留恋过往岁月那种悠然恬静的乡村生活。正是由于有了这种返璞归真的文化回归，才唤起了农业文化创意和农耕文化回归的社会热潮，才使沉淀于乡村社会的古老文化成为被追逐的对象和被珍视的瑰宝。

农耕文化是古老的原生文化。当今依然可以在乡村中发现原始文化的踪影。例如，祈年求雨文化、祭山拜地文化、野餐烧烤文化、竹筒蒸饭文化等。由于环境、经济、习俗等方面的差异，中国各民族的农业文明进程具有明显的历史阶梯性。有的地区发展程度较高，传统的农业技术或生产工具已经退出了历史的舞台，而一些相对后进的地区依然在使用和传承，由此构成了农耕文明的古今文化链，成为文化创意项目的历史符号和创作源泉。

我国地域辽阔，各地的地形地貌和气候环境千变万化。从南方的热带农业到北方的寒带农业，从东部的沿海平原到西部的山地高原，农业的地域类型丰富多样。农耕文化实际上就是铭烙着生态环境特点的地域文化。人们经常说到的"一方水土养一方人""五里不同风、十里不同俗"等，都表明了农耕文化的地域性特点。

我国民族众多，每个民族都对农业发展作出了独特的贡献。一部中国农业史，就是各民族多元文化交汇的历史。各民族在繁衍生息的历史长河中，依据不同的环境资源，因地制宜地创造了独特的农耕文化。同时，通过文化传播和传承，各民族之间、各地区之间相互借鉴、相互学习，形成了多元融合的特点。例如，各地的动植物品种、生产工具、农牧业技术乃至生活文化等，都烙上了文化交流传播的印记。这其中包括中国各民族之间的农耕文化传播，也包括中华民族与世界其他民族之间的交流互鉴。

（三）创新是乡村文化创意的本质特点

创意农业的核心是"生产、生活、生态"的协调统一。创意农业的本质是将文化创意与传统农业创新融合，通过科技、文化、社会、人文的多元创造，利用农村生产、生活、生态的丰富资源，对农产品生产、加工、运输、销售、服务等作业环节注入文化创意元素，从而为第一产业的传统农业增添了休闲、观光、度假、体验、娱乐等功能，使农业各环节联结为完整的产业链条，形成彼此良性互动的产业价值体系，形成创意农产品、农业文化、农业活动和农业景观等众多文旅项目及产品。

乡村文化创意的灵魂在于创新。一是独创性：创意农产品以原有的农业资源为载体，辅以新的资源，通过重新设计、开发、包装等手段，实现其新颖、奇特的特征。独创性是创意农产品的主要特征之一，是创意农产品获得消费者认可、取得竞争优势的重要筹码。二是融合性：现代工业技术、农业技术、信息技术等是与文化、生活方式、经济高度融合的产物，具备多学科知识、多种现代技术、多种文化内涵，是农耕文化与现代都市生活的交叉，满足人们物质与精神的双重需求，丰富人们的精神生活。三是增值性：将文化与技术融入农业生产过程和农产品中，使产品具备智能化、特色化、个性化、艺术化，获取高文化附加价值。四是赢利性：创意农业通过技术创新手段改良品种，通过文化融合提高创意水平，通过营销方式提高品牌知名度，通过结构调整提升产业层次，以上方式使整个产业带的生产能力和产品综合竞争力得到了显著的提高，实现创意农业的高赢利性和可持续发展。

（四）乡村创意文化项目开发的实现条件

1. 政府要加强对农业文化创意项目的支持和引导　农耕文化是广泛分布于乡村社会的原生型民间文化。它与生俱来地体现多样性、分散性和民间性的特点。就农耕文化产业项目的开发而言，客观上需要经过整合、甄别、选择、加工的过程。这个过程不可能由农耕文化项目的主体，即分散的农民群体来完成。因此，要实现农业文化创意的项目开发，政府必须承担起项目开发引导和支持的责任。

2. 建立农业文化创意项目的评价体系　也就是说，在项目开发之前，要确定哪些文化类型具有开发价值。农民通常不能自我认知司空见惯的文化事象的价值，并不具备与其他民族的类似文化作出比较的鉴别能力。因此，应当由政府聘请相关专家来作专门的研究和调查，以帮助农民确认他们的农耕文化价值以及项目开发的启动论证。

3. 建立农业文化创意项目的推介名录和数据库　中国地域广大，各地的农业生产习惯和农民生活方式差异很大。因此，需要政府调动社会公共资源对潜在的农耕文化资源进行全面调查，然后建立起完整的、分门别类的农业文化创意数据库，为农业文化创意项目开发提供科学依据。

4. 构建农业文化创意项目开发的社会组织和基础设施　要将农业文化创意项目开发纳入政府的日常工作议程，要有相应的政府部门负责农业文化创意项目开发的监督指导。要为农业文化创意项目开发提供政策规划和资金支持。要加强农业文化创意项目开发的基础设施建设，要有必要的开发资金支持，以利于启动农业文化创意项目的实施，实现农业文化创意项目的开发目标。

5. 农业文化创意项目开发要突出地方特色　要因地制宜地选择最具地方文化特色的农耕文化种类来作为开发项目，避免与周边地区的项目雷同。要突出地方特色、民族特色和项目特色。在农业文化创意项目开发实践中，常常见到有一些项目虽然投入了很大的财力和人力，但是最终还是开而不发。其原因就是项目选择和设计没有感召力、吸引力、震撼力，没有被文化创意市场所接受。

6. 农业文化创意项目开发要实现规模效应　文化创意项目的另一个必备条件是规模效应。农耕文化分布于乡村郊野，但是作为项目开发，则要求形成集团化和产业化，否则分散的农耕文化就无法进行有效的项目开发。农业文化创意旅游项目的开发，要在保持民间传统文化的基础上，扩大产业规模，建立品牌优势，形成地方特色。演艺类农业文化创意项目开发，要组建由接受过传统演艺训练的演艺人员组成的演出团体，要有驻地演出、异地演出以及出国演出的制度安排，把演艺类农业文化创意项目推广到世界各地，让更多的人能够分享中国农村民间文化创意艺术的无穷魅力。

二、村庄文化创意及其实践案例

村庄既是农耕文化的综合载体，也是独立的农耕文化单元。越是古老形态的村庄，保留的农耕文化就越丰富、越完整。村庄文化创意的关键是要抓住村庄的地域性、民族性、文化性的特点，大写村庄的典型符号，做到历史传统与现代时尚的巧妙结合。

（一）迁建新村的创意设计

我国正处于剧烈的社会转型期，城乡建设和工程建设的快速发展，必然涉及一些村庄，有的甚至是历史上的名村古寨需要异地搬迁重建。这时候就给予村庄文化创意提供绝好的历史机遇。但是，许多地方都浪费了千年难遇的创意良机。各地的新村重建项目，耐得起审美评价、经得起历史检验的成功案例并不多。有的是沿公路两旁一字排开，已经不能称之为"村"了；有的是集中建了大批公寓楼，与城市里的机关家属院并无区别；还有的是规划成了纵横方正的街巷小镇，成为压缩版的微城市。我国古代乡村选址的理念，强调环境美学的意涵表达。这是村庄文化的点睛之笔。我们的祖先在选择村寨居地时，对于村庄的安全防御、景观环境、资源取用、交通出行等要素，都有五行堪舆的考究和人文情怀的诠释，达到"天人合一"至美至善的境界，体现"耕读文化和山水情怀"的审美情趣。希望在乡村创意大赛中，出现更多因地制宜、继承传统、推陈出新的乡村创意的好案例，成为我们这一代人留给后人的礼物。三五百年后仍然成为保护对象，成为那个时代的历史名村。

（二）旧村改造的创意设计

大多数村庄，有的是闻名遐迩的历史名村，历经几百年上千年的风雨洗汰，加上历代不断的增建改建，宅舍零乱，村巷失序，村容苍老。亟须重新创意规划，使之焕发活力，再现昔日的辉煌靓丽。这时候，要针对村中居屋的不同情况，一房一策、一居一图，分别进行个性化的创意改造。对于民国以前的老旧房屋，要进行加固修饰，要尽量做到"修旧如旧"。这里的"旧"不是破旧，是保持原来的建筑风格韵味，保持原来的审美意涵。对于当代特别是近年新建的水泥钢筋房屋，要进行"穿衣戴帽"式的外装饰，以使之与古村建筑格调一致。在四川都江堰林盘灌区，有一些改造得十分玲珑精致的旧村庄，经过创意设计师匠心独运地"穿衣戴帽"修饰，小村庄颜值大增，游客流连忘返。近年来，笔者在许多地方都见到过这类富于创新的旧村改造案例。在鲁西平原、在赣南山区、在江南水乡、在滇西边塞，都见到过备受村民主人喜爱、备得远方来客赞誉的村寨。他们的共同特点是，在外装饰上大写传统村落的符号式特征，使人过目不忘；不做大拆大建，花最少的钱办最大的事；改造后村容焕然一新，整洁宜居。

（三）村庄环境整治的景点创意

在全面贯彻落实中共十九大精神、实施乡村振兴战略的实践中，各地都因地制宜地制订了《农村环境综合整治实施方案》，开展了农村生活污水治理、垃圾处置、饮用水源保护、畜禽养殖污染治理、农村厕所改造等惠农美村工程，着力加强农业面源污染防治，开展农村人居环境综合整治行动。凭借综合整治的契机，村庄进行了全方位的创意设计，取得了很好的环境升级效果。特别是一些借山造景、凭水入画的创意，更显示出别出心裁的意境神韵。不仅村庄环境整治中的单项工程需要高超的创意手笔，而且整体综合的村庄规划尤为重要。这其中的创意空间更为广阔，创意手法更为多样，创意类型更为丰富。例如，有的利用村前隙地建成了精致小巧的迎客公园，利用村中祠堂前的空地建成村民休闲聚会的小广场。流经村庄的小溪，也被打扮成怡人的景点，看似乱石堆砌，苇丛护岸，实则是主人别具一格的审美野趣。在乡村"双新双创"的创意大赛中，村庄环境整治的景点创意是最容易出彩的领地。

（四）村庄的特色文化创意

历史文化名村在旅游文化开发中迸发出旺盛活力。例如，江南乡村多塘浦水系，村落与江水、溪泉、基塘交融相伴。村落借助水面分割而形成错落层次与清幽环境。古人对水体讲究金城环抱的意境，即村庄佳境设计要求水系三面环绕缠护，常见的宅居前人工河以及村庄前月形水池均为此意。因此，这种类型的创意项目设计，一定要体现出村庄的自然环境、树荫广场、河涌水道与村内街巷、民居庭院的和谐统一；一定要遵循五行堪舆的韵味格律，让游客在漫步体验中禅悟出中国博大精深的村庄文化。江苏省苏州市附近的周庄镇、上海市的朱家角，北京西郊的爨底下村等，都是乡村文化旅游的宝贵资源，成为游客追寻历史踪迹和回归自然的文化开发项目。

还有一类属于红色旅游村寨，通过生动、形象、有趣的英雄人物故事，以小见大、以人说史，反映了革命领袖、民族英雄在革命战争时期的丰功伟绩，揭示了人民群众创造历史的真谛，使革命历史鲜活和丰满起来。例如，河南省濮阳市清丰县双庙乡单拐村的冀鲁豫边区革命根据地旧址纪念馆、中共中央平原分局革命旧址、中共中央北方局革命旧址、兵工厂旧址、冀鲁豫军区纪念馆等为红色创意对象，先后被评为河南省文博系优秀爱国主义教育基地、全省爱国教育示范基地、河南省红色旅游景区（点）、河南省重点文物保护单位、全国爱国主义教育示范基地、全国重点文物保护单位和国家 AAAA 级旅游景区。

民族风情始终是乡村文化创意的重要源泉。西藏自治区拉萨市柳梧新区柳梧乡达东村是民族文化创意的成功案例。该村是保护完好的藏族古村庄之一。依托秀美的自然风光、深厚的历史文化和淳朴的风土人情，通过民俗风情的创意和开发，大力发展乡村文化游、民俗体验游、生态观光游。把发展乡村旅游作为增加群众收入、调整产业结构、加快脱贫步伐的突破口，将农副产品变成旅游产品、农家院落变成旅游景点，打造出生态、文化、休闲等不同类型的乡村旅游项目，走出了一条精准扶贫、精准脱贫的新路子。

（五）村落遗址遗迹文化创意

将历史名村中遗存的书院、祠堂、庙宇、戏台、仓廪等古建筑作为创意对象，进行保护开发，同样会取得良好的文旅展示宣传效果。例如，安徽黄山黟县的宏村和西递村这两个相距不远的古村，同时被列入联合国世界文化创意名录。宏村始建于南宋绍兴元年（1131 年）。宏村始祖汪彦济及其子孙们，或经商致富，或入仕为官，历代都在家乡购田筑屋、修桥铺路。宏村人将村中的南湖书院、树人堂、三立堂、乐贤堂、承志堂等大型书院进行统一管理保护，加入文化创意元素，成为远近闻名的古村旅游目的地，成为一个拥有 AAAAA 级景区的著名古村。

与宏村相邻的西递村也是著名的古村民居旅游景点。该村地处古时官道驿站，故名"西递"。村内有凌云阁、胡文光刺史牌坊、瑞玉庭、桃李园、东园、西园、大夫第、敬爱堂、履福堂、青云轩、膺福堂、笃敬堂、仰高堂、尚德堂、枕石小筑、仁堂、追慕堂等众多古建筑。人们将这些古建筑进行保护性开发，成为文化创意与古建筑保护和谐一致的成功范例。

三、农耕文化创意及其实践案例

创意农产品的价值并非局限于农产品本身的功能与作用，还在于由此所衍生出的附加价值，如趣味、知识、体验等。在创意农业的农产品生产、加工、包装的各环节中，将农耕文化元素与健康、品质、艺术等时尚需求相对接，在保留农产品优良品质的同时，使农产品呈现出特色化、个性化、艺术化、时尚化的特点，给消费者带来新、奇、特的感受。

（一）贡品文化的农业创意

贡品是农耕文化的物质载体。在古代，地方献上的物品称为贡，朝廷索取的钱财称为赋。凡属一方之土特产，都要将最新、最好的向朝廷交纳，供皇族使用，统称为贡赋。据战国时代成书的《禹贡·疏》说："贡者，从下献上之称，谓以所出之谷，市其土地所生异物，献其所有，谓之厥贡。"由此可见，贡赋之物为一地"所生异物"，也就是特产之物。

古代优质农产品是贡品中数量最庞大的一类，几乎所有的优质谷物品种、优质动物肉类、优质水果和干果、珍稀蔬菜、道地植物药材，以及农产加工制品如酒、酱、醋等，都被列为贡品。贡品特产是地方的品牌，具有历史属性、公共属性、优质属性、地域属性、稀有属性，具有极为珍贵的历史价值、文化价值和产品开发价值。古代列入贡品名录的品种超过 1 万种，目前分散于各地乡村并流传至今的贡品产品很多。这是当前农业创意开发的宝贵资源，也是需要深入挖掘保护的重要文化遗产。贡品产品的创意开发，要着重做好两点：一是要考辨厘清特定贡品的历史沿革，把贡品故事说清、说圆；二是要提纯该贡品的生物种质特性，挖掘和保持贡品的优质性及稀有性。

（二）名特优新农产品的农业创意

我国地大物博、特产丰饶，历代选育出来的名优动植物资源十分丰富。这些资源经过当代的科学杂交选育、定向选择，形成了一个庞大的名特优新农产品集群，有的被认定为国家"地理标志产品"和"畜禽种质资源保护"品种。

农业农村部定期编发公示"全国名特优新农产品目录"，旨在引导各地根据市场需求发展优势产业和特色产业，进一步优化农业产业结构，转变农业发展方式，促进优质优价机制的形成和完善，助力质量兴农；引导各地政府加强名特优新农产品品牌培育，引导农业生产经营主体走"区域公用品牌＋企业品牌"路线，提高品牌的知名度、认知度和美誉度，助力品牌强农。名优产品的农业创意，关键是推动生产与市场的有效衔接，满足广大消费者对优质安全农产品的需求。例如，农业农村部发布的《2017 年度全国名特优新农产品目录》，包括粮油、蔬菜、果品、茶叶及其他 5 大类别，包括 696 个产品。这些都是宝贵的农产品创意开发资源。名特优新的创意开发，要着重抓好两点：一是人无我有；二是人有我优。

（三）田园景观的农业创意

田园景观的农业创意项目在文旅开发中占有重要的地位。创意的类型很多，主要有田园自然景观创意、高新科技生产基地、城郊农业观光园、生态观光园等。

田园自然风光是农业文化创意项目的宝贵资源。农业的功能是复合型的、联合型的，同时具有经济功能、福利功能、生态功能、环境功能、文化功能以及维持生物多样化功能。农业里面的"文化"价值，有时会超过农产品的价值。"梯田"被创意成"梯田文化景观"，就成了环境美学的载体、成了"大地的乐章"。云南元阳的哈尼梯田、广西桂林的龙脊梯田、河北涉县的石坝梯田、福建尤溪的联合梯田，现在都成为中外游客向往的旅游目的地。

北方的著名牧场景观项目，也成为旅客向往的圣地。高原牧场的自然景观与民族文化融为一体，游牧文化为游览项目的主题。例如，内蒙古的"达林哈尔游牧古城"，采用古代游牧民族的行宫布局，气势恢宏。整个景区环抱在高山流水的白桦林之中，青翠怡人。哈达敖包的祭祀活动、诺敏吉拉夏营盘的游牧生活体验、苏勒德文化演示区、额尔古纳木刻楞，都为游客带来独特的游牧民族生活感受。放牧的夏季，绿茵遍野，云杉茂密。羊群马队点缀在绿色的草原上，是人们避暑、疗养、游览的好地方。

农业观光园创意项目是一种新兴的乡村文化类型。它是在中国城市化背景下，将现代农业科技与生态旅游业紧密结合形成的新兴乡村文化产业项目。农业观光园以农业为基础，与观光、休闲、度假、科普等休闲旅游项目有机结合，是城乡共享的文化旅游的创意项目。

生态观光园创意项目是从农业观光园升级转化的概念。生态观光园项目的题材和内涵更加广泛，有观赏型、品尝型、购物型、体验型、娱乐型、度假型等。在乡村文化旅游创意的运营实践中，逐渐形成了一些主题鲜明、客户明确、服务对象专一的主题农庄。例如，亲子农园、休闲农牧场、创意酒庄、农业示范园区、特色农产品农场、农艺工坊、农品专营店等旅游项目，都是乡村创意文化项目的重要组成部分。

（四）农业新产品开发的创意

初级阶段的农产品创意，主要是设计开发一些外观欣赏类的产品，如培育贴字苹果、异形水果、巨型果蔬、创意盆景等。后来进一步将农副产品创意制作成生活品、文化品、纪念品，或者在产品包装、塑型加工方面添加具有地方文化标志的图案和色彩等，创意的取向是向农产品添加好吃、好看、好玩、纪念、送礼、欣赏、收藏等功能，激发消费欲望。当下的农产品创意趋势是深入挖掘产品的潜在品质，延长产业链，满足消费者和旅游者多方面的消费需求，实现创意农业的社会效益、经济效益和生态效益的最大化。例如，近年来对茉莉花茶的创意产品开发，有了长足发展。茉莉花茶是用绿茶与茉莉花进行窨制而成的。它的副产品很多。先是在茶叶副产物中提取咖啡因、叶绿黄素、胡萝卜素、茶黄素、茶红素等复合色素和天然香料添加剂、茶多酚、黄酮类物质、单宁酸等。此外，还有食用的茶籽油和日用的茶枕等。然后是在茉莉花副产物中提取茉莉花多糖、茉莉花总黄酮、茉莉香料、茉莉香精、茉莉花多糖、茉莉花中芳樟醇等。窨茶以后的茉莉花废弃物还可作为动物饲料。茉莉花植物可以制作成盆景等。因此，农产品的创意要在"物尽其用、地尽其利"上下功夫。

（五）农业经营流通服务的项目创意

培育壮大新型农业经营主体是当前农业发展的主要方向，也是农村"双新双创"项目的创意大赛的新领域。其中包括农业综合开发项目、基建投资的涉农项目、农产品加工仓储冷链物流设施、大宗农产品收储加工、创新农业金融服务的相关领域、培育农业经营性服务组织等。

此外，创新农业营销服务，培育新型流通业态，发展农业电子商务，实施农业电子商务应用，农业经营主体与电商企业对接物流配送、冷链设施等领域，也有着巨大的创意发展空间。农业生产经营活动中的体验活动创意、农事景观设计、乡土文化开发，农业经营服务、农业文化遗产发掘和保护，提升休闲农业与乡村旅游示范创建水平等，都需要借助创意农业项目的推动和深化拓展。

四、乡村民俗文化创意及其实践案例

创意农业功能拓展方向是休闲旅游，也是创意农业获得高附加值的主要途径。利用创新理念设计出各种蕴涵农耕文化的休闲旅游项目，将创意农业从观光向观光、度假、体验的多元功能转变，从而实现创意农业价值体系由单一价值向复合价值的转变。

（一）村庄节庆旅游的创意

节庆旅游是指利用地方特有的文化传统，举办意在增强地方吸引力的各种节日、活动，使旅游者在停留期间具有较多的参与机会，以促进地方旅游业的发展。这种旅游属高层次的文化旅游，可以使旅游者在精神上获得一种享受，得到知识和营养。文化是节庆旅游中最重要的特征之一，它是真正吸引旅游者的深层次因素。通过拓展节庆旅游的空间，不仅可以活跃旅游市场、丰富旅游资源，还能加强国家和地区间文化的交流。

节庆旅游带有极其强烈的经济性，能够对经济的发展产生巨大的影响。例如，泼水节是傣族最隆重的节日，也是云南少数民族节日中影响面最大、参加人数最多的节日。傣族泼水节为期 3～4 天。泼水节象征着吉祥、幸福、健康，青年手里明亮晶莹的水珠还象征着甜蜜的爱情。云南省多个城市和地区都通过开展泼水节旅游活动来吸引全国各地的游客。又如，福建泉州是一座享誉海内外的历史文化名城，那里的名胜古迹灿若繁星，而这些名胜古迹几乎都与石头密不可分。1993 年泉州举办了"中国惠安石文化节"，以石为媒，融乡情、文化、经贸于一体，充分展现惠安石文化风采。通过"石文化节"活动，把地方潜力优势转化为开发优势、经济优势，既增强了同海外侨胞的联谊与合作，又扩展了地方经济开发的领域，增强了地方经济开发的潜力。

（二）农业品牌宣传的创意

农业生产是与农耕文化联系最紧密的领域。中国地域广袤，生态气候环境差异大，动植物种类繁多。历史上选育出许多质量优异的传统品种，形成了相对集中的农产品布局，有的是历久不衰的贡品。在文化创意产业项目中，各地方纷纷以地方特产为旗号，创意开发了名目繁多的特产节，成为开发旅游产品、推介地方特产的重要方式。例如，广东农村在每年蝉鸣荔香时节，都要邀请亲朋好友光临荔园尝鲜，成为农民之间联谊叙旧的场所。改革开放以后，新兴的深圳市还保留了荔枝节的文化活动，每年 6 月 28 日至 7 月 8 日举行。节日期间以荔枝为主题开展各种形式的经贸、文化活动，向国内外宾客展示深圳特区欣欣向荣的景象。目前，南方地区以荔枝节命名的文化活动多达数十处。以饮茶文化举办的节庆经贸活动也非常活跃，甚至不产茶的地方也举办了茶艺文化的旅游项目。此外，葡萄节、香梨节、苹果节、沙田柚节、板栗节、红枣节等，大凡有称得上特产的地方都会举办相应的文化节庆。目前全国的农业节庆项目有 200 多个，这是文化旅游项目中最为丰富多样的农耕文化开发形式。

（三）民间演艺技艺的开发文化项目

经济全球化的到来，世界各国的物质与器用越来越趋同。从物质消费的层面看，各国之间的差别越来越小。但是，具有民族特征的文化文艺，则越来越成为民族认同的标志，是维系民族凝聚力、表达民族情感的重要文化符号。在中华民族五千年的历史长河中，56 个民族创造了众多优秀的民间文艺体育种类。大体包括 4 个方面：一是民间文学，如故事、歌谣、谚语；二是民间美术，如雕塑、绘画、工艺品；三是民间艺术，如戏曲、音乐、舞蹈等；四是民间体育竞技活动。前 3 个方面属于异彩纷呈的文化文艺遗产，大都产生于远古的农业社会，反映了农民眼中的世界，表达了农民的情趣和诉求。这些文艺形式往往世代传承、相沿成俗。每个地方、每个民族都有自己独特的民间文艺形式。例如，吴桥杂技、丽江古乐、沁阳社火、岷县歌会（花儿会）、侗族大歌、壮族的三月三、东北的二人转等，都可以开发出让游客流连忘返的旅游项目。还有各民族不同风格的刺绣、剪纸、面塑、石雕、脸谱、纸札、纺织、木刻、年画、雕塑、绘画、工艺品等。民间体育竞技活动包括了竞智类的各种棋赛、竞力类的各种负重挑担比赛、竞技类的各种农事生活技巧比赛，还有竞速类的水田竞走、登高爬山、负重越野、龙舟竞渡等。总之，民间文化的内涵十分古老而丰富，不仅体现了农耕文化的原始审美情趣，更流溢出粗犷雄浑、古拙质朴的艺术风格。这是中国各民族的原生态的文化精华，也是当前农耕文化开发项目取之不竭的源泉。

随着农耕文化旅游的兴起，传统工艺摇身一变成为旅游开发的项目。例如，浙江东阳北后周村的竹编，能够做到竹篮打水水不空，堪称天下技艺一绝。近些年，村里精品竹编制作重新恢复发展起来。村里制作的竹编提篮，有的能卖到几万元一对。这种珍稀的传统工艺，深受东南亚等地华人的喜爱，成为华侨华人结婚、收藏或者送礼佳品，成为海外游子思念故土寄托乡愁的宝物。又如，位于黄河三角洲的山东省滨州市博兴县，民间擅长草编技艺，草编制品就成为经济发展的主业。博兴湿地多，大小湖泊里野生的芦苇、蒲草十分茂盛，是取之不尽的无本宝藏。博兴县出口编织制品的大小企业几十家，产品远销到欧美、日本、韩国等国家以及我国台湾、香港等地区。

（四）民族饮食文化创意项目

在世界民族大家庭中，饮食差异是最为显见的文化现象。中国实行对外开放以来，中国餐馆、中华料理很快遍及世界各地，成为最具世界意义的饮食文化传播现象之一。但是，无论在世界各地开设的中国餐馆，打着什么样的招牌，标注什么样的菜谱，它们都属于已经脱离了原生本土的饮食文化。在"十里不同风，五里不同俗"的中国乡村，农家饭菜的种类之多，恐怕任何一部《饮食大全》都无法全部收录。这就为饮食文化留下了巨大的开发空间，成为文化旅游极具魅力的开发项目。

需要特别指出，饮食方式与其原生地环境紧密相关。同样地，手抓羊肉在都市餐馆中食用与在草原篝火旁食用，会有完全不同的情趣和体验。从北方的帐篷到南方的竹楼，从新疆的葡萄架到福建的荔枝园，从西部的麻辣火锅到东部的黄酒煮蟹，中国农民用他们特有的万千风味招待四方宾客，在酒香茶韵中述说古老的民俗故事。中国各地不同类型风格的长街宴、长桌宴、海滩宴，受人称道。这种万人同餐的饮食方式，其场面之壮观、食材之丰富，可谓举世无双。因此，这类旅游项目常常收到"到此一游，终生不忘"的效果。

（五）乡村传统技艺的创意开发

农村中能工巧匠的传世绝技，是在历史进程中点点滴滴积累起来的，是人类智慧长期进化积累的结晶，如铁匠、铜匠、木匠、篾匠、染织匠、泥瓦匠等。传统技艺像一部无字史书，记录着遥远的生产生活事象，唤起人们怀旧追思的情结。随着民俗风情旅游的兴起，经过旅游开发的奇妙创意，成为游客们爱不释手的旅游工艺品。中国古代喜庆之时以香包馈赠亲友，或为男女定情信物，或为祈福避灾之物。近年来，甘肃庆阳将香包开发为旅游产品的支柱产业，乃至以此为题接连举办了四届香包民俗节。山东省的不少农村，以草、柳、藤、竹为材料制作的民俗工艺品，品种达数千之多。浙江、四川的竹编工艺品也美名远播，成为市场上抢手的创意民俗产品。

（六）农业文化遗产的创意开发

近年来，我国各地普遍开展了农业文化遗产的保护和利用，加强了农耕文化的知识普及和宣传教育，使广大群众特别是青少年了解农耕文化、敬重农耕文化，增强文化自信和民族自豪感。对于培养爱国主义、增强民族凝聚力产生了积极的作用。在农耕文化开发利用方面，许多地区建设了农耕文化展示馆，设立了农耕文化观摩实践基地，举办农耕文化节，开发农耕文化艺术表演，组织农耕文化学习交流活动，使之成为宣传我国农业历史、普及农耕文化知识、拓展农耕文化与现代农业相结合的方式和路径。

各地在农业遗产保护利用项目中，注重文化创意与精准扶贫的结合，优先扶持遗产资源丰富的贫困地区的农耕文化项目发掘和保护，使农业遗产保护与扶贫开发形成共促共进的良好局面，在精准扶贫上助力添彩。在贫困地区着力打造优质、生态、有机农产品品牌，实现"调优调高"的产品升级，通过文化创意和品牌塑造，实现优质优价、产得出、卖得好，把农业遗产的文化资源变成经济增长的要素资源、变成脱贫致富的支撑点和增长点。

参 考 文 献

厉无畏，王慧敏，2009. 创意农业的发展理念与模式研究［J］. 农业经济问题
（2）：11－16.

林炳坤，吕庆华，2013. 创意农业研究述评［J］. 经济问题探索（10）：177－184.

任荣，刘树，2008. 市场需要创意　农业需要创意［J］. 红旗文摘（6）：3－4.

孙慧，王彻，王崑，2013. 创意农业的内涵和景观分类及其表达——以"北大荒"为例
［J］. 农业现代化研究，34（2）：194－197.

张善峰，2008. 乡村文化在乡村旅游规划中的表达［J］. 上海农业学报，24
（2）：127－130.

郑文堂，邓蓉，任荣，等，2014. 创意农业——农业创新与农业多功能拓展的新模式［J］.
现代化农业（2）：52－56.

（作者朱冠楠、曹幸穗就职于中国农业博物馆）

农业遗产视角下传统村落的类型划分及发展思路探索

——基于江苏 28 个传统村落的调查

刘馨秋　王思明

传统村落的形成和演变与其所处的自然和社会环境息息相关，它们既承载着丰富的历史信息，保留了众多物质与非物质文化遗产，同时又体现了千百年来人与自然环境和谐共生的理念，以及历史与现实的承接与转换。因此，对传统村落进行类型划分是一项极其复杂的工作。

1. 自然地理视角　村落的形成和演变直接受制于自然地理条件，气候、地形、地貌、水系、植被等因素都会对人类居住生活、聚落分布和农业生产造成不同程度的影响。因此，可以借鉴自然区划的经验，将传统村落粗略划分为山地村落、高原村落、平原村落、草原村落、沿海丘陵村落、湖滨水域村落等类型。

2. 文化地理视角　村落是由不同文化创造出来的具有不同文化特色的聚落形态，拥有丰富的文化多样性。因此，也可以借鉴文化地理区的划分方法进行分类。文化区是文化的空间投影，在同一个文化区中，居民的语言、宗教信仰、艺术形式、生活习惯等带有明显的区域文化特征。例如，中国文化区可以粗略地分成东南部的农业文化区和西北部的牧业文化区，分别代表了汉族集聚区和少数民族集聚区。东南部农业文化区还可以进一步划分为中原文化区、关东文化区、扬子文化区、西南文化区和东南文化区；西北部牧业文化区则可划分为内蒙古文化区、新疆文化区和青藏文化区。在文化地理视角下，传统村落可以划分为中原文化村落、西南文化村落、东南文化村落、内蒙古文化村落、新疆文化村落等类型。

3. 传统功能视角　村落通常会在漫长的历史演变过程中，形成各自不同的功能性特征。而且，由于村落规模上的限制，这种传统功能通常较为单一。因此，可以按照传统功能视角，将传统村落划分为农业型、工贸型、行政型、军事型、交通型、宗教型、纪念型、多功能型。从中国传统村落名录来看，大多为农业型村落，其产生和发展与农业息息相关，而且传承至今的传统村落也是珍贵的农业遗产资源。因此，本文引入农业遗产的研究视角和分类标准，为传统村落的类型划分提供一个理论依据合理、结构清晰、系统的分类方法。

一、农业文化遗产视角下的传统村落类型

农业文化遗产是人类文化遗产的重要组成部分，是历史时期人类农事活动发明创造、积累传承的，具有历史、科学及人文价值的物质与非物质文化的综合体系。包括农耕、畜牧、林业、渔业，以及农业生产的条件环境、生产过程、农产品加工及民风民俗。我国农业文化遗产资源可划分为农业遗址、农业物种、农业工程、农业景观、农业聚落、农业技术、农业工具、农业文献、农业特产、农业民俗文化 10 个主要类型，每个主要类型又可划分出若干基本分类。村落属于聚落类农业文化遗产，同时村落内部又涵盖了其他类型的农业文化遗产资源，具有一定的复合性和交叉性。为了使村落的传统农业特色更为突出，也使其农业特色价值能够满足当地社会经济与文化发展的需要，笔者尝试以农业文化遗产分类方法为基础，结合中国传统村落的特征和认定标准，将传统村落划分为 5 个类别。

1. 传统建筑型　传统建筑是指具有历史、艺术、科学、研究等价值的建筑物。此类型村落应具有保存完好的整体格局和历史风貌，传统建筑数量较多，质量较好，且具有观赏性。

2. 农业景观型　农业景观是由自然条件与人类活动长期协同进化和动态适应下所形成的独特的土地利用系统和农业景观，由区域内的自然生命景观、农业生产和生活场景等多种元素综合构成，是一种具有观赏价值的农业设施或农业要素系统。此类型村落应具有独特人文与自然结合的农业景观，包括独特的传统生态农业技术、制度、设施、生产生活方式以及丰富的生物多样性。

3. 农业特产型　农业特产是指历史上形成的某地特有的或特别著名的动植物、微生物产品及其加工品，包括初级农产品和农副产品加工品等，有独特的发展历史和文化内涵。此类型村落应以具有长期历史传承和地域特色的农产品或加工农产品著称。

4. 工商贸易型　工商贸易型村落是指以工商贸易为经济活动主要形式的村落。这类村落一般留存有比较完整的公共建筑及公用设施、道路系统、居民住宅、商业区等。

5. 民俗文化型　民俗文化是指一个民族或区域在长期发展中所创造、享用和传承的生产、生活习惯风俗，包括祭祀、信仰和禁忌等。此类型村落应具有独特的生产、生活民俗与地域文化。

二、江苏传统村落的分类与特征

江苏位于我国东部沿海，居长江、淮河下游，东临黄海、东海，得江海交汇之利和长江三角洲之益，具有显著的区位优势。省内总体地势平坦，西南部、北部边缘及沿长江和环太湖地区分布有低山、丘陵，且处于温带向亚热带的过渡地带，具有明显的季风气候特征，四季分明，光、热、水资源丰富，无霜期较长，自古即是农业发达之地。早在新石器时代即形成以水田种植业为主，小家畜饲养为特色，采集、渔猎为补充的原始农业生产结构。魏晋以来，一直是中国的政治、经济、文化中心之一。优越的地理位置和比较发达的农村经济，使江苏在历史发展中形成了一大批乡村聚落。截至2016年，住房和城乡建设部（以下简称住建部）等部门评选了4批中国传统村落，江苏共有28个村落入选，各村落归属类型见表1。

表1　江苏传统村落分类与典型特征简表

村落类型	典型村落代表	突出特征
传统建筑型	苏州市吴中区东山镇陆巷村	东山古建筑博物馆
	苏州市吴中区东山镇杨湾村	香山帮建筑荟萃之地
	常州市武进区前黄镇杨桥村	江南水乡古韵
	南京市江宁区湖熟街道杨柳村	明清民居建筑群
农业景观型	苏州市吴中区金庭镇东村	果茶园景观
	苏州市吴中区东山镇三山村	生态农业景观
	淮安市洪泽县老子山镇龟山村	渔业生产生活景观
	苏州市吴中区金庭镇明月湾村	传统农业生活景观
农业特产型	苏州市吴中区金庭镇堂里村	碧螺春茶发祥地
	苏州市吴中区东山镇翁巷村	果茶主产区
	苏州市吴中区金庭镇衙甪里村	果茶主产区
	苏州市吴中区金庭镇东蔡村	果茶主产区
	苏州市吴中区金庭镇植里村	果茶主产区
	苏州市吴中区金庭镇蒋东村后埠村	果茶主产区
	苏州市常熟市古里镇李市村	水产养殖
	镇江市丹阳市延陵镇柳茹村	水产养殖
工商贸易型	无锡市惠山区玉祁镇礼社村	江南商业集散地
	无锡市锡山区羊尖镇严家桥村	无锡民族工商业发祥地
	常州市武进区郑陆镇焦溪村	明清商贸集镇典型代表

村落类型	典型村落代表	突出特征
工商贸易型	南通市通州区石港镇广济桥社区	盐商重镇
	南通市通州区二甲镇余西村	江海龙城盐商重镇
	盐城市大丰市草堰镇草堰村	东方盐都
民俗文化型	南京市高淳县漆桥镇漆桥村	江南孔氏聚居地
	镇江市京口区姚桥镇儒里村	朱子文化传承地
	镇江市京口区姚桥镇华山村	民间故事与传说
	镇江市丹阳市延陵镇九里村	季子文化传承地
	苏州市昆山市千灯镇歇马桥村	韩世忠抗金驻扎之地
	苏州市吴中区香山街道舟山村	核雕之城

（一）江苏传统建筑型村落

建筑产生于人类生活的实际需要，其形制材料受制于自然地理等环境因素，装饰风格又受到文化制度等方面影响。中国传统建筑包括宫殿、坛庙、陵墓、寺庙、砖石塔、民居、园林建筑等类型。其中，传统民居以及古街巷弄构成了村落的"骨骼"，是村落得以成型的基础，也是衡量一个村落是否传统的重要指标。所以，在住建部等部门制订的《传统村落评价认定指标体系（试行）》中，"村落传统建筑评价指标体系"是被列在第一位的。

传统建筑型村落需具有保存完好的整体格局和历史风貌，传统建筑数量较多，质量较好，且具有观赏性。在江苏的传统村落中，以建筑为突出特色的村落主要分布在苏南地区，并以苏州洞庭东山、西山最为集中。例如，三山村保留代表性的明清古建筑 32 处；明月湾村保存明清建筑 20 余处；东村有省级文物保护单位 3 处、市级文物保护单位 1 处、苏州市控制保护建筑 6 处、第三次文物普查新发现文物点 15 处和其他传统建筑 7 处；堂里、东蔡、植里、后埠等村也拥有多处价值较高的明清建筑或古道街巷。据陆元鼎统计，东、西山约有民居 32 万间，其中约有 5% 建于明代和清初，约 40% 建于清代晚期，是江苏明清古建筑分布最集中的地区。其中，陆巷村和杨湾村最具典型性，陆巷村拥有 30 余处明清建筑，被誉为"东山古建筑博物馆"；杨湾村拥有 3 处全国文物保护单位、4 处市级文物保护单位以及 57 处控制保护单位，是"香山帮建筑的荟萃之地"。同样地处苏南地区的杨桥村保存了较好的历史风貌，域内古街、古河、古桥、古井、古宅遗迹丰富，明清建筑毗邻成市，河道石驳岸保存完好，5 条老街巷古味犹存，古宅临水而建，村民傍水而居，建筑粉墙黛瓦，街巷婉转幽深，极具江南水乡韵味。而位于南京市南部近郊的杨柳村则以"背山面水"的环境背景、"依塘而居、沿路拓展"的村庄格局、丰富的明清民居建筑遗存等物质文化遗产而成为南京明清古村落的代表。

（二）江苏农业景观型村落

农业景观型村落以人文与自然结合的农业景观为突出特色，是农村与其所处环境经过长期协同进化和动态适应而形成的村落类型，也是最符合联合国粮农组织所定义的全球重要农业遗产（GIAHS）①。此类村落需具有丰富的生物多样性，是农林牧渔相结合的复合系统，是动植物、人类与景观在特殊环境下共同适应与共同进化的系统，而且是通过高度适应的社会与文化实践和机制进行管理的系统。它还应满足当地社会经济与文化发展的需要，能够为当地提供粮食与生计安全和社会、文化、生态系统服务功能，有利于促进区域可持续发展。

以位于太湖之中的三山村为例。该村是太湖中唯一未与陆域直接联通并有居民生息的独岛，舟楫轮渡是出入三山村的唯一交通方式，岛上交通仍以非机动车为主。三山村拥有丰富的自然与人文资源，包括由自然次生林、人工经济林、农田及部分观赏植物所组成的植被；滨太湖地区生长的大片芦苇、荷花、睡莲、茭白、野菱、千屈菜及空心莲子草等湿生与水生类植物；丰富的湿地资源和良好的湿地环境为鱼类、鸟类、两栖类、爬行类、兽类、浮游动物和底栖动物等提供了天然的栖息地和充足的食物资源；果树种植面积1 500亩，全面实施无公害生产技术，马眼枣、青梅、桃等果品年产量2 000吨；且村内保存着明清时期传统的村落布局、街巷肌理和为数众多的古民居建筑。三山村偏远闭塞，也因此保留了其幽静、秀美、原始的生态环境，村民至今延续着传统的湖岛生活方式，是生态农业景观型村落的典范。

（三）江苏农业特产型村落

农业特产是指经过长期历史传承且具有地域特色的农产品或加工农产品。江苏跨越3个生物气候带，气候温和，雨量充沛，境内地势平坦，河川纵横，具有优越的自然地理环境和丰富的物产资源，素有"鱼米之乡"的美誉。同时，江苏又是中华农业文明的发祥地之一，有着悠久辉煌的农业发展历史。在长期的农业发展过程中，江苏历代先民凭借卓越智慧和不懈努力，创造了种类丰富、质量上乘的特色农产品和加工农产品，涉及农林牧渔等各类农业产业。

---

① 全球重要农业遗产（Globally Important Agricultural Heritage Systems）等同于世界文化遗产，"是农村与其所处环境长期协同进化和动态适应下所形成的独特的土地利用系统和农业景观，它要具有丰富的生物多样性，而且可以满足当地社会经济与文化发展的需要，有利于促进区域可持续发展"。

特色农产品是农业文化遗产的组成部分，是打造地域特色品牌、促进农村区域经济发展的重要资源，也是实现传统村落可持续发展的关键因素之一。在江苏的传统村落中，以农业特产著称，且特色农产品仍是当地居民生活来源之一的村落主要分布在洞庭山。洞庭山自古即是瓜果、茶叶的主产区，至今仍是著名的花果之山、名茶之都。目前，当地种植的林果种类主要有杨梅、柑橘、枇杷、板栗、银杏、梅、柿、桃、枣、李、杏，以及洞庭种、福鼎大白茶、迎霜、楮叶种等优质茶树品种，盛产茶叶、白玉枇杷、乌紫杨梅、洞庭红橘等优质特色农产品。身处其间的翁巷、衙甪里、东蔡、植里、后埠、堂里等村落也大多延续传统，以生产碧螺春茶、枇杷、杨梅、柑橘等传统农产品为特色。

（四）江苏工商贸易型村落

工商贸易型村落以承载经济活动为主要职能，因此村落本身通常具有农业或相关产业发展基础，而且留存有比较完整的公共建筑及公用设施、道路系统、居民住宅、商业区等。江苏工商贸易型村落的形成与村落所处的自然地理条件密切相关，包括凭借苏南太湖地区完善的水网优势而兴起的"江南商业集散地"礼社、"无锡民族工商业发祥地"严家桥和"明清商贸集镇典型代表"焦溪，以及依靠东部临海地区的通江襟海之便而兴起的"盐商重镇"广济桥、"江海龙城"余西和"东方盐都"草堰。

明清以来，商品经济大规模发展，以商业机能为标准的市镇兴起，江南地区商品市场发展更为迅速，形成了各市镇平均距离约 10 多里*路的水乡市场网络体系。例如，礼社河网交错，南邻太湖，北枕长江，京杭大运河支流五牧河由南向北贯穿全境。发达的水系给礼社带来了灌溉和运输便利，使之成为明清时期江南著名的商业集散地。而缫丝、养蚕等相关产业的发展基础和商业积累又促使其较早接触先进国家现代工业文明理念，率先引进自动化蒸汽烘茧设备、缫丝设备等现代工业机械，掀起缫丝工业发展高潮，从而成为江南水乡村落经济和社会发展的典型代表。

东滨黄海的余西是明代以后基于煮海为盐而逐步发展成为繁荣的盐业产运集镇，清代中晚期随着海岸线东移，盐场没落，逐渐转变为运盐河沿线的商业集镇。余西"因盐而生，因水而起"，从煮盐为场到海岸变迁转型集镇，发展历史脉络清晰完整。这种变迁是中国古代技术生产型场镇向贸易商业集镇的转变历史的一个典型缩影。余西至今仍保留众多珍贵的盐业、商贸遗迹，是南通地区盐业水乡聚落特色的真实载体，是淮吴交融之地民居及商业遗存的集萃之地。

---

* 里为非法定计量单位。1 里＝500 米。

（五）江苏民俗文化型村落

江苏地处海洋文化圈和大陆文化圈的交汇点上，同时具备水文化的智慧和南北文化交流形成的宽容。这种灵动的智慧和宽厚的包容体现在江苏民俗文化的各个层面，使其历经千百年的传承仍然稳定延续。这些在历史发展中形成的生产方式、生活习俗与区域文化中所包含的公共文化属性与精神价值体系是江苏民间社会重要的精神支柱和心理根基，是对江苏乡村文化的生动诠释，有些民俗文化甚至深刻影响了村落的发展与繁荣。例如，漆桥村即是在宋末元初孔氏第54世孙孔文昱从浙江平阳迁入后开始迅速发展，至明清时期成为江南规模最大的孔氏聚居地和周边地区的政治经济社会中心。华山村是南朝乐府诗《华山畿》的发生地，其中第一首"华山畿，君既为侬死，独活为准施？欢若见怜时，棺木为侬开。"描绘了流传民间的一段奇异、凄美的爱情故事，被学界认为是《梁祝》的雏形。九里村因被季子认定为"龙地"，并在此安葬，其后代在墓旁修建季子祠（后改称季子庙），从而开启了九里村的发展史。歇马桥村则与南宋抗金名将韩世忠有关，据传韩世忠曾将此地周围3里选为水路军事基地。当时，这里南北被河浜相隔，为往来方便，就在河上筑桥，名为"歇马桥"。歇马桥村由此得名并发展起来。

三、江苏传统村落发展过程中普遍存在的问题与误区

自村落建设工作开展以来，江苏对村落文化遗产保护极为重视，在完善相关规定、组织申报、摸底调查、强化规划引导、学术研究、加强专项资金引导、组织技术培训等方面做了大量工作并取得显著成绩。2017年，江苏还在全国率先以省政府规章的形式对传统村落进行立法保护，体现了江苏传统村落保护体系的不断完善，体现了全省历史文化保护水平的不断提升，也标志着江苏对"乡愁记忆"的保护落到实处。在取得成绩的同时，一些普遍存在的问题与误区也在保护与利用工作实施过程中显露出来。

（一）保护经费不足及使用误区

调查显示，江苏90%以上的传统村落存在保护经费不足的问题。物质形态文化遗产是传统村落的重要组成部分。因此，历史建筑、传统民居等的修缮与维护成为当前传统村落保护工作的重点内容。而且，在对古建筑进行修缮之前，通常还需拆除不符合要求的新建建筑，同时依照相关法律法规对原住户进行安置、补偿。仅这项工作就要耗费巨资。例如，杨湾村规划修缮沿街古建筑需要资金1.8亿元；李市村保护规划计划投入资金3亿元；草堰村总体规划需

要投入资金 2 亿元。如此巨额的资金量单凭一个村级单位无法解决，即便获得财政支持也是杯水车薪。这就导致单体古建筑修缮数量有限，村落修缮范围通常仅限于老街两侧，不涉及纵深方向，而产权不清的古建筑甚至无法采取任何保护措施。因此，即使传统村落保护工作一直在推进，但传统民居建筑的损毁却依然在持续。如表 2 所示，仅 2015 年 6～8 月，焦溪村因台风、暴雨导致屋面、墙体倒塌、倾斜的民居达 23 处。不仅传统民居遭受损坏，村容村貌也受到了影响，而且对居民生活、人身安全造成了严重危害。

表 2　2015 年 6～8 月焦溪村房屋坍塌破损统计

序号	地址	损坏情况	有无住人	是否搬迁
1	南街 18 号	屋面部分坍塌	无人	—
2	南街 34 号	屋面部分坍塌	无人	—
3	是家大院一进左	屋面部分坍塌	无人	—
4	是家大院一进后侧厢	墙体倒塌、屋面部分坍塌	无人	—
5	是家大院西侧	屋面倒塌	无人	—
6	南街 57 号旁	墙体裂缝	无人	—
7	老中学宿舍	墙体、屋面倒塌	无人	—
8	三元桥 1 号	墙体倾斜	有人	否
9	南下塘 113 号	后屋面倒塌	有人	否
10	南下塘 96 号	屋面倒塌	无人	—
11	仇家弄 22 号	墙体开裂、倾斜	无人	—
12	仇家弄（照相馆旁）	墙体上有个洞	无人	—
13	奚家弄（承雪松家东）	墙体重度倾斜，北侧底部隆起	无人	—
14	进士厅浴锅房	墙体倒塌	无人	—
15	奚家弄 20 号	墙体坍塌	无人	—
16	赵年洪屋前（大桥弄）	墙体坍塌	无人	—
17	东街 22 号	墙体倾斜	无人	—
18	大桥弄 24 号	墙体倒塌	有人	否
19	大桥弄 4 号	墙体、楼梯上有裂缝	有人	否
20	中街 4 号	墙体开裂	无人	—
21	中街 18 号	屋面部分坍塌	无人	—
22	东街 41 号	屋面下沉	有人	是
23	东下塘 94 号	屋面漏水、墙体倾斜	有人	否

注："—"，表示未作统计。本表统计资料由焦溪村提供。

经费不足的确影响传统民居修缮和村落保护工作的推进，但也应该认识到，传统村落保护的工作内容并不只是修缮民居。如果保护经费只用来修旧房、建新房，那么仅靠政府输血不仅无法长久维护，而且会造成财政负担，影响传统村落健康可持续发展。

（二）发展旅游与保护村落的关系误区

中共十九大报告提出实施乡村振兴战略。乡村旅游作为农村发展、农业转型、农民致富的重要渠道，无疑成为推动实施乡村振兴战略和传统村落保护的重要动力。《中国乡村旅游发展指数报告》指出，2016 年中国乡村旅游进入大旅游时代，而未来中国乡村旅游热将持续 10 年以上，预计到 2025 年乡村旅游人次将近 30 亿人次。发展乡村旅游是保护村落的有效途径，其目的是通过乡村独特的自然资源、农业资源和历史文化等特色，为农民增收增加新渠道，为村落发展注入新动力，从而实现传统村落的活态保护。例如，三山村于 2001 年成立"三山风景区"，国庆节正式营业，仅仅 3 个月，门票收入就达 6 万元。至 2011 年接待游客达 30 万人次，门票收入 930 万元，村级稳定收入达 1 060 万元，村级总收入 1 285 万元，首次跻身超千万元村的行列。如今，乡村旅游收入已成为三山村农民的主要经济来源，不仅吸引年轻人返乡，旺季时甚至还要从东山、西山聘请劳动力。发展乡村旅游的确对江苏传统村落保护工作起到了极大的促进作用，但同时也出现了一些误区。例如，有些村落为了开发旅游，征收农田、拆除房屋，用于景区建设；有的以保护为由搬迁村民，只留下部分村民充当"演员"；有的修缮几栋老房子用于开设店铺，贩卖所谓的"特产"；有的直接规划打造"民俗一条街""风味一条街"等；个别村落甚至在村庄道路、基础设施、村容村貌还未完善之前，就已建好了停车场和售票处。

发展旅游是保护村落的途径和手段，但村落保护的目的并不是为了发展旅游。如果仅仅为了追求短期效益，打着保护的旗号把传统村落当作景区打造，不仅造成保护资金的滥用与浪费，村落旅游低端化、同质化现象，缺乏持续竞争力，而且使村民彼此之间丧失了连接传统的纽带，风俗习惯逐渐被遗忘，乡村文化日渐衰落，最终导致村落保护畸形发展。

四、基于村落类型特点的发展思路探索

（一）突出传统风貌，助力传统建筑型和工商贸易型村落发展

传统建筑型和工商贸易型村落拥有丰富的古建筑、街巷、河道、古桥等历史文化遗存，当前的保护重点大多放在修缮和维护古建筑方面，而这也是资金需求量最大、程序最复杂的项目。据江苏省文物局测算，一个中等规模的传统

村落较为完整的实施保护与发展资金投入需在千万元以上，而很多村落的规划投入甚至数以亿计。资金不足导致修缮工作推进缓慢甚至停滞的情况更是普遍存在，严重影响了传统村落整体性保护的进程。

传统村落的保护发展不仅涉及某处传统建筑或历史民居，更涉及由众多物质与非物质元素共同构成的传统风貌。村落的传统格局和历史风貌蕴含着人们对故乡的记忆，是"乡愁"的重要依托。因此，在村落保护中首先应注重环境整治和基础设施建设，提升村容村貌，保护乡情美景，充分展现人、村落与自然和谐共生的人居环境。同时，避免盲目建设和过度商业开发，保留村落原真性。

在此基础上，突出传统村落的历史韵味，利用传统格局和历史风貌为村落引入旅游等新业态，促进一二三产业融合发展，增加村落收益，同时探索多元化的社会资金参与模式，以此反哺传统建筑的修缮与维护。

（二）贯彻绿色发展理念，引领农业景观型村落发展

《中共中央、国务院关于实施乡村振兴战略的意见》将"坚持人与自然和谐共生"作为基本原则之一，要求牢固树立和践行"绿水青山就是金山银山"的理念，落实以节约优先、保护优先、自然恢复为主的方针，统筹山水林田湖草系统治理，严守生态保护红线，以绿色发展引领乡村振兴。

优美的生态环境和独特的农业景观是乡村的最大优势和宝贵财富。在长期的农业生产生活中，江苏先民对自然和土地进行改造所形成的农业景观众多，包括稻作文化系统、桑基鱼塘系统、特色农作系统等。这些农业景观所体现的生物多样性、人类与自然协同进化及其产生的文化特色，高度契合"人与自然和谐共生"的基本原则。因此，依托农业景观的传统村落在发展中应严格贯彻绿色发展理念，通过节约资源、保育生态、统筹治理污染、提高农产品质量等途径推动绿色农业发展，同时在保护生态环境的前提下，将乡村生态资源转化为生态经济，以此满足城乡居民不断提高和增长的绿色需求，补齐乡村振兴的生态短板。

（三）提高农产品附加值，带动农业特产型村落发展

当前，我国农产品供给存在着质量不高、优质农产品不多等问题，将增加优质农产品供给放在突出位置已成为农业供给侧结构性改革的重要内容。国务院办公厅印发的《关于进一步促进农产品加工业发展的意见》中也提出，推进农产品加工业向优势产区集中布局，明确大宗农产品主产区、特色农产品优势区的发展重点。因此，提高农业特产附加值成为依托优质农产品生产的传统村落需要肩负的首要任务。

江苏拥有优越的自然地理环境、丰富的物产资源以及悠久辉煌的农业发展历史。在长期的农业发展过程中，江苏历代先民凭借卓越智慧和不懈努力，创造了种类丰富、质量上乘的特色农产品和加工农产品，涉及农林牧渔等产业。针对这些农业特产，制定完善的质量监管制度和产销策略；立足本地资源优势，重点打造地域特色品牌，发展主导产品和产业；挖掘农产品多种用途，拓展产业链，以此提高农民收入，振兴农村经济，实现传统村落可持续发展。

（四）重塑乡村文化，促进民俗文化型村落发展

乡村文化是一个民族或区域在长期发展中所创造、享用和传承的生产及生活习俗，是一个民族文化归属感和价值认同的来源。然而，随着乡村经济结构的演变，农村青年劳动力大量涌向城镇，导致传统生产和生活民俗文化丧失了传承媒介与生存土壤，乡村文化不断衰落。

江苏是城镇化发展水平较高的省份，基本脱离农村和农业生产的农村人口已超过58%，且农村常住人口明显呈现"老龄化、妇女化、儿童化"。同时，江苏拥有多姿多彩的农业民俗与地域文化，它们以不同的文化形式融入整个地域甚至整个民族的精神世界与遗产宝库。这些在历史发展中形成的生产方式、生活习俗与区域文化中所包含的公共文化属性和精神价值体系是江苏民间社会重要的精神支柱及心理根基，是对江苏乡村文化的生动诠释，甚至深刻影响了传统村落的发展与繁荣。乡村振兴需要乡风文明作为保障，而乡风文明的思想道德和文化基础正是长期历史积淀的乡村文化。在推动乡村文化振兴的政策导向下，通过深入挖掘优秀民俗文化中蕴含的思想观念、人文精神、道德规范，培育文明乡风、良好家风、淳朴民风，达到重塑乡村文化、促进传统村落文化传承的目的。

传统村落的生命力取决于它的经济适应性、生态适应性和历史文化魅力，脱离村落自身优势而空谈保护与发展是盲目且不可持续的。当前，传统村落发展面临的困境也大多归咎于急于求成、急功近利的建设误区。中共十九大特别强调农业农村发展要按照"产业兴旺、生态宜居、乡风文明、治理有效、生活富裕"的总要求，为传统村落的未来发展提供了完整思路，即通过挖掘产业、生态、文化等资源优势，在治理有效的基础上推进农村发展，实现农民生活富裕。

参 考 文 献

管彦波，2001. 论中国民族聚落的分类［J］. 思想战线（2）：38-41.
陆元鼎，2003. 中国民居建筑［M］. 广州：华南理工大学出版社.
孟召宜，苗长虹，等，2008. 江苏省文化区的形成与划分研究［J］. 南京社会科学（12）：

88 - 96.

王思明，李明，2016. 中国农业文化遗产名录［M］. 北京：中国农业科学技术出版社.

吴必虎，1996. 中国文化区的形成与划分［J］. 学术月刊 (3)：10 - 15.

徐吉军，1994. 论长江文化区的划分［J］. 浙江学刊 (6)：102 - 108.

张海英，1990. 明清时期江南地区商品市场功能与社会效果分析［J］. 学术界 (3)：44 - 51.

钟甫宁，向晶，2013. 我国农村人口年龄结构的地区比较及政策涵义——基于江苏、安徽、河南、湖南和四川的调查［J］. 现代经济探讨 (3)：5 - 10.

周宏伟，2009. 基于传统功能视角的我国历史文化村镇类型探讨［J］. 中国农史 (4)：92 - 101.

（作者刘馨秋为南京农业大学中华农业文明研究院副教授；作者王思明为南京农业大学中华农业文明研究院教授）

从节气歌谣、谚语看二十四节气的活态传承

季中扬

    2016 年 11 月 30 日，"二十四节气——中国人通过观察太阳周年运动而形成的时间知识体系及其实践"被列入人类非物质文化遗产代表作名录。这是中国继中医针灸、珠算后的第三项"有关自然界和宇宙的知识和实践"类的"非遗"。与中医针灸、珠算不同，二十四节气是一种知识，没有某种具体的技艺可操练，也没有特定的传承人，那么如何在当代社会对其活态传承呢？笔者认为，二十四节气首先是一种传统的时间经验框架、是一种纯形式，农耕社会丰富的地方性知识填补在这框架中，构成其具体的内容，各种歌谣、谚语是其存在的具体形态。因而，二十四节气活态传承应该重视节气歌谣、谚语的当代传承与发展。

一、二十四节气作为时间经验的框架

    康德在《纯粹理性批判》的"先验感性论"中指出，时间并非事物本身的客观属性，而是主体的先验直观形式。他说："时间不过是内感官的形式，即我们自己的直观活动和我们内部状态的形式。因为时间不可能是外部现象的任何规定；它既不属于形状，又不属于位置等；相反，它规定着我们内部状态中诸表象的关系。"这也就是说，时间并非是客观存在的，而是一种主体经验。但这种主体经验又有一定客观性，因为它是人类共同的先验直观。既然是一种主体经验。这先验直观就不可能绝对超脱人类的历史经验。事实上，不同的文化形态中人们的时间经验框架、模式也是不同的，二十四节气就是一种特殊的人类时间经验框架。

    我们先人的时间知识主要来自于对谷物成熟、四季变化的直观体验与对太阳、月亮、星星等天体运行规律的认识。人们基于对寒暑的直观体验，可以产生冬夏的观念，但不容易区分四季；人们基于对谷物生长、成熟等物候的长期经验观察，可以产生"年"的观念，但不容易区分"年"为十二月。四季、十二月、二十四节气等传统时间知识主要来自于古人长期的天文观测。在陶寺遗址中，考古学者发现了带有刻度的圭尺，这说明古人早在 4 000 多年前就已经

掌握了圭尺测日的方法。人们用圭尺测日的方法较早地把握了冬至、夏至，从《尚书·尧典》的记载来看，古人用观察太阳变化的方法很早就发现了冬至、夏至、春分、秋分①。"二分""两至"的发现，已经初步理论性地建构起了一年四季的时间经验框架。春秋时期，人们又确定了立春、立夏、立秋、立冬，进一步明晰了一年四季的时间经验框架。"分至启闭"②知识体系的形成，就对一年四季的理论认识需要而言，已经完备了，后世的二十四节气也罢，三十节气③也好，其他节气不过是对"分至启闭"框架的细化而已。从名称上来看，"分至启闭"八个节气是根据四季时序来命名的，而"雨水、惊蛰、清明、谷雨、小满、芒种、大暑、小暑、处暑、白露、寒露、霜降、小雪、大雪、小寒、大寒"十六个节气则主要根据气象、物候来命名。可见，另外十六个节气与"分至启闭"八个节气是不可同日而语的。事实上，"分至启闭"八个节气后世大都成了重要节日，而其他十六个节气，除了清明取代寒食成了节日，民间大都不甚看重。既然二十四节气只是对"分至启闭"时间框架的细化，不过是一种数学分割，而并非像"分至启闭"那样是为了准确把握一年四季时间，那么，后世为什么接受了二十四节气，而不是将"分至启闭"二分为十六节气或四分为三十二节气呢？对此，刘晓峰（2017）的解释比较合理。他认为，"在二十四节气出现之前，依靠月象观察确定时间并划分一年为四季十二月和划分一年为三百六十五日的传统时间框架早已经根深蒂固。划分节气很难无视这一巨大的现存传统时间框架。今天的二十四节气所取的二十四这个数字，实际上是八与十二的最小公倍数，节气定在这个数字上并非出于偶然。这一组合变化的结果，是在一年为十二个月这一基数上，中分一月为二，一为节气、一为中气，最后形成的就是由十二个节气和十二个中气结构而成的二十四节气。"概而言之，二十四节气其实是关于太阳周年运动的时间知识体系与以月亮阴晴圆缺来划分一年四季十二月的阴历时间框架的统一。众所周知，传统的农历是"阴阳合历"，虽然以十九年七闰月的方法保持了农历年与太阳回归年大体一致，但每一年、每一季节的时数并不固定，而二十四节气和太阳回归年是基本一致的，是纯粹的阳历，它弥补了农历的缺陷，完善了中国古代时间知识体系。

就其本质而言，二十四节气与一年四季十二月的划分一样，只是一种时间

---

① 《尚书·尧典》记载"日中星鸟，以殷仲春……日永星火，以正仲夏……宵中星虚，以殷仲秋……日短星昴，以正仲冬"。

② 《左传·僖公五年》记载"凡分、至、启、闭，必书云物，为备故也"。杜预注："分，春秋分也；至，冬夏至也；启，立春立夏；闭，立秋立冬"。

③ 管子提出了"三十个节气"的划分方案。参见李零，1988.《管子》三十时节与二十四节气——再谈《玄宫》和《玄宫图》[J].管子学刊（2）.

经验框架，是一种抽象的历法知识，是一种可以不断填充内容的形式。陈连山（2017）发现，《淮南子》中的二十四节气的物候主要是风雷雨雪等事物，跟《夏小正》相比是很模糊的。《夏小正》中每月都有极为详细而具体的物候描述，如正月：启蛰、雁北乡、雉震响、鱼陟负冰、囷有见韭、时有俊风、田鼠出、獭献鱼、鹰则为鸠等。他进而指出，正是因为二十四节气的物候描述比较抽象，就容易适应不同地区的实际气候状况，这为后世不同地区民众根据本地区的实际情况对之加以再创造预留了相当广阔的发挥空间。陈连山这个发现很重要，他其实是看到了二十四节气并非一个固定不变的民俗文化事象，而是一个可以填充不同地方性知识的框架形式。

这个框架形式不能太粗疏，也不能太具体而微。早在《逸周书·时训解》中就已经有了"七十二候"一说，但"七十二候"在后世社会生活中的影响远不及二十四节气①，主要原因就是"七十二候"太过具体而微，不利于填充不同的地方性知识。二十四节气作为一种框架形式，地方性知识作为其具体内容，内容与形式之间的自由结合关系，使其传播有着超空间性，传承具有超时间性，不同地域、不同历史时期的人们都可以创造性地填充、阐释、利用这个框架结构。

二、歌谣、谚语与二十四节气遗产的存在形态

二十四节气本身只是一种历法知识、一个抽象的框架形式，内容与形式的结合才形成了具体的存在形态。那么，二十四节气作为一种遗产，是以怎样的形态存在的呢？大体而言，有两种主要形态：一是节日文化形态，"分至启闭"与清明在古代都是重要节日，尤其是"二分""两至"，不仅官方有隆重的祭礼，而且民间节日习俗也很丰富；二是歌谣、谚语形态，除了流传甚广的二十四节气歌，各地与二十四节气相关的丰富多彩的农耕知识也大都以歌谣、谚语形态流传着。时至今日，二十四节气的节日习俗在有些地方还被看重②，但传统节日文化整个系统已经严重衰微。在此背景下如何保护、传承二十四节气的节日文化形态，是一个值得关注的问题。笔者认为，在一定意义上可以说，农耕社会的生产、生活知识是二十四节气文化的核心内容，而歌谣、谚语的口头传承则是二十四节气文化遗产的最主要传承方式。因此，本文着重讨论二十四

---

① 刘晓峰认为，这是因为具体到五日一候，实际上已经超出了时间划分体系应有的边界，其准确性已经大有问题。参见刘晓峰，2017. 二十四节气的形成过程［J］. 文化遗产（2）.

② 如湖南的安仁赶风社，被称为传统历法节气和传统民俗节日融为一体的"活化石"，其热闹程度甚至超过春节。参见周作明，2015. 浅谈安仁赶分社［J］. 艺海（1）.

节气的歌谣、谚语形态。

与同样作为"有关自然界和宇宙的知识和实践"类的"非遗"中医针灸和珠算相比，二十四节气最为突出的特征就是其既有统一性，又有多样的地方性。这个特征突出地表现在其歌谣、谚语形态中。

众所周知，二十四节气歌在全国各地有个通行的版本，即"春雨惊春清谷天，夏满芒夏暑相连；秋处露秋寒霜降，冬雪雪冬小大寒。"这表明，作为历法知识的二十四节气，具有通约性的知识，虽有"变文""异文"但相差不大。二十四节气作为民间歌谣的叙述框架，其具体形态可就千差万别了。

先看东北地区的二十四节气歌：

> 打春阳气转，雨水沿河边，惊蛰乌鸦叫，春分地皮干，清明忙种麦，谷雨种大田，哎咪哎嗨哎嗨哟，春呀吗春天；立夏鹅毛住，小满雀来全，芒种开了铲，夏至不拿棉，小暑不算热，大暑三伏天，哎咪哎嗨哎嗨哟，夏呀吗夏天；立秋忙打靛，处暑动刀镰，白露割蜜薯，秋分不生田，寒露不算冷，霜降变了天，哎咪哎嗨哎嗨哟，秋呀吗秋天；立冬交十月，小雪地封严，大雪河汊牢，冬至不行船，小寒大寒冰如铁，迎来又一年，盼望冰消雪化艳阳天，哎咪哎嗨嗯哎哎嗨哟。

在这首民歌中，东北的二十四节气有着显著的地方特色，如清明才开始种麦子，立夏才不再下雪，夏至才不穿棉衣。到了长江流域，则是另外一番景象了。在江苏常熟白峁山歌《十二条手巾》（其实也是二十四节气歌）中，立春已经梅花开，惊蛰杏花开，春分就已天气回暖、百草碧绿了：

> 第一条手巾是白绫，正月里梅花初立春，那初交雨水正月半，家家人家门前结彩挂红灯。挂红灯来吊红灯，梁山泊聚义宋江是首领，那结成弟兄是一百零八将，李逵独自闹东京。//第二条手巾燕子青，初交惊蛰杏花青，交了春分是天气暖，百草回芽碧里青。碧里青来蛇转身，唐伯虎丘山浪山前山后碰着一位秋香女，那三笑姻缘是结成亲。//第三条手巾是红纱，三月里桃红柳绿开好花，风吹杨柳是沿村景，清明谷雨赶山茶，赶山茶来发三年，沿河卖花到街前，许郎勿见贤妻面，五月端阳白娘娘吃仔雄黄酒原形现……

到了海南，立春雨水时节就已经泡种子，放水入田，准备栽稻谷了，如临高县的二十四节气歌：

> 要有水入田，百姓才打圈秧。放谷种入泡，等到立春雨水。啊燕来筑巢，（在）二月惊蛰春分。百姓（地）"打虎"，（是）三月清明谷雨。百姓耙谷种，（在）四月立夏小满。芒种和夏至，（地）过五月初五。小暑大暑在六月，百姓下田收割。百姓（地）送"寒衣"，（是）

七月立秋处暑。稻唛（地）挂孕，（在）八月白露秋分。大雁（地）过海，（在）九月霜降寒露。立冬和小雪，十月百姓收割。大雪和冬至，百姓做糍春粿。小寒大寒（在）十二月，年完夜也暗。父母愁钱银债，儿女喜新衣。讲也讲不完，数也数不透，按二十四个节气，简单唱至此。

在这些节气歌中，二十四节气是文本的结构，同时又是叙述的逻辑线索，地方性知识按二十四节气时间变化填充在其中。因而，节气歌既有稳定的结构，又是开放的，是民间对二十四节气知识体系的一种创造性阐释与应用。

以四季、十二月、二十四节气作为叙事框架，是中国传统文化中的一种叙事原型。从诗经《豳风·七月》到《清院本十二月令图轴》，再到民间年画、剪纸中的《男十忙》、《女十忙》以及民歌《十二月花名》等，我们看到这种叙事原型是广泛存在、深入人心的。正是有了这种社会文化心理基础，二十四节气歌从东北到黄河流域，再到长江流域，甚至到海南，都广泛流传着。二十四节气作为"时间知识体系及其实践"，民间早就创造了最契合其特点的传承方式。这也是二十四节气知识体系能够在民间长久不衰、广泛流传的主要因素，如今将其作为"非遗"来传承、保护，也应该总结、学习传统社会的传承方式，才能找到最佳保护方式。

二十四节气歌其实是一种民间艺术，相对而言，它与特定地域农业生产、生活结合度不如谚语形态那么紧密。谚语是民众对生产、生活经验的总结，不仅内容极其丰富，而且地域特色非常鲜明。二十四节气谚语大体可以分为3种主要类型：一是与物候相关的谚语，如"春打三日，百草萌芽""清明断雪，谷雨断霜""芒种逢壬便入梅，夏至逢庚便出梅"；二是总结生产经验的谚语，如"立春早，收成好""打春一百，磨镰割麦"；三是总结生活经验的谚语，如"立春雨水到，早起晚睡觉""年内立春春勿冷，年后立春三月冷""春分有余寒，藏衣勿宜早""小暑热过头，大暑凉飕飕""立了夏，把扇拿，立了秋，把扇丢"①。由于谚语是特定地域生产、生活经验的凝练，因此其地域差异很明显。例如，东北地区的农谚说"谷雨前后，种瓜点豆"，河南农谚则说"清明前后，种瓜点豆"，而在海南则是"三月惊蛰又春分，薯芋瓜豆种及春"。种瓜点豆从东北到海南，整整差了两个节气。

---

① 以上谚语见中国民间文学集成全国编辑委员会《中国谚语集成·上海卷》，1999年，第647－653页。

三、二十四节气歌谣、谚语的当代传承

基于上文考察可见，二十四节气歌谣、谚语虽然形式相对单一，但包含的内容极其丰富，凝聚着不同地域、不同历史时期民众对生产、生活经验的总结、积累。在城市化与"三农"现代转型语境中，这些歌谣、谚语还有活态传承的价值与可能性吗？

随着科技进步，靠经验从事农业生产的时代已经过去了，尤其是大棚栽种等设施农业的快速发展，传统农业知识似乎不再适用了。其实，据笔者调研，大多数农民仍然按照传统农历安排生产生活，他们还在应用着农业生产方面的节气知识。2017年8月初，我在苏北农村调研时听到一位农民说要去买点菜籽种白菜，另一位农民就说太早了，并随口说了一句农谚"处暑萝卜白露菜"。8月初才立秋，到白露还有一个月，确实太早了些。如上文所述，二十四节气歌谣与谚语不仅仅是农业生产方面的，更多的是日常生活方面的，如"春分有余寒，藏衣勿宜早""立了夏，把扇拿，立了秋，把扇丢"等，这些生活方面的节气知识在任何时候也许都不会过时。

二十四节气作为传统的时间知识体系虽然有着活态传承价值，在广大农村地区也还在实践着这些传统知识，但是，其当代传承与保护确实遭遇了前所未有的困境。一是城市化与人口流动，造成传承主体的不稳定性。与学校中通过间接学习或实验所获得的知识不同，民俗文化知识大都是在特定空间、社群中相互影响习得的，个体经验、传统知识与实践是三位一体的。这就要求文化主体要长期生活在特定空间与社群中，而快速流动的现代社会是不利于民俗文化知识习得与传承的。二是传统的节气歌大多依托于民歌、说唱、地方小戏等民间表演艺术传播，随着民间表演艺术的衰落，形态丰富的节气歌大多不再流传了。三是谚语所包含的经验、知识地域性很强，不太适宜通过学校教育与现代传播等手段来保护。其实，这些困境非独二十四节气歌谣、谚语遭遇，绝大多数"非遗"都面临着同样的问题。能否突破这困境、如何突破这困境，这是需要长期实践、观察、讨论的问题。

一方面，传统的节气歌、谚语的传承和保护面临着很难破解的困境；另一方面，我们却又发现了大量新编的节气歌。这些新编节气歌涉及面很广，有种植方面的，如《蘑菇生产节气歌》《桑蚕生产二十四节气歌》《果树生产二十四节气歌》等；有养殖方面的，如养猪二十四节气歌、养鱼节气歌、养蜂节气歌等；有养生方面的，比较著名的如《杨建宇二十四节气养生歌》。以上所列，仅是报纸、杂志刊登过的。此外，还可能有大量不曾在媒体上公开发表的新编节气歌。由这些内容丰富的新编节气歌可见，二十四节气作为"时间知识体

系"在现代社会仍然被广泛实践着，这是其作为"非遗"活态传承的一个重要表征。为什么说新编二十四节气歌也是"非遗"活态传承呢？联合国教科文组织《保护非物质文化遗产公约》第二条提出，"这种非物质文化遗产世代相传，在各社区和群体适应周围环境以及与自然和历史的互动中，被不断地再创造，为这些社区和群体提供认同感和持续感，从而增强对文化多样性和人类创造力的尊重。在本公约中，只考虑符合现有的国际人权文件，各社区、群体和个人之间相互尊重的需要和顺应可持续发展的非物质文化遗产。"这也就是说，可持续发展是"非遗"的核心指标之一，而且"非遗"是"可以被不断地再创造"的。笔者在上文已经指出，二十四节气作为"时间知识体系"只是一个框架结构，可以填充不同地域、不同历史时期的生产、生活内容，创造性地填充这个框架结构就是对二十四节气"非遗"的"活态传承"。

有必要指出的是，与传统的节气歌相比，新编节气歌很少关注地方性的物候，而是借助节气歌这个传统框架来传播生产、生活经验。且看《蘑菇生产节气歌》：

> 小寒备牛粪，干燥又黄亮。大寒想菇床，石灰小土壤。立春轻调水，视温定水量。雨水温微升，换气使温上。惊蛰始春管，逐步增水量。春分菌萌发，寒冷仍需防。清明菇上市，调水要适量。谷雨产菇旺，务把病虫防。立夏温转高，用足菇水量。小满清床架，消毒切莫忘。芒种拆床架，竹木浸水中。夏至修菇房，病虫需灭光。小暑天转热，搭好蘑菇床。大暑忙堆料，预堆不可少。立秋忙翻料，视料定水量。处暑忙进房，后酵周期长。白露前播种，兼顾温湿氧。秋分忙覆土，促使菌粗壮。寒露产菇旺，水准菇才壮。霜降菇更旺，分级交售忙。立冬天气好，科管要加强。小雪温下降，减少用水量。大雪天气寒，调水要适当。冬至已无菇，保温管菇房。

再如《杨建宇二十四节气养生歌》：

> 小寒慢跑跳踢毽，畅达乐观防肾寒，三九温补食药疗，参芪首乌归阿胶，滋阴潜阳肝血养，固肾养心羊肉尝……①

尤为有意思的是《供电所二十四节气歌》：

> 惊蛰——惊雷一鸣万物醒，避雷检查不能等；合理配备保险丝，防止大风刮断线。春分——春分时节正植树，电力通道要维护；巡视检查走几遍，防护区内没有树……

由于新编节气歌意在推广、传播，因而其内容大都凸显其通约性，淡化其

---

① 资料来源：《杨建宇二十四节气养生歌赏析》，作者王志华等，连载于《中国中医药现代远程教育》2012年第1～21期。

地方性。从上述《蘑菇生产节气歌》《杨建宇二十四节气养生歌》来看，其实只是把蘑菇生产、养生等知识填充在二十四节气叙述框架中，借用二十四节气的时间结构来完成其叙述而已。当然，二十四节气其实是有较强地域性的，传统节气歌、谚语都是在特定地域口耳相传的，而新编节气歌在媒体上公开发表，很显然漠视了节气的地域性，其传播效用其实是很可疑的。

四、结语

二十四节气原本只是历法知识，但民众将其作为表达生产、生活经验的叙述框架，容纳了不同历史时期、不同地域的生产、生活内容，以节气歌、谚语等形态不断创造出内容丰富的二十四节气文化。在现代社会中，由于城市化、人口流动、村庄拆迁、农业生产的机械化以及农业科技的发展，传统的节气歌、谚语丧失了固有的传承空间与传承主体，二十四节气作为"非遗"，其活态传承面临着前所未有的困境。但是，从各种新编节气歌来看，二十四节气的节气歌、谚语等文化形态在民间仍然有着较为深厚的社会心理基础，二十四节气作为"时间知识体系"在现代社会中还有一定的实用功能。一是可以继续为各种种植、养殖业提供时间节点；二是可以为日常生活中的养生保健确立时间节点。新编节气歌其实是民众在现代社会变迁过程中，不断调适与外在环境的关系，在与自然和历史的互动过程中，对传统二十四节气文化的再创造，是对二十四节气"非遗"的活态传承。

参 考 文 献

陈连山，2017. 二十四节气：精英与民众共同创造的简明物候历［J］. 文化遗产（2）.
康德，2004. 纯粹理性批判［J］. 邓晓芒译，杨祖陶校. 北京：人民出版社.
刘晓峰，2017. 二十四节气的形成过程［J］. 文化遗产（2）.
张华庆，1988. 蘑菇生产节气歌［J］. 中国食用菌（1）.

（作者季中扬为南京农业大学人文与社会发展学院教授、南京农业大学民俗学研究所所长）

"五谷"杂谈

马　刚

　　人们年年都会期盼"五谷丰登"，现代养生常常提到"五谷杂粮"。说到"五谷"，人们虽知道该词现代一般用作泛称，指多种粮食，并无具体的定类，但往往也想知道五谷到底原来是指哪些粮食作物。因此，便有了种种解释，莫衷一是。在先秦两汉的文献中，有"百谷""九谷""六谷""五谷"多种称谓用来泛指食用作物。战国以后，"五谷"使用渐多，逐渐成为粮食作物的代名词。原因可能有二：一是战国秦汉时期五行学说盛行，在五行思维方式的影响下，"五"作为分类依据，被应用到涉及天、地、人、物等各种系统中，重视农业、以农为本的中国农学传统对重要的粮食作物研究自不例外；二是"五谷"两字押韵顺口，好说易记，便于民间口头流传。通过文献梳理，了解"五谷"之说的形成背景和内容，才能深刻体会我国传统上以"五"分类建立的农业系统所反映的先民们对农业生产系统的认识和对其运行规律的整体把握水平。

一、"五谷"说的形成

　　民以食为天。"食谓农殖嘉谷可食之物"①。"谷"字简化前，本写作"穀"，《说文解字》解释为"续也。穀与粟同义，引申为善也。"又引"大雅传"说"穀，禄也。百穀之总名也"。五谷之称谓，显然与谷类粮食作物的生产历史发展密不可分。《尚书·益稷》载"烝民乃粒，万邦作乂"，尧舜时期人们开始以植物种子作为主要食物，但据说那时的主要作物是稷。殷代甲骨文中记录最多的是黍，即大黄米，还有稷，卜辞中大量的"受黍年""受稷年"，表明黍稷是商代的主要粮食作物；另外，还有稻、麦（小麦）、来（大麦）等作物名称（白寿彝，2015）。《诗经》中多处唱诵"播厥百谷"，所载粮食作物名称有20多个，主要包括禾、谷、粟、稷、黍、麦、来、牟、麻、菽、稻等，

而《周礼》中则"九谷""六谷""五谷"杂称①。自战国以后，"五谷"之说流行，但由于地域、时间和认识角度的不同，不同时代的各类专家学者对"五谷"的解释也各有其成说（表1），如郑玄注《周礼·天官·疾医》曰"麻、黍、稷、麦、豆"；赵岐注《孟子·滕文公上》谓"稻、黍、稷、麦、菽"；王逸注《楚辞·大招》称"稻、稷、麦、豆、麻"；王冰注《素问·藏气法时论》则指"粳米、小豆、麦、大豆、黄黍"。《诗经·国风·豳·七月》说到收庄稼时，列举了6种粮食作物"黍稷重穋，禾麻菽麦"，据说前两种是主要的，后四种是次要品种。西周时期，在多样化种植的基础上，粮食作物大概以黍、稷为主。

表1 古代对"五谷"的解释举例

著作	作者	时代	解释者	时代	主要内容
论语	孔子门人	春秋战国			"四体不勤，五谷不分，孰为夫子。"《论语·微子》（一般对五谷不作详解）
月令		战国			《礼记·月令》言"五谷"7次，但先后提及麦、菽、黍、稷、麻、稻、秫等
素问		战国至西汉			《黄帝内经·素问·金匮真言论篇第四》中论及五脏所应五方之谷：麦、黍、稷、稻、豆。在《五常政大论篇第七十》中谈五行五运之气与所应之谷包括麻、麦、稷、稻、豆、黍6种。平气五行对应五谷为麻、麦、稷、稻、豆；当气为不及或太过时，每一行又各列举谷两种
素问		战国至西汉	王冰	唐	"五谷为养。"《黄帝内经·素问·藏气法时论篇第二十二》王冰注："谓粳米、小豆、麦、大豆、黄黍也"
灵枢		战国至西汉			"五谷：秔米甘，麻酸，大豆咸，麦苦，黄黍辛。"《黄帝内经·灵枢·五味第五十六》
周礼		战国至两汉	郑玄	东汉	"以五味、五谷、五药养其病。"《周礼·天官·疾医》郑玄注："五谷，麻、黍、稷、麦、豆也"
周礼		战国至两汉	郑玄	东汉	"谷宜五种。"《周礼·夏官·职方氏》郑玄注："五种：黍、稷、菽、麦、稻也"

① 《周礼天官太宰》："一九职任万民，一曰三农生九谷"；《周礼天官膳夫》："凡王之馈，食用六谷"；《周礼天官疾医》："以五味、五谷、五药养其病"等。

（续）

著作	作者	时代	解释者	时代	主要内容
大戴礼记		战国	卢辩	北周	"成五谷之名。"《大戴礼记·曾子天圆篇》卢辩注："五谷，黍、稷、麻、麦、菽也"
荀子	荀况	战国	杨倞	唐	"相高下，视境肥，序五种，君子不如农人。"《荀子·儒效篇》杨倞注："相视也，高下原隰也；境，薄田也；五种，黍、稷、豆、麦、麻，谓不失次序，各当土宜也"
汉书	班固	东汉	颜师古	唐	"种谷必杂五种，以备灾害。"《汉书·食货志》颜师古注："五种即五谷，谓黍、稷、麻、麦、豆也"
孟子	孟子	战国	赵岐	东汉	"后稷教民稼穑，树艺五谷。"《孟子·滕文公上》赵岐注："五谷谓稻、黍、稷、麦、菽也"
楚辞	屈原等	战国	王逸	东汉	"五谷六仞，设菰粱只。"《楚辞·大招》王逸注："五谷，稻、稷、麦、豆、麻也"
管子	管仲	战国至西汉			《管子·地员》篇谈"五土"所宜"五种"：黍、秫、菽、麦、稻
淮南子	刘安等	西汉	高诱	东汉	"神农乃始教民播种五谷。"《淮南子·修务训》高诱注："菽、麦、黍、稷、稻也"

春秋战国时期，文献中菽粟并称的渐多，如"是以菽粟多而民足乎食"①；"圣人治天下，使有菽粟如水火"②"菽粟不足，末生不禁，民必有饥饿之色"③"菽粟藏深，而怨积于百姓"④"工贾不耕田，而足乎菽粟"⑤ 等。似乎菽和粟成了粮食的主要品种。氾胜之说："大豆保岁易为，宜古之所以备凶年也。谨计家口数，种大豆，率人五亩"。五口之家种地百亩，种豆亩数要占 25％。文献中关于秦汉时期中原地区（包括关中）积粟之多，史书多有记载⑥。由此可见，战国至西汉初，主要粮食生产已由黍稷变化为粟菽。

早期麦的种植情况不明，但直到秦汉，麦的种植应不如后世多。董仲舒

---

① 资料来源：《墨子·尚贤中》。
② 资料来源：《孟子·尽心上》。
③ 资料来源：《管子·重令》。
④ 资料来源：《晏子春秋·内篇·问上》。
⑤ 资料来源：《荀子·王制》。
⑥ 如《春秋左传》所载的"泛舟之役"；司马迁《史记》中多处提到秦末至汉初，敖仓之粟对战争胜负的重要作用等。

上书武帝："《春秋》它谷不书，至于麦禾不成则书之……今关中俗不好种麦，是岁失《春秋》之所重，而损生民之具也。愿陛下幸诏大司农，使关中民益种宿麦，令毋后时。"① 或许因为《春秋》是鲁国的史记，鲁国地处东部平原，有大量低湿地区，河流纵横，水源便利，可以保证麦的耕作需水，种麦较多，故重点记载。而董子所述，至武帝时，关中地区很少种麦也应是实情。在汉帝国尊儒以后，尤其是在水利灌溉建设长足发展的情况下，官员如氾胜之在民间大力推广种麦就有了良好的自然基础和社会政治基础，甚至就此奠定了后世北麦南稻的粮食种植格局。但据多种资料表明，一直到 20 世纪中期，我国北方，至少晋冀鲁豫地区百姓的主要粮食作物仍是粟黍（马刚、王宝卿，2016）。并且在传统粮食作物中，粟的产量也一直最高（张云、王慧军，2014）。

根据早期历史上的作物栽培情况来看，五谷之说不似描述谷物数量上的实际种植情况，应是一种理论上的总称，这种称谓至战国两汉时期，使用已经相当普遍，笔者在"诸子百家中国哲学书电子化计划"网站②的百余部先秦两汉文献中搜索"五谷"，得到 381 个有效结果，分布在 51 部书中，涉及几乎所有学派（名家著作仅一部《公孙龙子》残本，无"五谷"一词）。其中，"五谷"出现超过 10 次的书有 11 部：《礼记》11 次，《春秋繁露》15 次，《大戴礼记》11 次，《论衡》28 次，《管子》62 次，《淮南子》24 次，《吕氏春秋》13 次，《史记》16 次，《汉书》36 次，《后汉书》23 次，《黄帝内经》13 次。绝大多数"五谷"称谓都是泛称粮食作物，少数有具体所指的"五谷"既没有种类上的统一，也不以"五"为数量限制，后文再详细讨论。

我国现存最早、最完整保存下来的农书为成书于北魏末年的《齐民要术》，在"收种"开篇，引用杨泉《物理论》对"百谷"的解释："粱者，黍、稷之总名；稻者，溉种之总名；菽者，众豆之总名。三谷各二十种，为六十；蔬、果之实，助谷各二十：凡为百种。故《诗》曰：'播厥百谷'也。"③ 这一解释极大地丰富了"谷"的含义，把可食用植物品类都囊括其中。贾思勰也使用"五谷"一词，用来泛指粮食作物，书中根据实际的农用作物生长、生产情况，对 10 多种粮食作物的栽培技术分别作了介绍。后世农书在谷物记载中皆循其例，代有增改，此不赘述。总之，"五谷"之说，一般只是用于泛称，即使有具体名称列举，也是因应某种需要而作的类举，并非实指。

---

① 资料来源：《汉书·食货志》。
② 网址为 https：//ctext.org/zh。
③ 资料来源：缪启愉，缪桂龙，2009. 齐民要术译注 [M]. 济南：齐鲁书社.

二、"五行"与"五谷"

五行思想是中国古代哲学的重要理论学说之一，对中国古代的社会政治和科学发展产生了深远的影响。顾颉刚《五德终始说下的政治和历史》一文当属五行理论对中国古代社会政治影响研究的扛鼎之作。对于五行思想的起源，胡厚宣（1956）、胡化凯（1997）、臧振（1999）、刘宗迪（2004）、赵洪武（2009）、赵敏（2013）等很多学者作了总结探讨，中国古代农业生产文明经验的丰富且鲜活，为不同说法提供了见仁见智的空间，一些见解颇具启发性，深化了对五行学说形成发展的认识。对其起源的探索是为了更好地理解其思想内涵和内在逻辑，而经过现代科学语言进行阐释的五行理论，则可以更好地认识这一理论的意义和价值。

五行思想的现代科学化阐释在数学和医学两个领域率先展开。胡化凯（1995）利用离散数学的理论和方法，证明五行体系的唯一性，即：由木火土金水组成的五行体系，既满足生克循环条件，又满足所含元素数量最少的要求，符合现代科学的抽象、简化要求，具有"准公理化性质"。现代科学思维的优点是，按照亚氏三段论逻辑推理系统，如果原理正确，推理过程正确，则结论必然正确。欧几里得的《几何原本》被视为最早采用公理化方法建立起演绎数学方法体系的典范，奠定了数学科学发展的基石。现代科学的成就在于利用简洁而统一的规律揭示了宇宙表面的复杂现象。事实上，人们对宇宙和谐、同一规律的信仰也是公理化思想成立的依据。

为了解决五行思想在中医理论和应用上常常表现出的模糊、随意性，甚至有时出现的牵强感，陈瑞祥（2014a）以公理化思想为指导，将五行概念建立在太阳运行规律和阴阳概念基础之上，采用逻辑构造方法给予表达，融合了时、空抽象客体概念和主体概念，使五行思想理论展示为一基础坚实、逻辑严谨的科学思想体系。按照该公理系统，只要太阳运行规律和阴阳概念成立，则

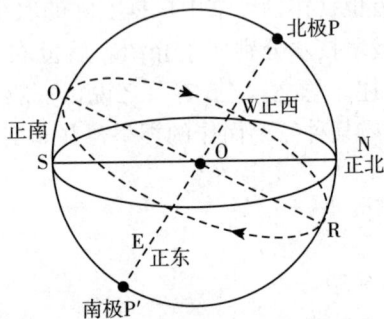

图 1　地球自转模型

五行概念演绎推出的结论即成立（图1、图2）。

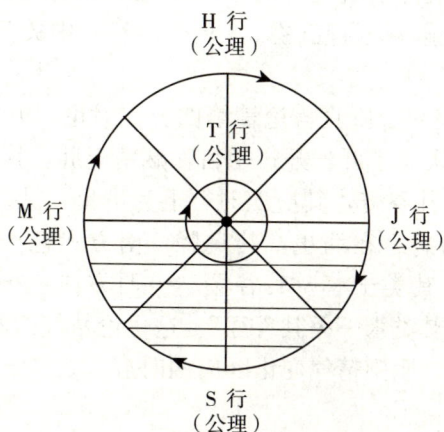

图2　陈瑞祥五行公理系统圆周运动模型

注：为了避免"木火金水土"汉字符号语义的干扰，在抽象化五行公理系统中，分别用其汉语拼音的第一个大写字母来表示。外圆分为4段，左边圆弧M代表木行（公理），上边圆弧H代表水行（公理），右边圆弧J代表金行（公理），下边圆弧S代表水行（公理），这4个圆弧也可分别象征四季和四方；中央小圆周T代表土行（公理），兼有作为主体或者"化育生命"等内涵。箭头所指方向对应太阳一日内运行轨迹方向，映射阴、阳（潜、显）变化。图1和图2分别采自陈瑞祥文章的图1和图5。

陈瑞祥（2014b、2018）五行公理系统在逻辑生成过程中，展示了无极、太极、阴阳、气、四象、五行等中国传统哲学概念的内在联系性和系统性，与"人法地，地法天，天法道，道法自然"的思想相一致，并且可以合理地推导、解释五行生克制化等一系列传统中医理论著作中的相关疑难问题。

五行思想理论作为中国古代重要的思维方式，对传统农学理论和农业生产实践自然也产生了十分重要的影响（胡火金，2012），其影响的广度和深度由古籍中遗留下的"五类"词汇可见一斑：五星、五季、五候、五方、五气、五土、五壤、五埴、五化、五谷、五畜、五果、五菜、五虫、五贼、五害、五色、五味等，既有对天地自然环境等要素的辨析分类，也有对动植物等农业生产要素的归纳总结。

五行思想影响下的"五谷"不仅仅指谷物种类的数量，其所指事物间应该有着系统化内在联系、有着丰富内涵。金良年（1999）在研究古代《日书》中的"五种忌"时就发现，云梦秦简《日书》甲本的"五种忌"包括6种粮食作物，其中的"禾良日""禾忌日"下还有葵之类的蔬菜作物；乙本的"五谷龙日"包括7种作物，而放马滩本"五种忌"也有6～8种作物（因出土文献有残缺漏字）。在探讨农作物与五行配合方式时，金良年研究认为，根据孔颖达和郑玄的相关解释，《月令》系统中的配合方式主要依据作物的形状；《淮南子》谈五方所宜之谷时依其相宜的水土；而高诱作注时又以作物的生长时节来配合解释五行五谷。《黄帝内经》中关于五行、五谷搭配内容则更加复杂。

《黄帝内经·素问·金匮真言论篇第四》在讨论"五藏应四时各有收受"时称："东方青色，入通于肝，开窍于目，藏精于肝，其病发惊骇，其味酸，其类草木，其畜鸡，其谷麦，其应四时，上为岁星，是以春气在头也，其音角，其数八，是以知病之在筋也，其臭臊；南方赤色……其类火……其谷黍……中央黄色……其类土……其谷稷……西方白色……其类金……其谷稻……北方黑色……其类水……其谷豆"。这里论精气的所属、所存，涉及多项复杂系统，简言之，阴阳精气变化因应四时五方之"五谷"为麦、黍、稷、稻、豆。

在《黄帝内经·素问·五常政大论第七十》中谈五行五运之气与所应之谷则较为复杂，五运平气时，木谷为麻，火谷为麦，土谷为稷，金谷为稻，水谷为豆；当气运不及时，每一行均列举了两种作物，且有交叉重复：木谷为稷、稻，火谷为豆、稻，土谷为豆、麻，金谷为麻、麦，水谷为黍、稷；当气运太过时，五行所应五谷又有变化：木谷为麻、稻，火谷为麦、豆，土谷为稷、麻，金谷为稻、黍，水谷为豆、稷。在这篇议论中，谈到"五谷"总共涉及麻、麦、稷、稻、豆、黍6种作物。另外，还有两点值得注意：一是"五谷"对应的作物会随着气运的盛衰而有变化；二是五行中的每一行都可以对应不止一种作物。

在《黄帝内经·灵枢·五味》中也有一段直接说"五谷"的论述："黄帝曰：谷之五味，可得闻乎？伯高曰：请尽言之。五谷：秔米甘，麻酸，大豆咸，麦苦，黄黍辛。五果：枣甘，李酸，栗咸，杏苦，桃辛。五畜：牛甘，犬酸，猪咸，羊苦，鸡辛。五菜：葵甘，韭酸，藿咸，薤苦，葱辛。"这里不仅列举了五谷所对应的五味，还连带说了五果、五畜、五菜与五味的对应关系，此"谷"，按《说文解字》的解释理解为"续气、续命之物"似较贴切。王冰可能据此段内容对《素问·藏气法时论》中的五谷作注。

综上所述，如果按照五行思想对谷物进行分类，则其数量必不限于5种。注家以5种具体谷物解释，一是选取常见作物便于理解和指导生产，二是可能囿于对五行思想推衍的保守认识。五行思想作为极简而又抽象的理论，在农作物栽培、人体养生机理等复杂系统中应用时，难免会有不同的理解，基于对相关事物的认识深度和广度不同，也难免有归类不科学的现象，由此造成误解或不认同也是自然之事。五行气运因时因地不同，五行理论观照下的五谷也自然会因时因地而有变化。

三、五谷丰登的期冀

"五谷丰登"大概是农家春联上写得最多、流传最广而又经久不衰的一句吉祥语，既可是对过去一年丰收喜庆之情的表达，也是对新的一年农业收成的美好祝愿。现在，该词已经成为农业丰收的同义语。以五行思想理论的视角来看"五谷丰登"之语，其内涵变得更加丰富。

首先，五行气运生生不息，消长循环、变化不断，应运之谷必然长势好，收成自然天成。因此，五谷丰登是一种对未来农业生产充满自信的预言，是对变与不变辩证认识的把握。只有与自然和谐相处、生活乐观的人才能产生这样的思想。

其次，"五谷丰登"也是提醒人们，开展农业生产要进行多品种经营，不可单一种植，只有勤力勤为，顺应客观规律，才能备荒自救。"孟子曰：天下之生久矣，一治一乱。尧……舜……禹……后稷教民稼穑，树艺五谷，五谷熟而民人育。"（李文海，夏明方，2003）《淮南子·主术训》言"上因天时，下尽地财，中用人力，是以群生遂长，五谷蕃殖"。《汉书·食货志》直言："种谷必杂五种，以备灾害"。

最重要的是，从养生的角度来说，人体需要多种营养元素，饮食需要五谷杂粮多种食物，不可偏食。在没有现代营养学概念的时代，古人把人体的重要内脏器官赋予了相应的阴阳五行属性，如肝属木、心属火、脾属土、肺属金、肾属水，用以解释人体内脏之间的相互关系、运动变化以及人体与外界环境的关系。人体只有平衡好各个脏器之间的生克关系，才能维护好人们整个机体的健康。如《黄帝内经·素问·藏气法时论》中的一段所述："肝色青，宜食甘，粳米、牛肉、枣、葵皆甘。心色赤，宜食酸，小豆、犬肉、李、韭皆酸。肺色白，宜食苦，麦、羊肉、杏、薤皆苦。脾色黄，宜食咸，大豆、猪肉、栗、藿皆咸。肾色黑，宜食辛，黄黍、鸡肉、桃、葱皆辛。辛散，酸收，甘缓，苦坚，咸软。毒药攻邪，五谷为食，五果为助，五畜为益，五菜为充。气味合而服之，以补精益气。此五者。有辛、酸、甘、苦、咸，各有所利，或散或收，或缓或急，或坚或软，四时五藏，病随五味所宜也。"中国自古食药同源，养生祛病，要在饮食调理。而所谓调理，就是平衡体内阴阳五行之气，使之生克相宜。因此，在生产中也应该注意不同属性的作物生产，不能偏废或偏嗜。"五谷丰登"也预示着有充足和平衡的营养食物。

四、结语

"五谷"习惯上用来泛指粮食作物，不是单指固定的 5 种作物，而是指具有或者说符合五行思想理论之五行属性的作物。把"五谷"理解为按照产量多少而排列的 5 种重要粮食作物，表面上似说得通，但是误解了"五谷"称谓的来源，忽略了五行思想理论对中国古代思维方式的深远影响，也极大地消解了"五谷"的丰富内涵及其理论和应用价值。按照五行思想理论、从生命哲学角度来理解"五谷"，才能正确地认识和把握五谷本义。

参 考 文 献

白寿彝，2015. 中国通史·3 ［M］. 第二版. 上海：上海人民出版社.

陈瑞祥，2014a. 五行公理系统及其模型——五行理论体系的系统化（一）［J］. 中医杂志（9）：721 - 727.

陈瑞祥，2014b. 五行公理系统的生克关系——五行理论体系的系统化（二）［J］. 中医杂志（16）：1351 - 1356.

陈瑞祥，2018. 五行公理系统中"T（土）行"的四种有序偶表达式与四种五角形生克模型——五行理论体系的系统化（三）［J］. 中医杂志（18）：1539 - 1545.

顾颉刚，1982. 五德终始说下的政治和历史 ［M］//古史辨第五册. 上海：上海古籍出版社.

胡厚宣，1956. 释殷代求年于四方和四方风的祭祀 ［J］. 复旦学报（社会科学版）（1）：49 - 86.

胡化凯，1995. 五行说的数学论证 ［J］. 科学技术与辩证法（5）：38 - 42.

胡化凯，1997. 五行起源新探 ［J］. 安徽史学（1）：27 - 33.

胡火金，2012. 五行说对古代农业的影响 ［J］. 自然辩证法研究（1）：108 - 112.

金良年，1999. "五种忌"研究——以云梦秦简《日书》为中心 ［J］. 史林（2）：51 - 57.

李文海，夏明方，2003. 中国救荒全书 ［M］. 北京：北京古籍出版社.

刘宗迪，2004. 五行说考源 ［J］. 哲学研究（4）：35 - 41.

马刚，王宝卿，2016. 葵菜的起源发展变迁及其影响研究 ［J］. 中国农史（1）：18 - 28.

臧振，1999. 略论五行思想的起源、演变与影响 ［J］. 陕西师范大学成人教育学院学报（3）：71 - 74.

张云，王慧军，2014. 中国粟文化研究 ［M］. 北京：中国农业科学技术出版社.

赵洪武，2009. 五行学说的技术性起源 ［J］. 自然辩证法研究（2）：45 - 49.

赵敏，2013. 中国古代农学思想考论 ［M］. 北京：中国农业科学技术出版社.

（作者马刚就职于青岛农业大学齐民书院）

也论中国之茶马古道

荆大伟

古道，是指古人使用过的，并至今保留着部分或全部遗迹的道路。《载敬党纪·匾辞碑文·古道歇棚记》对古道的释义是："古道者，古来人世跨空移时、运往行来之途；贯朝穿代、纫忧缀乐之线。"作为一种线性文化遗产，古道虽然在当前基本失去了交通作用，但在过去的漫长岁月里，却对一个地区乃至一个国家的经济文化发展产生了重要影响（吴涛，2017）。茶马古道不是某条具体的道路，它与丝绸之路一样，基本形态是人类规律性行走产生的道路，主要内涵为商贸通道，也是中国西南民族经济文化交流的走廊。作为一个非常有地域特色的历史称谓，茶马古道的历史虽然没有丝绸之路久远，但它被称为"南丝绸之路"，称得上是世界上自然风光最壮观、文化最为神秘的古道形态之一，也蕴藏着开发不尽的文化遗产和旅游资源。

一、茶马古道之源

交流是一种满足双方需求、互通有无的行为，而古道就是满足古人这种交流需求的历史载体和途径。首先，茶马古道的出现是一种自发形成的经济贸易行为。人类经济生活一旦有了交换行为，即已发展成为生产与消费的互相作用。与丝绸之路一样，茶马古道最初的目的是满足不同地区物产交换的一种贸易。茶马古道起源于唐代的互市（谢成侠，1959），可以说先有互市，后有"茶马古道"。唐封演的《封氏闻见记》称"往年回纥入朝，大驱名马市茶而归"，这是指唐贞元中期的事，开创了唐与回纥茶马互市的先河。当时形成几条运茶送马的古道，继而与西藏、青海、新疆等地进行茶马交易，这样茶马古道就形成了一个庞大的交通网络。进入西藏的古道里，主要的就有 3 条，即青藏茶马古道、川藏茶马古道、滇藏茶马古道。而进藏后，还要由拉萨继续外延至南亚、西亚和东南亚等古道，地跨数万里，时跨上千年。茶与马是茶马古道最重要的两易元素，马既是贸易中的重要商品，也是这条贸易线路上的主要运输工具。生活在青藏高原的藏民过着游牧生活，摄入的食物，如糌粑、牛羊肉、酥油等含有大量脂肪不易消化，而茶叶能够促进消化，又能防止燥热，对藏民的身体健康极为有益，《明史·食货志》记载："蕃人嗜乳酪，不得茶则以因病，故唐、宋以来，以茶易马法，用制羌、戎。"因此，茶叶在青藏高原地区具有很大的消费市场，但青藏高原高寒的自然环境是无法进行茶叶种植的，只能从距离较近的四川、云南等茶叶产区进行贸易。马在冷兵器时代是军事力量的象征，其强大的机动性和突击、冲击能力是决定战争成败的重要因素，也是长期以来北方游牧民族经常战胜中原农耕王朝的重要因素。除了作为军事和交通利器，历代中原统治者都以马匹作为其不可缺少的装备和玩物。因此，马在古代封建社会与其他牲畜不同，具有非常强的特殊和崇高的地位。但由于自然环境等原因，自古以来中原农耕地区并不盛产良马，而西部少数民族和边疆地区则因其得天独厚的自然条件与生长环境，一直是良马的重要产地，青藏高原地区同样如此。如《魏书·吐谷浑传》写道："青海周围千余里，中有小山，其俗至冬辄放牝马于其上，言得龙种。吐谷浑曾得波斯草马，放入海，因生骢驹，能日行千里，故时称青海骢。"（谢成侠，1959）以"青海骢"为代表的青藏高原地区的"蕃马"一直是中原王朝，特别是宋朝市马的主要来源。有需求就会有交换和贸易，这是茶马古道产生并能长期存在并繁荣兴盛的最重要原因。

其次，茶马古道的出现是中原王朝加强边疆地区管理的重要手段。唐代对于处理边陲外族的关系，有其特殊制度。唐代在继承之前州县两级政治体制的基础上，在"州"之上又建立了"道"，州是空间控制。道是线性控制。中央通过"网络"化的线性方式对地方或者边远地区进行控制，即通过控制军事、商业等重要交通线路，加强对周边少数民族地区的统治和防御（许倬云，2015）。而茶马古道等商贸线路便是中原王朝对吐蕃等少数民族政权进行怀柔牵制，对边疆地区加强控制的重要途径。从五代到宋初，内地战乱需要从藏区采购大量战马。同时，为了以茶叶贸易来加强与吐蕃等各部落的联系，政府正式建立了"以茶易马"的互市制度，并逐渐使茶马交易成为"国家专营"，这使茶马古道具有浓厚的"政治色彩"。宋代专门设立了管理茶马交易的机构"都大提举茶马司"，由于当时茶叶已经成为藏民的生活必备品，"如不得茶，非病即死"，只要控制了茶叶就等于控制住了藏区。因此，茶马古道对于维护当时西南地区的稳定发挥了重要作用，也可以视为中央朝廷对不具备征税条件的地区实行的一种财政手段。

再次，茶马古道也是推动中华民族融合交流的血脉之道。茶与马的交换实际上就是游牧文化和农耕文化之间的交流和融合。在茶马古道川藏、滇藏等不同区域的路线上，居住着布朗族、傣族、基诺族、哈尼族、拉祜族、傈僳族、白族、纳西族、彝族、羌族、藏族等众多的少数民族，茶马古道从不同民族生活区域蜿蜒而过，既满足了彼此之间的生产生活需求，也加强了彼此之间的沟通和交流，区域间的凝聚力和向心力不断增强。从公元7世纪茶马古道逐渐兴起开始，相比于中国其他区域，西南地区虽然民族众多，但却保持了长时间的地区稳定。"茶马古道"文化本身就是在各民族、各地区间促进交流和影响并相互渗透，正因为如此，在文化同化、取代、融合和激烈的碰撞下，各民族地区在更高的层次上又再现了自己独特的个性，并形成了新的差距。"茶马文化"是滇域文化在同西藏、四川、中原以及印度、尼泊尔等地众多民族文化的碰撞和交流中逐步完善，并在更高层次上确立了自己个性特性的典型。

最后，茶马古道也是东西方经济文化交流的重要通道。茶马古道大部分的商贸路线集中在川西、滇西南与西藏昌都、拉萨之间，但也有部分商队到达拉萨后，稍作休整继续向西，沿着雅鲁藏布江峡谷到达日喀则，一部分马队翻越喜马拉雅山垭口，前往尼泊尔等国，将中国的茶叶带向了更遥远的西方。随着茶马贸易的不断发展深入，藏传佛教乃至西方的基督教、伊斯兰教也沿着古道在西南地区开始传播。元人郭松年《大理行记》描述道："此邦之人，西去天竺为近，其俗尚浮屠法，家无贫富，皆有佛堂，人不以老壮，手不释数珠。一岁之间，斋戒几半，绝不茹荤饮酒，至斋毕乃已，沿山寺宇极多，不可殚纪。"《新纂云南通志·宗教考》认为："滇之佛教，传闻于汉、晋，兴隆于唐、宋。"佛教从内地传入西藏，形成具有西藏特点的藏传佛教后又传回到内地，而这条回传的线路基本与茶马古道的滇藏线和青藏线相吻合。

二、茶马古道之茶

中国是茶树的原产地，也是世界上最早种茶、制茶、饮茶的国家。中国历史上最早"喝茶"的人是神农氏，他是中华民族人文始祖之一的炎帝，也是中华农耕文明的创始人。《神农本草》记载："神农尝百草，日遇七十二毒，得茶（茶）而解之。"或许从那时起，茶的重要性就已经深深印在神农氏的脑海里，并通过他的言传身教，将这份喜爱与迷恋融入中华民族的血脉之中，并成为中国农业生产的重要内容之一。

中国有华北、江南、华南、西南四大产茶区，西南地区（主要为云、贵、川）水热条件良好，冬季温暖，降水丰富，是中国最古老的茶叶产地，云南的野生大茶树被公认为世界茶叶的源头。茶叶在云南诞生，但巴蜀地区才是中国茶业和茶文化兴盛发展的摇篮，或许这与巴蜀地区较早归于中原农耕王朝管辖有关。根据晋代常璩《华阳国志·巴志》记载，早在3 000年前的西周时期，地处西南的巴国已经把茶叶作为贡品献给周武王。在《华阳国志》中，还介绍了巴蜀地区人工栽培的茶园。目前所发现的山茶科植物共有30属750余种，而我国就有15属500余种，且大部分分布在云南、贵州和四川一带；已发现的山茶属有280多种，我国有238种，尤以云南、广西、四川等地最多。西南地区拥有丰富的茶叶资源和历史悠久的制茶技术，因毗邻藏区又有庞大的消费市场和需求，出现茶叶贸易并繁荣发展似乎成为情理之中的事。

茶马古道向藏区输送茶叶的线路主要分川藏道和滇藏道。滇藏道是从今天云南省的普洱市等主要茶产区出发，向北经丽江、中甸、德钦，进入藏区的芒康，再从芒康向西经左贡，或向北经察雅，终点都是西藏的昌都，然后从昌都再转运到藏区，终点一般是拉萨。滇藏道上贸易的"主角"是源自西双版纳傣族六大茶山的普洱茶。普洱茶一般是指以西双版纳傣族自治州内的六大茶山所产的大叶种茶为原料，经过杀青、揉捻、晒干等工序而制成的晒青毛茶，以及由晒青毛茶压制而成的各种规格的紧压茶，类型包括沱茶、饼茶、方茶、紧茶等。唐代时普洱茶被称为"普茶"；宋代时普洱茶开始向中原内地流行，并且逐渐在边贸过程中发挥着重要作用；到了明清特别是清代时期，普洱茶贸易达到了鼎盛，普洱茶被正式列入贡茶，并深得皇室青睐，饮用普洱之风随之在全国范围风靡。普洱茶之所以有其他茶类不具备的风味，主要原因就在于其加工运输过程中的"后发酵"过程。在春天将最好的春茶加工上贡皇室后，茶农将其余等级较低的茶叶制成晒青毛茶，再经蒸压成型制作成"紧压茶"。此时的紧压茶水分较高，在茶马古道上运往集散地的途中，为防止茶叶被挤压碎，还要喷水，这样再经过 10 多天到达目的地后，茶叶已经形成了初步的冷发酵。在集散地进行挑选后，再次通过茶马古道运往藏区，这个过程将近几个月的时间，等于又给茶叶进行了一次缓慢的冷发酵过程，最终形成了云南独有的后发酵普洱茶。这种完全靠自然发酵的普洱茶被称为"生茶"。"生茶"形成时间长，为了能够缩短普洱茶的制茶时间，人们又发明了"渥堆"法，从而缩短了普洱茶的陈化发酵过程。20 世纪六七十年代，普洱茶渥堆工艺开始推行，经过渥堆后的茶性变得温和，茶汤色泽金红，更适合日常饮用。经过渥堆工艺发酵的普洱茶被称为"熟茶"。

川藏道以今天的四川雅安附近产茶区为起点，首先进入康定。从康定开始，川藏道分成南北两条线：北线是从康定向北，经道孚、炉霍、甘孜、德格和西藏的江达抵达昌都，再由昌都通往卫藏地区；南线则是从康定出发向南，经雅江、理塘、巴塘和西藏的芒康、左贡至昌都，再由昌都通往卫藏地区。从四川进入藏区的茶被称为"边茶"，这个称呼源于明代，是对由四川销往藏区的茶叶统称，意为销往"藏区边疆的茶"。清代乾隆年间，朝廷正式将销往藏区的川茶命名为"边茶"，这其中又分为南路边茶和西路边茶。雅安、天全、荥经等地所产的边茶专销康藏，称"南路边茶"，南路边茶以雅安为制造中心，产地包括雅安、荥经、天全、名山、芦山和邛崃、洪雅等县市，而以雅安、荥经、天全、名山四县市为主产地，主要销往西藏、青海和四川的甘孜、阿坝、凉山自治州，以及甘肃南部地区。灌县（今都江堰）、崇庆（今崇州）、大邑等地所产边茶专销川西北松潘、理县等地，称"西路边茶"。西路边茶以都江堰市为制造中心，销往四川的松潘、理县、茂县、汶川和甘肃的部分地区。南路边茶曾分为毛尖、芽细、康砖、金尖、金玉、金仓6个花色，后简化为康砖和金尖两个品种，品质优良、经熬耐煮，在藏族人中享受盛誉，也被称为"藏茶"。与普洱茶在运输过程中后发酵而成不同，藏茶是全发酵茶，现代工艺称为深度发酵。

普洱茶和边茶都是紧压茶的不同表现形式，在制作工艺上有所不同，但都具有发酵的工序。而经过发酵后的茶叶在促进血液循环，助消化，兴奋神经，防治因血压升高而引起的头痛、缺氧等方面具有特殊的功效，非常契合高原藏民的需要。相比于普洱茶，全发酵的边茶更受藏民喜爱。普洱茶和边茶通过长期陈化、发酵和特殊工艺制作后，具有十分稳定的品质和口感，可以长期储存饮用，也有效解决了茶马古道贸易周期长的问题。

普洱茶与边茶虽然工艺上略微不同，但都体现和传承了唐宋时期茶文化遗风。在明代之前，散茶尚未真正普及，茶叶形态主要以紧压茶形态存在。因此，那时的茶很难与现在一样用开水冲泡清饮，而主要靠熬煮，同时还可以放入姜、盐、葱、薄荷、橘子等作料。公元7世纪左右，唐代的饮茶习俗传入青藏高原腹地并一直延续至今。时至今日，藏民在饮用茶时，依然喜欢在茶汤中放入酥油等原料，再经过特殊工艺加工成酥油茶，所需要的茶必须耐熬煮、味道醇厚，才不会被奶、盐等作料遮盖住茶香。因此，即使在饮用散茶成为中原地区新的流行风尚后，茶马古道上的贸易茶类依然是以普洱茶、边茶等发酵型茶品为主。而且，这种饮茶风尚越过了喜马拉雅山，传向了更加遥远的西方，成为西方主流茶文化的鼻祖，如英国红茶加糖、加奶的习俗便是这种饮茶方式的衍生。相比于明代之后清逸的文人饮茶之风，茶马古道上的茶饮似乎更多了一份粗犷的浓郁和厚重。

三、茶马古道之商

茶马古道的本质是一门"生意"。藏区巨大的茶叶需求成为四川、云南等茶叶主产区的主要市场之一，但这种生意在一开始就具有比较明显的官方色彩。为了加强对茶叶贸易的管理，唐代制定了专门的茶叶贸易政策。其一是实行专门的"茶马互市"。其二是实行茶税。据记载："茶税开始于唐德宗建中三年（782年）九月，与漆、木、竹、商钱并税。"（吕思勉，2005）其三是实行"榷茶制"。《旧唐书》记载："王涯献榷茶之利，乃以涯为榷茶使，茶之有榷税自涯始也。"唐代实行"榷茶制"目的就是要把茶叶的经营置于官府的垄断之下，为此唐代严禁私茶贸易。至赤松德赞时期（755—797年），藏族即以马匹大量换取内地的茶叶，茶马贸易开始发展起来。总体上看，唐代中期以后，茶叶生产和流通的管理日趋严格，反映出茶叶的重要性日益提高。

宋代是中国封建社会经济发展的高峰，对于茶马贸易也是高度重视，茶叶庄园开始兴盛，茶叶生产的商品化、专业化、规模化不断提升，经贸活力更加旺盛。宋代植茶面积与陆羽所记载的唐代植茶面积相比，扩大了两三倍。宋代四川的茶产量以成都府路川西平原地区为最多，占茶叶总产量的 60% 以上；其余不足 40%，分布于夔州路、利州路和梓州路所辖川东、川南、川北的广大地区。至南宋，全国已有 66 州 242 县产茶，并按成茶形态分为片茶和散茶两大生产中心。北宋与辽、西夏，南宋与金、蒙古长期作战，需要大量战马，而河套地区等传统的马产区都已不在版图范围之内。因此，从西南和甘青一带贸易马匹成为宋代边贸的重要内容。北宋时期主要将川地所产之茶转运至秦凤路的凤州（凤县）和熙河（河州）等地交换河曲、河湟所产之良马。例如，《续资治通鉴长编》记载："产茶之地尽在川路，卖茶之地全占陕西，其发至陕西六路者为纲茶，榷于川、陕四路者为食茶……"（杜君立，2015）南宋时，熙河路和秦凤路领土大量丢失，西北购马途径断绝，购马渠道则转向川西、松潘和滇黔。陆游在《剑南诗稿》所写"国家一从失西陲，年年买马西南夷"，便是对这种状况的反映。宋代由于没有控制云南地区，因此其对于茶马贸易的主要区域集中在川蜀地区。宋代的茶法变迁从总体上看，可以以北宋熙宁年间为时间节点。熙宁初年之前，川峡以通商法为主，熙宁之后改为禁榷法。熙宁七年（1074 年），商人在川峡产茶州领长引，至秦陕销售地卖入官；熙宁八年，川茶入陕实习禁榷，以博马用；熙宁九年，川茶全面专营。南宋初年开始，川峡开始实行合同场法，即商人于茶务处请长短引，赴茶园户处私下任便交易，再到"合同场秤制"封印，到指定地点贩卖。由于宋代时云南地区不属于中原政权直接管辖，因此藏区游牧民族通过茶马古道，途经云南大理，与宋王朝进行茶马交易。

明代茶马贸易的制度、内容和方式发生了巨大变化，在提升经济效益的同时，也具有重要的政治和军事意义，有效巩固了对藏区的控制。在茶叶生产流通经营方面，明代一是大规模设立茶马司进行管理，并将贵州、湖南的茶叶纳入茶叶贸易体系中，整个西南地区和甘青一带乃至湖南都被纳入茶马交易的庞大体系之中。二是官府收购的即为官茶。汉中四川园户，官府十株取一株；军户，官府十株取八株。用来交换番马。三是为了强化茶马互市的管理，中央政府一共发 41 面金牌信符，下号金牌降服诸番，上号金牌藏在内府作为契约，每 3 年派遣官员前往合符验证。四是商人在产茶地购买茶叶即为商茶，交钱请茶引，到指定地点销售，设置茶局批验所，稽查私茶。明代是茶马交易的鼎盛时期，既体现在数量巨大，也体现在线路的多元化。为了方便茶叶运输，明代开辟了从碉门（四川省天全县）到昂州（泸州）至长河西的碉门道。并且，规定乌斯藏（昌都以西的藏区）、朵甘思（昌都以东的藏区）各部朝贡必须经过四川，这就使得四川不仅成为重要的茶叶产区，也成为茶马古道上最主要的地区。弘治十七年（1504年），督理陕西马政的杨一清给皇帝的奏疏中算了一笔账：用1 570两银子收购78 820斤茶叶，可换得900多匹马；如果直接买马的话，至需要7 000多两银子。当时一斤茶叶的价格是0.02两银子，一匹马的价格是7.78两，每匹马折成茶叶为389斤。而在这次交易中，每匹马仅需87斤茶叶，折算成白银为1.74两，净利6.04两，利润率达347%（杜君立，2015）。清代中前期茶马贸易的规模较前代有了较大发展。在延续明代设茶马司、茶引的基础上，为了寻求更大的利润，清代将茶引制改为引岸制，将四川茶区的茶定位康藏地区、松潘地区以及内地3种专岸，也形成了前文所介绍的"南路边茶"、"西边路茶"以及专销内地的"腹茶"。在清代中前期，川滇藏三角地区的茶马古道得到了进一步扩展，基本形成了现在保留的川藏道南北二线、滇藏道等茶马古道路线。从清代后期直至民国，由于对战马的需求逐渐减少，茶马古道中对于马的贸易份额便逐渐减少了。

四、茶马古道之新

　　茶马古道绵延在西南横断山脉的险峰峻岭之中，相比于丝绸之路，茶马古道的自然条件和环境更加恶劣及艰苦，被称为世界上海拔最高、路途最艰险、文化最神秘、自然风光最秀丽的贸易通道之一。在这样一种条件下，它依然延续了千年，其中一个重要原因便是经济贸易的"自发性"和"天然性"。这也可以视为该区域农业经济发展的重要表现。藏区具有旺盛的茶叶需求，内地具有马匹的需要，这两种需求相比较前者更加迫切。因此，当两个需求在某种巧合状态下相遇时，便激发了千年兴旺的火光，即便这个过程需要穿越崇山峻岭，需要克服雨雪风霜。这应该就是市场经济自身所具有的强大生命力。中国的经济形态随着茶叶贸易特别是对外贸易的不断发展，逐步由封闭的自然经济向开放的商品经济发展过渡，并成为世界上茶叶商品化程度最高的国家。在茶马古道的牵引下，川滇藏地区始终被紧紧地联系在一起，区域经济文化交流一直保持着旺盛活力。可以说，茶马古道的核心活力就是一个"通"字，它既是交通，还是资源互通，还是文化沟通，一个"通"字盘活了整个西南地区千年的经济文化。茶马古道的兴盛与没落有其客观原因，但通过分析，可以从中总结出一些经验，对现代茶产业化发展起到推动作用。

　　茶马古道是以茶叶种植为中心，农耕区与游牧区并存和相互补充的流动业态，也是不同地区农业发展差距的一种平衡。川滇地区原本就是茶叶的原产区，具备非常优良的茶叶生长自然条件，再加上精耕细作的种茶制茶技术，使得相比于其他地区特别是毗邻的青藏高原上的其他地区，具有先天自然资源禀赋状态下的茶叶贸易绝对优势。这一现象不仅仅体现在茶马古道的贸易之中，也一直贯穿在中国对外的茶叶贸易之中。在这种绝对优势下，中央政府掌控的垄断而无竞争的官营体制是绝对的卖方市场，掌握着茶贸活动的绝对主导权。一方面，可以提高茶叶价格；另一方面，也可以大大压低马等其他贸易商品价格。例如，明太祖洪武年间，一匹上等马最多换茶叶 120 斤；明万历年间，则定一匹上等马换茶 30 篦，中等马换茶 20 篦，下等马换茶 15 篦。依靠茶马剪刀差，明代政府一度获利颇丰。虽然这种官方垄断的管理体制可以最大限度地满足政府对马匹等军备物质的需求，"将茶价涌贵，番人受制，而良马亦有不可胜用者矣"，但这种不公平的交易方式使得茶马贸易很难长期维持，以致明代不得已开放"茶禁"。茶马贸易由此再度繁荣起来，在通往边疆地区的交通线上，"商贾满于关，而茶船遍于江河"。而茶马古道的没落除了与清代后期对马匹需求的下降有关，另一个原因便是英国在印度等地发展茶产业对藏区茶叶市场的抢占和冲击。

在近代工业革命后，英国在印度、锡兰（斯里兰卡）采取大规模茶园的经营方式种植茶叶，彻底改变了依靠手工的传统生产方式，取而代之的是机器生产，技术和资本成为推动茶叶贸易最主要的两大因素。中国茶叶对藏区贸易独有优势开始受到挑战，辛亥革命后，西藏与毗邻各省的茶叶贸易受到战乱的严重影响，而印度等地茶叶则利用运路近捷、价格便宜的优势，大举倾销西藏。同时，中国生产出来的茶叶还是基于传统的种植、生产、加工和包装技术，原先自然资源的绝对优势已经逐步转化为以技术资本生产要素为主的规模化经营的绝对弱势。到 1899 年，印度茶叶已经正式获得在西藏地区销售的许可。到 20 世纪 20 年代，印度茶叶在藏区的销售数量已经超越了四川茶叶和云南茶叶（赵国栋，2016）。中国虽然目前还是世界上最大的茶叶生产国，但茶产业"大而不强"，万家中国茶企利润却不及一个英国茶叶公司立顿。我国有 900 多个产茶县，茶园总面积和茶叶总产量连续 13 年位居世界第一，但始终缺少大品牌。截至 2017 年底，云南茶园种植面积 620 万亩，茶叶产量 38.7 万吨，均位居全国第二。但中国农业学科院茶叶研究所产业经济研究室发布的《茶叶品牌化消费行为与营销策略》报告显示，在品牌忠诚度方面，来自 10 座城市的 1 万名茶叶消费者当中，只有 11％的人购买的茶明确来自同一家企业。这从一个侧面反映出我国茶企品牌还缺乏足够的影响力。我国的茶产业长期以小农生产为主，难以获得创建品牌的资本支持，整个茶产业组织化程度较弱，难以对品牌实施统一化管理。茶产品有标准，但还停留在行业层面，没有与消费者达成共识，这样很难创造出一个消费者信任的商业品牌。茶马古道的兴盛源于当时中国茶的"人无我有",而在当前"大家都有"的大背景下,中国茶叶特别是云南、四川等茶叶优质产区,如何借助地利实现茶业从产业优势到品牌优势的跃升,提升茶叶优势产区产业竞争力,实现"人有我优""人有我特"的竞争优势,是"茶马新道"应该着重考虑的问题。在2017年首届中国国际茶叶博览会上,云南地区的普洱茶被评为"中国十大茶叶区域公用品牌"之一,这是一个非常鲜明的信号,也是一个重要的起点。在坚持原材料优良品质的基础上,以绿色、有机为方向,坚持标准引领,严格种植标准、采摘标准、加工标准、仓储物流标准,用标准确保品质、塑造品牌,这是让古道中国茶重新焕发光彩的重要途径。

五、茶马古道之未来

古道作为一种线形文化遗产,虽然时间已经久远,但通过对古道进行研究和保护,可以给当地带来巨大的经济效益和社会效益,以及其背后蕴含的文化价值。2014年,我国的丝绸之路和中国大运河也跻身世界文化遗产名录,也为茶马古道等同类型文化遗产的保护开发提供了很好的借鉴。

茶马古道的出现是中国综合国力强大的一个集中体现。它是一条货物流通的贸易之路,是一条民族融合的团结之路,是一条对外开放的人文之路,是一条提升形象的品牌之路,也是一条彰显世界影响力的宣传之路,在1 000多年唱响了中国农业的世界之音。它所体现的理念、思想、价值观以及体现出的人文关切,其实质就是中华民族人文交流的品牌彰显会展路。茶马古道的出现和繁荣除了经济原因外,更重要的是一种人文精神内涵。人文精神是一种普遍的人类自我关怀,表现为对人的尊严、价值、命运的维护、追求和关切,对人类遗留下来的各种精神文化现象的高度珍视,对一种全面发展的理想人格的肯定和塑造;而人文学科是集中表现人文精神的知识教育体系,它关注的是人类价值和精神表现。从某种意义上说,人之所以是万物之灵,就在于他有人文,有自己独特的精神文化。

茶马古道虽然艰险,但是途中充满温情,体现了人文关怀。正是这种人文关怀是茶马古道绵延千年的最重要因素。

参 考 文 献

杜君立,2015.茶叶如何改变中国古代政治经济格局 [N].中国商报(8).

吕思勉,2005.隋唐五代史 [M].上海:上海古籍出版社.

吴涛,冷林蔚,2017.陆羽古道 [M]北京:中国致公出版社.

谢成侠,1959.中国养马史 [M].北京:科学出版社.

许倬云，2015. 说中国［M］. 南宁：广西师范大学出版社.

赵国栋，2016. 英印时期印度茶叶输入西藏及其影响［J］. 东南亚南亚研究（1）.

（作者荆大伟就职于中国农业博物馆）

中国食物变迁之动因分析

——以农业发展为视角

王思明　周红冰

　　获取食物是人类历史发展的基本条件。在农业产生前，渔猎采集成为人类获取食物的主要来源。在这一历史时期，世界各地人们的食物来源种类大多一致。蛋白质和脂肪主要来自捕食动物，而易于人体吸收的碳水化合物的获取则较为有限。"野草种子、水果、植物根部和块茎是碳水化合物的主要来源，但其中大多数是季节性食物"（保罗·弗里德曼，2015）。然而，随着世界人口的迅速增加，单纯依靠采集渔猎所获取的食物已经很难满足人类的需求。人类文明进入新石器时代后，一场关于"食物"的革命也随之到来。英国考古学家柴尔德认为，农业的出现使得人类控制了自身的食物来源，"人类开始有选择地去种植、栽培可以供人食用的草、根茎和树木，并加以改良"（戈登·柴尔德，2012）。因此，农业的出现，特别是种植业为人类提供了可靠而稳定的碳水化合物来源。

　　由农业生产所带来的不同动植物资源又推动各地区农业和食物种类的不断变化，"栽培植物属、种和品种的组成明确地证明了所有这些发源地无疑都是独立和互不依赖地发展"（瓦维洛夫，1982）。有学者认为，食物的构成与农业的发展存在密切的联系，不同区域的农业发展情况造就了不同地区人类的饮食结构。例如，公元前6700年左右，近东地区率先进入了完全意义上的农业生产时代，从而确立了当地独特的饮食种类和结构（Kenneth F. Kiple and Kriemhild Conee Ornelas，2000）。

　　中国作为四大文明古国之一，拥有数千年的文明发展史。其中，传统食物种类和饮食方式在中国历史上几经更迭，到清代才最终确定了现代中国人饮食的基本类型。出现这种变化，其实也源于人口压力下的中国传统农业的发展情况。日本学者筱田统认为，"主食作物的种类，往往决定耕作这种作物民族的命运"（筱田统，1987）。这种说法虽然略显绝对，但也深刻表达了农业与食物之间的密切关系。那么，如何理解中国历史时期食物变迁的内在规律，从农业角度进行分析将是解决问题关键的突破口。

一、人口压力下的农业发展

食物变迁的最大动因——中国食物在历史上经历了多次的种类变迁，并存在着一个明显的动态变化过程。中国食物的历史变迁在本质上源于人们对于食物来源稳定性与可靠性的追求。进一步讲，人口增长压力下农业的整体发展是促成食物变迁的最大动因。

可以认为，支撑近 1 万年来世界人口由几百万人到数十亿人扩展的基本动力是世界范围内食物和物质资源的生产及快速增长（Anne H. Ehrlich，1995）。而在人类历史发展之初，采集渔猎所能提供的食物很大程度上受到自然环境的限制，从而与日益增长的人口需要之间产生了不可调和的矛盾。这种供需上的矛盾最终迫使人类进入农业生产时代，寻找更为可靠而稳定的食物来源。这种从新石器时代开始的农业生产进程被称为"新石器革命"。在这一过程中，人类通过农业获得了新的食物获取方式，"新石器革命"也因此被称为"农业革命"（Colin McEvedy and Richard Jones，1985）。近来有学者通过对遗传基因的分析，认为古代非洲人口结构的变动和人口数量的增加与非洲农业和狩猎采集人口的初步分离存在密切关系（Etienne Patin and Lluis Quintana-Murci，2018）。由此来看，农业的产生为人类提供了较为可靠而稳定的食物来源，从而促进了世界人口的大幅增长和结构转变。

1. 人口压力与中国农业发展　中国作为人类起源的重要中心之一，人口数量在新石器时代以后呈现出快速增长的态势。在黄河和长江流域的重要文明遗迹中，均显示了中国人口快速增加的历史趋势。例如，从屈家岭文化时期到龙山文化时期，长江中游地区的人口增速达到了每百年 15.58%～23.33%（郭凡，1982）。而在北方地区，人口增长也十分迅速，"龙山晚期人口急剧增长，超过仰韶晚期的最高峰"（乔玉，2010）。这一时期人口的快速增长离不开食物来源的相对可靠和稳定。而促成中国食物来源走向可靠和稳定的原因，也正是中国原始农业的产生和发展。进入文明社会以来，中国人口数量更是不断增加，并长期占据了亚洲总人口数量的 1/3 以上（表 1）。

表 1　公元前 200 年至公元 1900 年中国与世界人口统计

单位：百万人

项目	公元前 200 年	200 年	1200 年	1600 年	1800 年	1900 年
世界人口	150	190	360	545	900	1 625
亚洲人口	105	130	250	375	625	970

（续）

项目	公元前200年	200年	1200年	1600年	1800年	1900年
中国人口	42	63	115	160	225	475

资料来源：Colin McEvedy, Richard Jones, 1985. Atlas of World Population History [M]. London：Penguin Book Ltd.

中国人口的快速增长随即引发对食物需求量的显著增加。值得注意的是，古代中国人食物的摄取多以粮食为主。有学者认为，"对粮食消费的依赖与土地稀缺有关，因为从粮食而不是从动物食品摄取蛋白质和热量，对土地需求少"（安格斯·麦迪森，2008）。在这一背景下，农业的发展会受到粮食供给的深刻影响。从总体上看，中国农业生产的原始动力就是中国人对食物，特别是对粮食的极度需求。先秦时期，中国人以粟（又称小米或谷子）作为主食；进入秦汉后，北方麦作农业逐渐兴起，小麦成为最重要的主粮之一；隋唐之后，南方水稻种植异军突起，迅速成为中国第一大粮食来源。中国主要粮食作物在农业生产领域出现如此大的变动现象，与不同粮食作物在各个历史时期的种植收益相关。

2. 追求高产过程中的作物轮替　粟作为中国原产的粮食作物，广泛种植于黄河流域及临近地带，"具有适应性强、抗干旱、生长期短等特征"（星川清亲，1981）。在先秦农业生产力水平较低的情况下，粟耐瘠耐旱、易于成熟的种植特点，使其成为当时最为重要的粮食作物。秦汉之后，得益于农田水利设施的修建以及耕作技术的提高，耐旱能力不如粟的小麦脱颖而出，成为北方最重要的粮食作物。这是因为小麦种植在保证灌溉的前提下，单位产量要高于粟。有学者考证，汉代小麦的亩产为120斤左右，粟的亩产略低于小麦，为116斤左右（周国林，1987）。并且，秦汉时期小麦在原粮成品率上也已经大幅度高于粟（吴慧，1985）。这就说明，秦汉以后种植小麦比种植粟可以获得更多的粮食。隋唐时期，小麦最终取代了粟在农业生产中的原有地位。到两宋时期，中国人口首次超过1亿，人口激增带来的粮食压力迫使农业生产再次出现变革，南方水稻单位产量高的优势被凸显出来。在宋代，稻作水田的亩产量达到了北方旱地的3倍，"因之，在水利条件许可下，北方扩大稻田以增加产量"（漆侠，1987）。这种人口压力下的粮食生产决定了中国食物历史变迁的基本规律，即中国人的食物选择从总体上取决于食物来源的最大可靠性与稳定性。换言之，何种作物能够提供最为充足的食物供应，就会获得农业生产中的特殊地位。

这一规律在中国历史上被证明长期有效。例如，明清时期美洲作物传入中国，诸如番薯、玉米等粮食作物加入传统农业的多熟轮作种植格局中，并凭借其耐瘠高产的作物属性，"增加了中国粮食作物的种类和产量，满足了日益增长的人口的需求"（王思明，2004）。番薯、玉米等也成为中国社会新的主粮来源。新中国成立后，人口与粮食之间的矛盾依然尖锐。据统计，1949 年的小麦平均亩产仅为 86 斤，水稻平均亩产为 252 斤（中国农业年鉴编辑委员会，1981）。如此低的粮食亩产很难满足社会需求。因此，在很长的一段时间内，为了满足民众的食物需求，国家不得不奉行"以粮为纲"的政策。为了提高粮食产量，中国开始推进水稻等作物的种植杂交技术。以袁隆平为代表的水稻杂交育种专家，培育出一系列的高产杂交水稻品种。1974 年，中国第一个可大规模推广种植的杂交水稻品种"南优二号"问世。到 1976 年，"南优二号"的推广面积达到 208 万亩，其产量比常规稻增产 20%（宋修伟，2014）。

现如今，杂交稻已经成为中国最为重要的稻作品种，"已累计推广 80 亿亩，累计增产稻谷 6 000 亿千克以上"（朱英国，2016）。水稻、小麦等作物的杂交高产在很大程度上提高了中国农业粮食总产量。近年来，为弥补粮食缺口，"海水稻"育种培育工作又成为新的发展方向。

海水稻是耐碱性水稻的俗称，"海水稻"可以在盐碱滩涂地种植，在不挤占现有耕地的同时，还能开发我国沿海内陆数亿亩的盐碱土地，其农业价值十分巨大。据最近报道，在青岛李沧区"海水稻"试验基地内，"海水稻"最高亩产达到了 620.95 千克，初步具备了推广种植的条件（陈雨生等，2018）。这也就为中国粮食生产提供了新的增长空间。

由此来看，中国食物来源及结构上的变化受到农业生产的极大影响。由于中国人口数量的持续增长，人们对于食物需求的迫切程度日益提高，从而使得中国农业生产朝着更加高产、高效的方面发展、转化。因此，种植产量更高的农作物就成为农业生产的首要目的。然而，要实现农业高产的目标，满足中国人的食物需求，离不开农业技术的进步、中外农业的交流等。此外，中国人口迁徙带来的核心农区的转移以及现代农业全球贸易的快速发展，也在很大程度上影响了中国农业发展的历史方向。这些方面交织在一起，共同促成了农业生产在食物选择中的决定性地位，成为影响中国食物变迁的关键因素。

二、筛选与优化：农业技术的进步

不同的地区孕育不同的农业生产，"适合各地实际情况的或可能的农业系统，从根本上说，当然是取决于各个地区能够利用的驯化种，以及较为适合一定的植物栽培、动物饲养的环境条件"（史密斯，1989）。因此，不同的农业生产状态又催生了迥异于其他地区的食物种类。在农业产生前，中国境内的原始人类与其他地区的原始人一样，过着采集渔猎的生活，食物种类取决于野生动植物种类资源。而在农业产生之后，食物种类的变化则取决于农业生产的发展程度。随着农业生产和加工技术的不断进步，中国人的食物种类呈现出明显的变化趋势。

1. 小麦地位的抬升与大豆的副食化　现今社会，小麦在中国北方是重要的主食来源。而在最初的历史阶段，粟的历史地位则远高于小麦。粟，即今天的"小米"，是原产于中国的重要粮食作物。从先秦到魏晋时期，粟一直是中国北方最为重要的粮食作物和食物来源。人们将粟作为主食，也作为农业生产中最为重要的部分。秦汉时期的晁错在《论贵粟疏》中说："欲民务农，在于贵粟；贵粟之道，在于使民以粟为赏罚。"成书于魏晋时期的《齐民要术》将粟列为第一作物加以叙述。由此可见，粟在秦汉、魏晋时期一直是最为重要的农作物品种，也自然成为民众最为依赖的食物之一。秦汉时期，小麦的种植面积和产量虽然暂时未能超过粟，但已经有了后来居上的趋势，"种植面积扩大，地位逐渐超过大豆成为与粟并列的主要粮食作物"（何红中、惠富平，2015）。到唐代晚期，小麦与粟的地位正式易位，小麦成为北方最为重要的粮食作物（包艳杰、李群，2015）。中国北方喜食面食的饮食习惯也由此奠定。

大豆古称"菽"，是先秦时期中国重要的口粮作物。在当时，大豆作为人们的主要口粮，一度与粟的地位相当。在一些先秦典籍中，菽的地位甚至还排列在粟之前。《墨子·尚贤》篇中记载，"耕稼树艺，聚菽粟，是以菽粟多而民足乎食"（吴毓江，1993）。《孟子》中记载，"圣人治天下，使有菽粟如水火。菽粟如水火，而民焉有不仁者乎？"。《管子》记载，"菽粟不足，末生不禁，民必有饥饿之色"（黎翔凤，2004）。从上述记载中可知，大豆在先秦时期是作为主食存在的。不过，秦汉之后，大豆就退出了主食的行列。由大豆加工制成的各类豆制品迅速成为中国饮食中重要的副食品种。其中，豆腐富含蛋白质且易于消化，在隋唐之后已经成为中原及南方地区民众重要的副食来源（蓝勇、秦春燕，2017）。明清之后，豆腐的影响区域进一步扩大，"今四海九州，至边外绝域，无不有此"（梁章钜，1981）。

2. 农业技术进步的推动　在原始农业产生的初期，食物种类来源相对庞杂。当时，农业生产效率并不高，"种植植物所得，在数量上只能维持几个月的需求，无法周年供应"（沈志忠，2000）。然而，随着中国传统农业发展步入正轨，一系列优质的种植品种脱颖而出，满足了人们对粮食的需求。并且，随着农业技术的进步，农业种植资源也向优质品种倾斜。有学者通过对商代甲骨文的判读，认为商代的粮食大田作物主要集中在粟、黍、粱、大麦、小麦、稻、稌、大豆、高粱9种（宋镇豪，2002）。到西周时期，农业作物的种类进一步缩小，主要的农作物集中在黍、稷、稻、麦、菽、麻6种（马福生，

1984)。秦汉以后，大田粮食作物种类的缩减现象更为突出，同时也由此产生了中国食物种类的相对集中趋势。而推动这一现象出现的原因就是传统农业生产技术的持续发展与进步。小麦地位的抬升以及大豆的副食化皆是农业技术进步推动的结果。

小麦原产于中亚一带，在传入中国的最初阶段，其优质的种植特点并没有凸显出来。"冬小麦虽然起源于西亚冬雨区，并不很适应黄河流域冬春雨雪稀缺的自然条件（惠富平，2001）。"到了秦汉时期，中国传统农业进入快速发展时期。以防旱保墒等为特点的农业耕作技术迅速成熟，小麦高产的种植特点也被激发出来。《氾胜之书》中就记载，"凡田有六道，麦为首种"（万国鼎，1957）。小麦秋冬种植、春末夏初收获的种植特性使其受夏季洪涝的影响较小，再加上秦汉农田水利技术的成熟，解决了小麦冬春季节的灌溉难题，政府也开始在洪涝灾害较重的地区推广小麦种植，"遣谒者劝有水灾郡种宿麦"。西汉农学家氾胜之在任轻车使者时，就曾极力推广小麦种植，并取得了较好的成效。"昔汉遣轻车使者氾胜之督三辅种麦，而关中遂穰。"此外，农业加工技术的发展，也使人们对小麦的接受程度提高。从先秦到汉代早期，人们对小麦的食用方式主要是粒食。小麦加工方式的缺失，使其在很长时间被视作"恶食"，自然不能在种植空间上与粟抗衡（韩茂莉，2013）。而到秦汉时期，农业产品的加工方式获得巨大提升。有学者考证，中国圆形石磨使用的时间最早可以追溯到秦代，这初步解决了小麦等作物的磨制难题（卫斯，1987）。

此后，农业食品加工技术日益提高，"东汉以来石磨、面食加工技术发展，魏晋南北朝时期面粉发酵技术也逐渐成熟"（王昊，2016）。这在很大程度上提高了小麦的食用口感，使其易于为人们所接受。正是由于农业生产和加工技术的持续发展，小麦才在与粟的竞争中逐渐占据优势地位。

同理，大豆的副食化过程也深受农业相关技术进步的影响。正是因为农产品加工技术的改进，人们找到了获取蛋白质的新途径。秦汉时期农产品加工技术的进步促成了大豆副食化的历史转变，如汉代水磨的出现解决了豆腐制成过程中最为重要的磨浆工序（应克荣，2013）。有学者考证，如果大豆粒食，人体对蛋白质吸收率只有60%多；而制成豆腐后，蛋白质的吸收率可以提高到90%以上（杨坚，2004）。这对于古代缺少蛋白质摄入来源的中国人来说极具诱惑力。因此，中国饮食结构中的主食大豆才转变为副食化的豆腐。

由此不难发现，不论是小麦地位的崛起还是大豆的副食化，都依赖于农业生产的发展与农业相关技术的变革。在中国传统农业不断发展的基础上，中国食物也经历了不断的时空变化。而推动食物来源种类不断变化的重要力量就是农业生产、加工相关技术的不断进步。

三、南稻北麦格局

核心农区的转移农业生产和加工技术的进步为中国饮食的相对固定化铺平了道路。然而，这种食物种类的固定化也深受不同农业生产条件的影响与制约。一般而言，农业核心生产区的食物种类的确定和推广要早于农业的非核心区域；人口数量高度聚集地区的食物种类传播速度要快于人口数量稀少区。在中国历史上，南北饮食差异悬殊。这种局面的出现深受上述饮食传播规律的影响。例如，稻麦南北并重的食物格局的最终确立就经过了漫长的时间。在这一过程中，中国农业经济重心经历了由北向南的历史转移。除此之外，中国人口重心也呈现出从黄河流域向长江中下游地区转移的历史趋势。可以认为，农业生产核心区域的转移、扩大以及人口重心的南迁，最终奠定了中国食物来源中南稻北麦并重的局面。

1. 水稻地位的历史演进　水稻是中国南方最为重要的粮食作物。湖南省道县玉蟾岩洞穴遗址发现了距今 1 万年以前的稻谷遗存，"是一种由野生稻向栽培稻演化的古栽培稻类型"（刘志一，1996）。并且，在距今 7 000 年左右的河姆渡等遗址中也发现了稻米被大量储存的证据，"不仅发现有米粒，而且普遍存在有稻谷、谷壳、稻秆和稻叶等种种堆积，一般厚 20～50 厘米，最厚的甚至超过 1 米"（范毓周，1995）。由此可知，中国南方地区在新石器时代就已经逐步将稻米作为重要的食物来源。

虽然水稻是南方地区的重要食物来源，但其在隋唐之前并没有获得全国性的食物认同。在先秦时期提出"五谷"的概念后，秦汉时期的经学家曾对"五谷"的具体分类进行了探讨。粟（稷）、菽、麦的地位被广泛认同，而水稻则有时未能进入"五谷"行列。有学者就认为，"'五谷'的说法中，都有稷、菽和麦，至于麻、黍、稻之有无，应是粮食作物构成地区差异的反映"（张芳、王思明，2011）。由此也可以看出，在先秦两汉时期，水稻虽然在南方拥有悠久的种植历史，但其地位并不能与粟、麦等作物相比。

汉代政府以粟麦等作物作为主要的粮食储备资源。《史记》记载，汉武帝时国家殷盛，"太仓之粟陈陈相因，充溢露积于外，至腐败不可食"。此外，有学者考证粟、麦等作物在秦汉魏晋时期出现了在南方大规模种植传播的趋势（何红中、惠富平，2015）。《盐铁论》在记载南方荆、扬二州的情况时指出，当地的农业生产，"伐木而树谷，燔莱而播粟"。北魏宣武帝曾下诏称："缘淮南北所在镇戍，皆令及秋播麦，春种粟稻，随其土宜，水陆兼用。"这说明直到魏晋南北朝阶段，水稻的种植地位依然无法与麦粟等旱作类粮食作物相提并论。

　　然而，隋唐之后，水稻陡然成了全国性的食物来源。例如，唐初经过漕运输往北方的稻米只有 20 余万石，后逐渐增加到 300 余万石，成为国家重要的赋税来源（何红中、惠富平，2015）。中唐之后，稻米在国家赋税体系中的地位更加突出，南方税赋的主要缴纳方式变为稻米，"复以两税易米百万石"。到宋元时期，北方对于水稻的依存度也在上升，北方地区的水稻种植也有所推广，出现"引黄河水淤田种稻"。《宋史》中记载，"江北之民杂植诸谷，江南专种杭稻"。同时，南方漕米的大量北运，也使北方民众获得了食用稻米的固定来源。唐宋时期，盛产稻米的江南地区就有了"苏湖熟，天下足"的谚语。明代宋应星在《天工开物》中曾记载，"今天下育民人者，稻居什七，而来、牟、黍、稷居什三"。由此可见，水稻在隋唐之后摆脱了地方区域性食物的属性，转而成为影响力遍及中国的第一粮食作物。

　　2. 人口南迁与核心农区的转移　　水稻在中国食物结构中的地位之所以会出现如此大的变化，其实就源于中国农业核心区域的转移与中国人口重心的南迁。秦汉时期，南方并不是农业生产的核心区域，其农业耕作水平也较低。《史记》中就记载，"楚越之地，地广人希（稀），饭稻羹鱼，或火耕而水耨"。在南方很多地区，牛耕的推广也较晚。例如，《后汉书》中记载，任延在担任九真太守的时候，"九真俗以射猎为业，不知牛耕"。王景在担任九江太守时，"先是百姓不知牛耕，致地力有余而食常不足"。在这种局面下，南方较为落后的农业生产水平，使得水稻很难摆脱地方性粮食作物的地位。

　　同时，南方较少的人口也使得水稻在饮食上的地位难以上升。以两汉时期为例，南方的荆州、益州、扬州、交州等地，其人口总数虽然有较快增长，但直到东汉时期，其人口总数也只占到全国总人口的 1/3 左右（表 2）。稻米虽然是南方的主食来源，但从全国范围来看，仍属地方性的农作物和食物来源。中国人口的主要聚居区仍是以黄河流域为中心，北方民众则多以粟麦为主要粮食作物。

表 2　两汉时期中国南方人口统计情况

地区	西汉时期人口（人）	所占全国总人口比例（%）	东汉时期人口（人）	所占全国总人口比例（%）
荆州	3 597 258	6.24	6 265 952	13.08
益州	4 784 213	8.30	7 242 028	15.12
扬州	3 206 213	5.56	4 338 538	9.06
交州（交趾）	1 372 290	2.38	1 114 444	2.33

　　资料来源：梁方仲，1980. 中国历代户口、田地、田赋统计 [M]．上海：上海人民出版社．

　　董仲舒在向汉武帝进言时，就认为粟麦的地位最重，"春秋它谷不书，至于麦禾不成则书之，以此见圣人于五谷最重麦与禾也"。《齐民要术》中记载，"高田种小麦，穄穆不成穗，男儿在他乡，那得不憔悴"。由此可见，秦汉魏晋时期，粟麦等作物不仅是大多数人口的主食来源，而且成为饮食文化中影响最为深远的主食。而水稻受制于食用人口较少，一直未能达到与粟麦比肩的食物地位。真正推动水稻成为全国性食物来源的是魏晋以后北方人口的大量南迁和隋唐之后中国农业重心的南移。从东汉末年到南北朝时期，中国北方长期陷入战乱局面，大量北方人口迁入南方。东晋时期，为了安置北方南迁人口，南方大量设置侨郡县，如仿照北方州郡的建置而设立了南徐州、南兖州、南豫州等侨州郡。《宋书》就记载，"自夷狄乱华，司、冀、雍凉青并兖豫幽平诸州一时沦没，遗民南渡，并侨置牧司"。有学者考证，自汉末到南朝刘宋时期，北方涌入南方的人口及其后代的总人数至少达到了 200 万人，在南朝人口最为鼎盛的时期，南北间人口的比例维持在 4∶6 左右（葛剑雄，2002）。北方人在迁入南方初期，仍保留着北方饮食习惯，将粟麦等作为主食来源。然而，南方潮湿多雨的气候环境不利于粟麦等作物的种植。西晋末年，荆州地区种粟连年歉收，"连年种谷皆化为莠"。有些地区种粟则遭到了大规模的病虫害侵扰，"晋末荆州久雨，粟化为虫"。在这种局面下，北方移民逐渐适应了将稻谷作为自己的主食。因此，北方大量人口的南迁，在客观上加速奠定了水稻在中国传统饮食中的主流地位。隋唐之时，南方人口数量持续增加。特别是安史之乱后，北方人口为躲避战乱持续南迁。《旧唐书》记载，"自至德后，中原多故，襄、邓百姓，两京衣冠尽投江、湘"。由此，南方人口在经历了中晚唐百余年的持续增加后，人口总数大大超过北方。"北方诸道州府共有户 2 497 884，占全国总户数的 40.9%；南方的江南、剑南、山南、淮南、岭南五道共有户 3 610 751，占总户数的 59.1%，南北相比仍是南方占有绝对优势（冻国栋，2002）。"南宋与金对峙期间，北方人口仍大量流入南方，"淮民避兵，扶老携幼渡江而南，无虑数十百万"[①]。

这种人口上的南重北轻态势一直延续至今。南方持续走高的人口比重也最终推动水稻成为全国性的食物来源。由此可知，食用稻米人口总量的增加最终确立了水稻在中国传统食物中的优势地位。

与此同时，中国农业生产核心区域的转移与扩大则推动水稻地位的进一步巩固提高。从先秦到魏晋时期，中国农业生产的核心区域一直是在北方的黄河流域。伴随着中国北方人口的大量南迁，南方地区在人口增加的同时，农业生产水平也获得了空前的发展。以稻作技术为例，秦汉时期，江南地区的稻作生产还停留在较为原始的阶段，这种技术上的落后局面一直持续到隋唐时期。

---

① 〔宋〕宋杜范：《清献集》卷八《便民五事奏札》，文渊阁四库全书本。

《隋书》中就记载，"而江南之俗，火耕水耨"。有学者认为，唐代江南地区农业生产正是借助于北方大量移民才摆脱了"火耕水耨"的影响，形成了稻作农业的秧播与连作技术（韩茂莉，2013）。与此同时，水稻等农作物的单位亩产也大幅度提高。江南地区唐代水稻的亩产较之魏晋南北朝时期，增长了约 1/4（吴慧，1985）。并且，大量农业人口的涌入也促进了南方农田的开发。

农业技术的提高和水稻种植面积的扩大，使得南方地区俨然成为中国农业生产新的核心区域。因此，水稻种植的经济性与水稻的食用地位均大幅提高，国家税赋的征收也逐渐向南方的稻米进行倾斜。有学者就认为，"唐朝中后期以太湖流域为代表的江南地区成为国家倚重的基本经济区"（张芳、王思明，2011）。在这种局面下，国家税赋将稻米作为重要的战略物资进行征收，也就强化了水稻在饮食中的地位，从而最终确立了中国南稻北麦的食物格局。

四、引进与融合

虽然中国是世界农作物起源中心之一，拥有极为丰富的农作物资源品种，但是今日中国主要食物种类中的很大部分却来自域外。这些来自域外的农作物丰富了中国的食物种类，深刻影响了中国人原有的饮食习惯。例如，在原始农业产生阶段就已经传入中国的小麦等作物，就成为中国重要的主食来源。从历史过程上看，这些域外作物对中国饮食的影响呈现出明显的时段特征。这些特征又与中外农业间的交流存在直接而紧密的联系，并最终渗透到中国食物的历史变迁过程中。

1. 新作物的引种与饮食结构的丰富　在中外农业交流的历史过程中，外来作物传入主要分为两大阶段：一是两汉至隋唐时期的陆上农业交流，二是明清时期的海上农业交流。正是由于这两次大规模的农业交流，中国人在食物种类和饮食习惯上发生了相当大的变化。

两汉至隋唐时期，随着陆上丝绸之路的开辟和畅通，一批西亚乃至北非、欧洲特有的农作物品种被传入中国境内。这一时期传入中国的主要是水果、蔬菜以及香料等作物。这些蔬菜、水果的传入极大丰富了中国的食物种类。如葡萄、石榴、西瓜等是现今中国常见的水果品种，深受人们的喜爱；菠菜、胡萝卜、黄瓜、大蒜等也成为重要的蔬菜品种，本土种植的一些蔬菜品种则被取代。例如，《诗经》中记载先秦时期"六月食鬱及薁，七月亨葵及菽"（程俊英，1991）。鬱即唐棣，薁即野葡萄，葵即葵菜，这 3 种植物在今日皆不再作为食用植物出现，转而成为药用或观赏类的植物。特别是葵菜，在古代号称"百菜之主"。进入隋唐时期，葵菜种植就已经出现了衰落的趋势，到明代则彻底退出了食用作物行列。"古者葵为五菜之主，今不复食之。"由此可见，食用价值更高、口感更好的域外蔬菜水果类作物成功取代了一批本土作物。经由陆上丝绸之路传入的域外农作物丰富了中国人的饮食，弥补了中国本土所产蔬菜水果种类较少的饮食缺陷。但从整体来看，这一时期的新作物传入并未对中国人的主食结构造成实质上的改变。真正对中国食物结构产生重大影响的中外农业交流是明清时期，即地理大发现时代的美洲作物传入。美洲作物从广义上指的是美洲地区原产农作物品种的总称。15 世纪末，哥伦布"发现"美洲大陆，这开启了美洲与其他大陆之间的农业交流。不同于以往陆路上的农业交流，这一时期的农业交流呈现出规模上的扩大和时间上集中的特点。一大批美洲高产作物开始影响中国的农业生产。以番薯、玉米等为例，这些粮食作物极大地改变了明清以来中国农业的发展历程，进而改变了中国的传统食物结构。番薯在引入中国之初，是作为一种救荒作物而存在的。《农政全书》记载，在最早引种番薯的福建、广东一带，番薯是重要的救灾农作物，"无患不熟，闽广人赖以救饥"。而进入清代中后期，番薯因其耐瘠、高产的种植特点，迅速成为民众重要的主食来源。在某些地区，番薯甚至取得了与"五谷"类似的地位。

"（番薯）今则日照抵谷之半矣，根蔓叶皆可食，晒干耐陈，沙瘠倍之。"[①]玉米则适应了中国南方丘陵多山地带的土壤特点，成为新的粮食种植作物。"其后川楚人多，漫山遍野皆包谷。"[②] 这些作物高产、耐瘠、耐旱等种植特点，使其迅速成为中国传统农业生产的重要组成部分。

此外，美洲原产的蔬菜类作物也大量传入中国，如辣椒、番茄、南瓜等作物成为中国人新的食物选择。以辣椒为例，这种调味类的蔬菜品种在引入中国后，迅速风靡全国。在某些地区，辣椒成为日常饮食必需品，"每食必用，与葱蒜同需"[③]。辣椒所具有的辛辣等特点也满足了人们对饮食多元化的追求。辣椒"有辛味，可调理食味，乡人多嗜食之"[④]。而南瓜、番茄等美洲蔬菜作物在传入中国后，也纷纷取得了类似的地位。这些蔬菜品种在明清时期获得了广泛传播种植，"经过百余年的引种驯化与本土化发展，深度融入了中国的饮食文化"（丁晓蕾、王思明，2013）。可以说，明清时期域外作物的大量传入深刻影响、改变了中国原有的食物种类结构。

---

① 光绪《日照县志》卷三《物产》，《中国地方志集成·山东府县志辑》第 58 册，南京：凤凰出版社，2004。

② 道光《石泉县志》卷四《事宜附录》，《中国地方志集成·陕西府县志辑》第 56 册，南京：凤凰出版社，2007。

③ 乾隆《镇安县志》卷七《物产》，《中国方志丛书·陕西省》第 53 册，台北：成文出版社，1969。

④ 民国《南皮县志》卷三《物产》，《中国地方志集成·河北府县志集》第 47 册，上海：上海书店，2006。

2. 中外农业交流扩大与明清时期食物结构变化 明清时期是中国人口数量空前激增的历史时期。中国人口从明初的不到1亿，到清代中叶接近4亿。在耕地面积增加有限的情况下，中国传统农业遇到了巨大的生产压力。然而，高产美洲作物的传入极大地缓解了这种人口与农业生产之间的矛盾。

在明清时期人口激增的同时，中国的耕地面积只增加不到3倍，而粮食产量增加了近5倍，粮食单产增加了近80％（表3）。而促成粮食总产量和单位产量快速增加最重要的原因就是美洲作物的高产。以番薯为例，"即市井漱隘，但有数尺地，仰见天日者便可种，得石许"。而传统的粮食作物则很难获得如此高的单位产量。正因如此，人口的激增和粮食生产的压力迫使人们迅速接受了美洲作物的食用价值。在某些地区，美洲作物甚至成为贫苦民众主要的食物来源，"种者极多，贫民以为粮"[①]。在人地矛盾持续加大的情况下，番薯、玉米等高产粮食作物成为化解粮食短缺的最优选择。最终，番薯、玉米等美洲作物迅速成为中国食物种类中新的组成部分。

表3 1400—1820年中国人口、农业情况

年份	人口（百万人）	粮食产量（万吨）	耕地面积（百万公顷）	单产（千克/公顷）
1400	72	20 520	24.7	1 038
1650	123	35 055	40.0	1095
1750	260	74 100	60.0	1 544
1820	381	108 585	73.7	1 840

资料来源：〔英〕安格斯·麦迪森，2008.中国经济的长期表现——公元960—2030年［M］.伍晓鹰等，译.上海：上海人民出版社.

美洲作物在中国的传播，促成传统农业生产的进步与生产技术上的革新，继而巩固了美洲作物在中国食物体系中的地位。有学者考证，多熟种植虽然在宋代之前就已经出现，但真正得到发展源自明清时期美洲作物的传播。"高产、适应性强的美洲作物的引种不仅扩展了农业耕作的区域，很大程度上也丰富了多熟种植的内容（王思明，2010）。"美洲作物对贫瘠土地较强的适应能力，又促成了对边际土地的农业开发，从而实现了"广种"而"多收"的农业生产局面（周红冰、王思明，2018）。

这不仅为中国传统农业的发展提供了新的增长点，也为粮食产量的提高作出了重要贡献，极大地缓解了人口压力下的粮食危机。因此，在美洲作物进入中国传统农业耕作体系后，其食用价值被越发放大。

---

① 民国《临沂县志》卷三《物产》，《中国地方志集成·山东府县志辑》第58册，南京：凤凰出版社，2004年。

同时，随着中国社会经济的逐渐发展，原有的蔬菜种类已经无法满足人们日益旺盛的蔬菜多样化的食用需求，急需引进新的作物品种充实饮食结构。例如，辣椒、番茄、南瓜等就极大缓解了中国原产夏季蔬菜不足的问题。有学者考证，中国古代一直存在夏季蔬菜种类较少的难题，为应对夏季"园枯"现象，"中国直接或间接从美洲引进了不少夏季蔬菜，如南瓜、辣椒、笋瓜、西葫芦、番茄、菜豆等，才最终在明清形成了以茄果瓜豆为主的夏季蔬菜结构"（李昕升、王思明，2013）。并且，这些农作物的传入又深刻影响了中国人的饮食文化和口味选择。由此可知，域外作物的大量引种传播深刻改变了明清以来中国的传统食物种类格局和饮食习惯。而推动明清时期中国食物种类发生重大结构变化的原因其实就是中外农业交流范围的扩大。

五、食品消费升级：现代农业与全球贸易

明清以来，中国传统农业的作物种类基本确定，传统畜牧业的养殖品种也基本定型。由此，中国人的动植物食物种类也大致固定下来。然而，这些食物在中国人饮食中的地位却经历着一个动态的变化过程。而这个动态的变化过程又受到农业发展水平的制约与影响。特别是近二三十年来，中国人食物种类未发生较大变化，而饮食结构却发生了剧烈变动。这种"动态中的平衡"实则与中国农业生产的现代化以及全球化贸易的发展密切相关。

1. 食品消费升级与种植结构的转变　从食品消费来看，中国人食物消费经历了由粮食为主型向肉禽蛋奶复合型的历史转变。改革开放后，中国经济持续快速发展，农业粮食总产量也屡创新高，基本上解决了全国范围内的温饱问题。此后，中国人对食物的要求由吃饱转变为吃好。特别是进入 21 世纪，城市人口对粮食的需要量持续下降，对肉禽蛋奶等高营养的食物需求量显著增加（表 4）。

表 4　1990—2010 年中国城镇人均购买主要食物数

单位：千克

年份	粮食	猪肉	禽类	鲜蛋	鲜奶
1990	130.72	18.46	3.42	7.25	4.63
1995	97.00	17.24	3.97	9.74	4.62
2000	82.31	16.73	5.44	11.21	9.94
2005	76.98	20.15	8.97	10.40	17.92
2010	81.53	20.73	10.21	10.00	13.98

资料来源：中华人民共和国国家统计局，2012. 中国统计年鉴 2012 ［M］. 北京：中国统计出版社.

有学者指出，中国现今食物消耗模式正由以往的 8∶1∶1（八成粮、一成肉禽鱼、一成蔬果）转变为 5∶2∶3（五成粮、二成肉禽鱼、三成蔬果），未来有可能转变为 4∶3∶3（四成粮、三成肉禽鱼、三成蔬果）（黄宗智，2010）。在这种局面下，农业生产结构的变化对于食品消耗起到了决定性的作用。

与此同时，中国主要粮食作物的种植结构也发生改变。由于人们对肉禽蛋奶等食物的广泛需求，相关产业又需要庞大的饲料来源，因此，玉米作为饲料的价值得到凸显。另外，"随着我国居民收入水平的提高，玉米作为直接食用的粮食将越来越少"（卜伟等，2013），但作为主要饲料来源的玉米，市场需求量显著增加。在玉米消费结构上，"饲料和工业消费大幅增长，玉米消费结构发生较大变化"（李想、张剑波，2012）。

从 20 世纪末开始，玉米在中国的种植规模呈现出快速增长的态势，并在 2010 年前后一跃成为第一大种植作物。而传统的粮食作物，如水稻、小麦等种植面积则持续下降（表 5）。由此来看，玉米种植面积的扩张趋势与中国人均消费肉禽蛋奶增长的趋势近乎同步。这种饮食上的结构转变实则反映了中国农业生产的现代化转型和全球化农业贸易的发达。

表 5   1995—2016 年中国主要农作物种植面积比例

单位：%

年份	水稻	小麦	玉米
1995	20.51	19.26	15.20
2000	19.17	17.05	14.75
2005	18.55	14.66	16.95
2010	18.59	15.10	20.23
2015	18.16	14.51	22.91
2016	18.11	14.51	22.06

资料来源：中华人民共和国国家统计局，2017. 中国统计年鉴 2017［M］. 北京：中国统计出版社.

2. 现代农业与全球贸易下的食物供给　肉禽蛋奶等虽然是中国传统食物的组成部分，但受制于传统农业发展水平的制约，在历史上的较长时间一直处在供应量较少的水平。并且，其相对高昂的价格也抑制了人们此方面的消费量。然而，现代农业生产技术以及全球范围内的农产品贸易，使得肉禽蛋奶等食品的获取成本大为下降，最终促成了现代中国饮食结构的重大转变。

改革开放后，中国农业生产的现代化程度日益提高。在合理施肥、科学灌溉等现代农业技术的广泛推动下，中国的农业生产力水平持续发展。以粮食产量为例，1991 年谷物平均每公顷的产量为 4 206 千克，到 2010 年增加到 5 524 千克，在 20 年间提高了 31.3%（中华人民共和国国家统计局，2011）。可以说，正是借助于现代农业下粮食作物的持续高产，才使困扰中国人上千年的温饱问题得到基本解决。解决温饱问题后，中国人的饮食需求自然转向较高质量的肉禽蛋奶等食品。现代畜牧饲养业的规模化发展为市场提供了充足的肉禽蛋奶供应量，"农家以粮食为饲料，规模经营养殖业"（郭爱民，2018）。这种规模化的养殖方式显然优于以往小家庭式的散养方式，也是肉禽蛋奶等食品市场供应量充足的关键所在。而粮食产量的提升又可以为畜牧业提供较为充足的饲料来源。由此来看，农业的现代化发展为中国饮食结构的转变提供了基本的物质基础。

与此同时，全球农业贸易的加强为中国食物结构的动态平衡提供了保障。中国人民生活条件改善后，对于肉禽蛋奶等食物需求量显著增加，这就对中国的农业生产提出了更高的要求。虽然人均粮食需求量处于持续走低的状态，但依赖大量粮食饲料的家畜饲养业消耗了比以往更多的粮食资源。

有学者分析了中国近几十年来的农业粮食生产情况，认为家畜饲养业会给粮食生产带来一定的危机。"人们的粮食食用量尽管减少了，但对肉蛋奶的消费却增加了，猪和家禽的饲养数量剧增，国内生产的粮食作为饲料，已经远远不能满足饲养业的需要（郭爱民，2018）。"可以说，中国有限的耕地资源难以支撑这种消费上的持续升级行为。因此，在全球范围内进行农业商品贸易成为弥补粮食生产短缺的关键所在。有学者认为，现今中国国内的粮食生产和国际贸易共同构成了一个完整的平衡系统，来确保粮食和饲料在中国的充足供应（Xiaolong Wang, et al., 2018）。而由国外进口的大豆、玉米等农产品成为维持这一平衡格局的重要农产品。

玉米和豆粕是中国家畜饲养业主要使用的饲料种类。在玉米取得了第一作物的地位后，中国玉米消费基本能维持自给自足，"在 2006 年之后，稻谷、小麦和玉米的自给率均在 100% 以上"（王运博、许高峰，2014）。虽然，近年来进口玉米的数量在不断增加，但从整体规模上看，玉米的自给率仍维持在较高水平。然而，中国大豆的种植面积一直较小，自给率也较低，大豆及豆粕等加工原料主要依赖进口。

从 1996 年开始，"中国由大豆净出口国转为净进口国，此后净进口量几乎逐年上升，成为全球最大的净进口国"（杨树果、何秀荣，2014）。从 2000 年开始，中国进口大豆数量突破了 1 000 万吨，此后进口数量逐年攀升，"2010 年突破 5 000 万吨，2015 年突破 8 000 万吨，2017 年达到 9 554 万吨"（林学贵，2018）。

虽然 2018 年中国大豆进口数量受到中美贸易摩擦的影响，但大豆进口总量不断扩大的趋势不会在短时间内改变。在经济全球化高度发展的今天，中国的农业进出口贸易并不依托于某个单一的国家或地区。以大豆为例，美国、巴西、阿根廷为中国进口大豆的三大来源国。在从美国进口大豆数量锐减的情况下，2018 年 1~10 月，中国大豆进口总量仍达到了 7 693 万吨，比 2017 年同期只降低了 0.5％[①]。由此可知，大豆进口并未受到中美贸易摩擦过多的影响。这说明经济全球化背景下的全球农业贸易依然活跃，同时也表明中国国内大豆市场需求的强盛。由此来看，现阶段中国社会对肉禽蛋奶等食物的需求，也离不开国际市场上农业贸易的发展与支持。正是依托全球范围内农业贸易的大发展，当今中国食物结构的动态转换才得以快速实现。而据相关预测分析，由于对粮食和饲料需求的持续增加，中国的粮食自给率将从 2015 年的 94.5％下降到 2025 年 91％左右，中国将进一步扩大玉米、大豆等农产品的进口规模（Huang Ji−kun, et al., 2017）。这也表明，现阶段中国食物结构的改变实则深度依托于中外农业贸易的发展。

六、结语

如前文所述，寻求充足而稳定的食物来源是中国古代由原始采集渔猎向农业生产转型的最大动因。由于生态环境的因素，中国先民因地制宜，创造了丰富多彩的农业形态，形成了南北互补、东西融合的农业生产结构。农业技术的进步提升了食物生产的效率，提高了食物品种的质量。而中外农业的交流丰富了中国农业的种质资源，提升了土地利用的效率，很好地应对了人口激增和经济社会发展的需要。经济的转型与现代农业的发展使得世界逐渐融为一体，生产要素包括食物资源开始呈现频繁的世界性流动。这为中国农业提供了机遇，也使得中国农业面临诸多挑战。然而无论如何变化，与时俱进，寻求和扩大中国稳定可靠、安全优质的食物来源，以此确保中国人民生存和经济发展，将永远是中国农业努力前进的基本方向。

参 考 文 献

安格斯·麦迪森，2008. 中国经济的长期表现——公元 960—2030 年［M］. 伍晓鹰等，译，上海：上海人民出版社.

班固，1962a. 汉书　卷六　武帝纪［M］. 北京：中华书局.

班固，1962b. 汉书　卷二十四上　食货志上［M］. 北京：中华书局.

---

① 中华人民共和国海关总署编：《2018 年 1 至 10 月进口主要商品价值表》，中华人民共和国海关总署官方网站，http://www.customs.gov.cn/customs/302249/302274/302276/2112851/index.html.

包艳杰，李群，2015. 唐宋时期华北冬小麦主粮地位的确定［J］. 中国农史（1）.

保罗·弗里德曼，2015. 食物：味道的历史［M］. 董舒琪，译. 杭州：浙江大学出版社.

卜伟，曲彤，朱晨萌，2013. 中国的粮食净进口依存度与粮食安全研究［J］. 农业经济问题（10）.

陈雨生，王平，王克响，等，2018. 中国海水稻产业发展的战略选择［J］. 中国海洋大学学报（社会科学版）（1）.

程俊英，1991. 诗经注析［M］. 北京：中华书局.

丁晓蕾，王思明，2013. 美洲原产蔬菜作物在中国的传播及其本土化发展［J］. 中国农史（5）.

冻国栋，2002. 中国人口史（第二卷）［M］. 上海：复旦大学出版社.

范成大，1999. 吴郡志　卷五十　杂志［M］. 南京：江苏古籍出版社.

范晔，1965. 后汉书　卷七十六　循吏列传［M］. 北京：中华书局.

范毓周，1995. 江南地区的史前农业［J］. 中国农史（2）.

房玄龄，1974a. 晋书　卷二十六　食货志［M］. 北京：中华书局.

房玄龄，1974b. 晋书　卷一百　王如传［M］. 北京：中华书局.

戈登·柴尔德，2012. 人类创造了自身［M］. 安家瑗，等，译. 上海：上海三联书店.

葛剑雄，2002. 中国人口史（第一卷）［M］. 上海：复旦大学出版社.

郭爱民，2018. 20世纪中期以来中国粮食生产、消费与产业分工关系解读：基于 Agr 与 Nagr 表达式的分析——兼与日美韩相比较［M］//黄宗智. 中国乡村研究（第14辑）. 福州：福建教育出版社.

郭凡，1992. 聚落规模与人口增长趋势推测——长江中游地区新石器时代各发展阶段的相对人口数量的研究［J］. 南方文物（1）.

韩茂莉，2013a. 论历史时期冬小麦种植空间扩展的地理基础与社会环境［J］. 历史地理（1）.

韩茂莉，2013b. 论北方移民所携带农业技术与中国古代经济重心南移［J］. 中国史研究（4）.

何红中，惠富平，2015. 中国古代粟作史［M］. 北京：中国农业科学技术出版社.

黄宗智，2010. 中国的隐形农业革命［M］//黄宗智. 中国乡村研究（第8辑）. 福州：福建教育出版社.

惠富平，2001. 汉代麦作推广因素探析——以东海郡与关中地区为例［J］. 南京农业大学学报（社会科学版）（4）.

缪启愉，2009. 齐民要术校释　卷二　大小麦［M］. 北京：中国农业出版社.

焦循，1987. 孟子正义　卷二十六　尽心上［M］. 北京：中华书局.

蓝勇，秦春燕，2017. 历史时期中国豆腐产食的地域空间演变初探［J］. 历史地理（2）.

黎翔凤，2004. 管子校注　卷五　重令第十五［M］. 北京：中华书局.

李昉，1960. 太平御览　卷八百四十引　述异志［M］. 北京：中华书局.

李时珍，1977. 本草纲目　卷十六　草之五［M］. 北京：人民卫生出版社.

李焘，1995. 续资治通鉴长编　卷二百四十九［M］. 北京：中华书局.

李想，张剑波，2012. 我国玉米贸易格局变化与粮食安全的关系探讨［J］. 农业现代化研究（5）.

李昕升，王思明，2013. 中国古代夏季蔬菜的品种增加及动因分析［J］. 古今农业（3）.

梁章钜，1981. 归田琐记［M］. 北京：中华书局.

林学贵，2018. 大豆进口增长成因及对策［J］. 中国国情国力（10）.

刘昫，1975. 旧唐书　卷三十九　地理二［M］. 北京：中华书局.

刘志一，1996. 玉蟾岩遗址发掘的伟大历史意义［J］. 农业考古（3）.

马福生，1984. 西周各地农业开发的先后与农作物的分布［J］. 中国农史（2）.

欧阳修，1975. 新唐书　卷五十三　食货三［M］. 北京：中华书局.

漆侠，1987. 宋代经济史［M］. 上海：上海人民出版社.

乔玉，2010. 伊洛地区裴李岗至二里头文化时期复杂社会的演变——地理信息系统基础上的人口和农业可耕地分析［J］. 考古学报（4）.

沈约，1974. 宋书　卷三十五　州郡一［M］. 北京：中华书局.

沈志忠，2000. 我国原始农业的发展阶段［J］. 中国农史（2）.

史密斯，1989. 农业起源与人类历史——食物生产及其对人类的影响［J］. 玉美等，译. 农业考古（1）.

司马迁，1959a. 史记　卷三十　平准书［M］. 北京：中华书局.

司马迁，1959b. 史记　卷一百二十九　货殖列传［M］. 北京：中华书局.

宋修伟，2014. 惟愿苍生俱饱暖——记“中国杂交水稻之父”袁隆平［J］. 种子世界（7）.

宋应星，1975. 天工开物　卷一［M］. 广州：广东人民出版社.

宋镇豪，2002. 五谷、六谷与九谷——谈谈甲骨文中的谷类作物［J］. 中国历史文物（4）.

脱脱，1977. 宋史　卷一百七十三　食货上一［M］. 北京：中华书局.

瓦维洛夫，1982. 主要栽培植物的世界起源中心［M］. 董宇琛，译. 北京：农业出版社.

万国鼎，1957. 氾胜之书辑释［M］. 北京：中华书局.

王昊，2016. 唐宋河北平原麦作变迁述论［J］. 河北师范大学学报（哲学社会科学版）（4）.

王利器，1992. 盐铁论校注　卷一　通有第三［M］. 北京：中华书局.

王思明，2004. 美洲原产作物的引种栽培及其对中国农业生产结构的影响［J］. 中国农史（2）.

王思明，2010. 美洲作物在中国的传播及其影响研究［M］. 北京：中国三峡出版社.

王运博，许高峰，2014. 经济全球化过程中中国粮食安全问题研究［J］. 吉林农业大学学报（2）.

王祯，1981. 王祯农书　百谷谱四　蔬属［M］. 王毓瑚，校. 北京：农业出版社.

卫斯，1987. 我国圆形石磨起源历史初探［J］. 中国农史（2）.

魏收，1974. 魏书　卷八　世宗本纪［M］. 北京：中华书局.

魏徵，1973. 隋书　卷二十四　食货志［M］. 北京：中华书局.

吴慧，1985. 中国历代粮食亩产研究［M］. 北京：农业出版社.

吴毓江，1993. 墨子校注　卷二　尚贤［M］. 北京：中华书局.

筱田统，1987. 中国食物史研究［M］. 高桂林，等，译. 北京：中国商务出版社.

星川清亲，1981. 栽培植物的起源与传播［M］. 段德传，等，译. 郑州：河南科学技术出版社.

徐光启，1956. 农政全书　卷二十七　树艺［M］. 北京：中华书局.

杨坚，2004. 中国豆腐的起源与发展［J］. 农业考古（1）.

杨树果，何秀荣，2014. 中国大豆产业状况和观点思考［J］. 中国农村经济（4）.

应克荣，2013. 豆腐起源考［J］. 安徽史学（3）.

张芳，王思明，2011. 中国农业科技史［M］. 北京：中国农业科学技术出版社.

中国农业年鉴编辑委员会，1981. 中国农业年鉴 1980［M］. 北京：农业出版社.

中华人民共和国国家统计局，2011. 中国统计年鉴 2011［M］. 北京：中国统计出版社.

周国林，1987. 关于汉代亩产的估计［J］. 中国农史（3）.

周红冰，王思明，2018. 精耕还是广种：清代沂沭河流域农业集约经营思想的传播困局［J］. 自然辩证法通讯（11）.

朱英国，2016. 杂交水稻研究 50 年［J］. 科学通报（35）.

Anne H. Ehrlich，1995. Implications of population pressure on agriculture and ecosystems［J］. Advances in Botanical Research（21）：79 - 104.

Colin McEvedy，Richard Jones，1985. Atlas of world population history［M］. London：Penguin Book Ltd.

Etienne Patin，Lluis Quintana-Murci，2018. The demographic and adaptive history of Central African hunter-gatherersand farmers［J］. Current Opinion in Genetics & Development（53）：90 - 97.

Huang Ji-kun，Wei Wei，Cui Qi，Xie Wei，2017. The prospects for China's food security and imports：Will China starve the world via imports［J］. Science Direct（12）：2933 - 2944.

Kenneth F. Kiple，Kriemhild Conee Ornelas，2000. The Cambridge World History of Food（Volume Two）［M］. Cambridge：Cambridge University Press.

Xiaolong Wang，Kangming Tan，Yuanquan Chen，et al，2018. Energy-based analysis of grain production and trade in China during 2000—2015［J］. Journal of Cleaner Production（61）：59 - 71.

（作者王思明为南京农业大学中华农业文明研究院院长、教授；作者周红冰为南京农业大学中华农业文明研究院博士研究生）

关于旱作梯田系统
"毛驴何去何从"的思考

贺献林

涉县地处晋冀豫三省交界，是典型的深山区县，境内以王金庄为核心的旱作梯田系统 2014 年被认定为中国重要农业文化遗产。在缺水少土的石灰岩山区，当地人在适应自然、改造自然的长期实践中，围绕粮食生产和生计安全，创造了独特的"石头-梯田-作物-毛驴-村民"五位一体生态系统，实现了对土壤和雨水的有效利用。而毛驴在整个生态系统中起着一个不可或缺的重要作用。但是，随着农业现代化和机械化进程，毛驴的一些功能正在逐渐被取代。并且，由于其原始的饲养方式和饲养过程中产生的粪便与当前农村环境整治不相适应，以及城镇化进程中农村人口转移、耕地荒芜、毛驴使用率低等因素，毛驴何去何从，成为旱作梯田系统这一重要农业文化遗产保护面临的困境。

一、毛驴在旱作梯田系统的作用

涉县旱作梯田地处太行山石灰岩深山区，属半湿润偏旱区，年降水 540 毫米，年蒸发量 1 720 毫米，年均气温 12.4℃。"山高坡陡、石厚土薄""举头尽见奇峰峙，着足曾无尺土平""缺水少土"是这里的典型特征（贺献林，2017）。但就是在这资源极度匮乏、旱作雨养农业条件下，这里的先人历经 700 多年创造了环境友好、资源节约的世界良好农业典范——涉县旱作梯田系统。旱作梯田系统是一个秉承循环理念、可持续发展的生态系统。依山而建的石头梯田、颇为丰富的食物资源、既是生产工具又是运输工具还是有机物转化重要环节的毛驴、随处可见的集雨水窖、散落田间的石屋，在人的作用下巧妙结合，石头、梯田、毛驴、作物、村民相得益彰，融为一个五位一体的可持续发展的旱作生态系统。毛驴是梯田生态系统中的能量提供者、有机废弃物的转化者，起着平衡土壤养分、维护生态平衡的作用，是整个系统中最关键因素之一。

毛驴对于旱作梯田系统的价值体现在身负四重使命（李禾尧，2017），承担着 3 种重要功能：首先，它是重要的生产工具，良好的劳作能力和吃苦耐劳的品质使它成为最适宜当地环境的牲畜；其次，它是重要的运输工具，种子、肥料、农产品，甚至王金庄人下地野炊的厨具粮菜都包揽在身；再次，它是重要的生态维护者，是梯田农业生态系统中物质与能量循环的关键一环，将作物、土壤、有机质串联起来，以机械运动的方式蓄积土壤、加固梯田，以生物代谢的方式消化秸秆、肥沃土壤、滋养作物，占据了不可替代的生态位；最后，它更是村民生活中的伴侣。当地农民与驴同住石院，相依为命。人们善待毛驴不仅仅是把它当成生产、生活的依靠，也是对自然万物的尊重。人与毛驴长期的亲密互动，使得一方乡土的农业生产方式也最终定格为人驴协同的独特形式。旱作梯田天然就需要驴，而驴也在参与农业生产活动的过程中，得到了自身价值的最大化发挥。毛驴为当地人带来了源源不竭的财富，是当地精耕细作的生产方式的代表，是村落农业经济的基石，是整个村庄农业生产方式的符号化象征。

1. 运输功能　旱作梯田位于太行山深山区，梯田分布在层层山坡上，收获的作物产品从梯田运回家，将种子、肥料、农具等农业生产资料运至田间，必须依靠畜力来进行。而最适宜爬山的牲畜，非驴莫属。

由于驴性温顺，体格轻小，对饲料不苛求，能耐粗放的饲养管理条件，食量小，采食细，对饲料利用率高，抗病力强，不擅于跑而善于走，能从事各类农活，其专长是拉磨、车水、驮物……能适应小农经济需要，所以深受农民喜爱（杨再、范松式，1991）。

> 曾经喂过几头牛的，但后来就不喂牛了。牛虽然有力气，犁地犁得深，但走路太慢，驮运东西也不行。马也不行，马虽然听话、好使唤、比驴有力气，但它只能走平路，上山下坡笨得很，一不小心就会摔倒、滚下山来。只要种地，就得有毛驴，犁地播种，驮运东西。没有驴来驮运，丰收了也扛不回来。从陡峭的山路上来回运输，自有人居住到现在，还没有更好的交通工具能代替毛驴。驮上200斤左右，大部分山地，一天都能驮两趟。往上驮粪，往下驮秋收的果实（王金庄李彦国口述，2018年5月）。

2. 生产功能　梯田里的农活如耕作犁地、作物播种，梯田外的米面加工等全靠毛驴来进行，毛驴是梯田系统重要的耕作生产工具。

> 王金庄的土地，从山脚到山腰再到山顶，一层一层盘山环绕。建造梯田时，从下到上随处都可能有石崖头、石圪嘴。所以，梯田并不是一圈一圈有规则地环绕在山上。而是随着地形建造，有的长点、宽点，有的只能种三五株玉米。耕种这样的土地，自古以来非驴莫属。驴的重要作用就是犁地、种地。秋天收完庄稼，毛驴把山上所有的梯田犁一遍，叫"犁秋地"。只有犁过秋地，才能保持土壤里仅有的一点点水分。春天再犁一遍，边犁边播种。毛驴每年要把整个山上的梯

田翻松两遍。驴付出的力气简直无法计算。米面加工，拉碾子拉磨，过去的年代里，完全依靠驴（王金庄李彦国口述，2018年5月）。

3. 生态功能　毛驴更具有极其重要的生态功能。它将整个系统中的作物秸秆、有机废弃物通过"过腹还田"，并将村民日常清扫的垃圾、生活废水废物等通过饲喂毛驴、给毛驴垫圈等转化为有机肥，用来培肥地力，实现旱作梯田系统的持续发展。

人类在土地上种植作物并将这些产物拿走，这就必然会使地力逐渐下降，从而土壤所含的养分将会越来越少。因此，要想恢复地力就必须归还从土壤中拿走的全部东西，不然就难以指望再获得那样高的产量，为了增加产量就必须向土壤追施养分。在旱作梯田系统内，人们在获得谷子、玉米、大豆等作物产品的同时，也产生了大量的作物秸秆。秸秆如不合理的处理，就成为环境的负担。同时，人们在从梯田里获得农产品的同时，也把梯田土壤的养分带走了。旱作梯田土层薄、土壤肥力极易因作物生产而下降；旱作农区降雨少，秸秆难以通过堆肥沤制生产有机肥。因此，在这里一方面是大量的秸秆等有机废弃物需要处理；另一方面是土壤肥力急需补充，如不及时补充梯田养分，土壤肥力将逐渐下降，以致不能耕种。毛驴在这个系统中，正好处于食物链的关键环节，通过"过腹还田"，既解决了秸秆等有机废弃物的转化问题，又解决了土壤培肥所需的土壤有机质问题，其所具有的生态功能成为旱作梯田系统延续700年的关键所在。也是该系统成为资源节约、环境友好的世界良好农业典范关键所在。

土壤有机质是土壤的重要组成部分，虽然含量不多，一般只占土壤总重量的1%～5%，但它的作用却非常大，不仅是养分的主要来源，而且对土壤的理化生物性状以及各个肥力因素，都有全面深刻的影响。其对土壤肥力的作用主要表现在：

（1）作物养分的重要来源。土壤有机质含有大量的植物养分，如氮、磷、钾、钙、镁、碳等营养元素。大量的资料表明，土壤氮素有95%以上是存在与土壤有机质中。当有机质经过微生物的矿化作用后，转化为速效性养分，供作物吸收利用。有机质分解产生的有机酸，又可促进土壤中不溶性矿物质的转化，增加磷、钾的有效性。有机质分解产生的二氧化碳，可以供作物光合作用的需要。

（2）能够提高土壤保水保肥能力。腐殖质疏松多孔，又是亲水胶体，能吸持大量水分。据测定，腐殖质的吸水率为500%～600%，而黏粒的吸水率为50%～60%，腐殖质的吸水率比黏粒大10倍左右，能大大提高土壤的保水能力。腐殖质是有机胶体，又有多功能团，如羧基（—COOH）及羟基（—OH）等，其中的氢能与土壤溶液中的阳离子进行代换。腐殖质吸收阳离子的能力比较强，这些阳离子便可保存起来不致流失，而且通过代换作用以及腐殖质的分解，又可把养分释放出来，供作物吸收，提高土壤保肥供肥能力。因此，腐殖质好比养分的仓库。

（3）能够改善土壤的物理性质。一是促进土壤形成团粒结构，腐殖质是良好的胶结剂，在形成土壤团粒结构方面，具有非常重要的作用。二是可以改善土壤的耕性，腐殖质的黏结力比黏粒小 11 倍，黏着力比黏粒小一半，但都比沙粒大。因此，增施有机肥可使黏土变松、沙土变黏些，使土壤疏松，易于耕作。三是可以改善土壤热交换，提高土温，腐殖质可使土色变黑，吸热能力加大，使土温提高。

（4）能够促进作物生长发育，腐殖质可以增强作物的呼吸作用，促进新陈代谢，提高细胞膜的渗透性，加强营养物质的吸收，加速根系和地上部分的生长发育。

（5）能够增强土壤微生物的活动能力，土壤有机质是微生物营养和能量的重要来源。所以，增加土壤有机质的含量，当其他条件适宜时，就能促进有益微生物的旺盛活动，提高土壤肥力。

有机质的来源主要是动植物残体、微生物以及施入的有机肥。而通过"过腹还田"的驴粪，则是旱作梯田系统土壤有机质的主要来源。

关于驴粪、驴尿的养分含量未见报道，但由于驴、马同属一类，笔者借用"马粪尿及马厩肥的养分含量"来说明以驴粪尿为主的有机肥的作用。以马（或骡、驴）粪尿为主，加褥草、土混合积制而成的肥料，称为厩粪。马粪尿（或马圈粪）是含有机质较高、养分含量中等的有机肥。由于圈内需要保持干燥、卫生以利于家畜健康，因此，马厩粪中土占的比例较少，肥料质量较高。一般马粪尿的养分含量见表1，马粪成分中的纤维素、半纤维素含量较多。此外，还含有木质素、蛋白质、脂肪类、有机酸及多种无机盐类。因此，马粪分解慢、肥效迟。马粪质地粗松，其中含有大量的高温性纤维分解菌，在堆积中能产生高温，所以为热性肥料。骡、驴粪也具有与马粪相似的特性。马尿的主要成分为尿素、尿酸、马尿酸及钾、镁、钙等无机盐类，均为水溶性物质。驴尿中尿素含量较其他家畜尿高，尿酸、马尿酸含量低。因此，驴尿分解容易、肥效快。

表1　马粪尿及马厩粪的养分含量

单位：%

种类	水分	有机质	N	P_2O_5	K_2O
马粪	75.8	21.0	0.5	0.3	0.24
马尿	90.1	7.1	1.2	微量	1.50
马圈粪（鲜）	71.9	25.4	0.38	0.28	0.53

资料来源：《全国中等农业学校试用教材　土壤肥料学》（见 1979 年 10 月第 1 版，1982 年 11 月北京第 4 次印刷，农业出版社）。

一匹马每日排泄粪尿共约15千克，其中粪尿比例为2∶1，每年粪尿总产量约5 000余千克，用土或其他材料垫圈，每年可积驴圈厩粪10 000余千克。但由于使役时间较多，有一部分粪尿受到损失，所以实际积肥量稍低一些。驴的体型不如马的体型大，其食量及排泄量也不如马的食量和排泄量大，按1亩梯田一年大约需要2 000千克有机肥，1头驴的粪便加上人粪尿，结合养驴垫圈（庭院打扫卫生的尘土、生活垃圾用于垫圈）可为4～5亩地的梯田供肥。

王金庄的梯田土层薄，必须得上粪。如果光用化肥，地就会板结不疏松，存不住水分，地也没劲，庄稼就长不好。"喂养一头驴吧，驴吃不了人的。"这句话的意思是，驴的粪便可以使粮食增产。驴吃的是增产的那一部分，是驴自己本身创造出来的。驴粪是优化土壤、蓄水保墒、增加土壤有机质的天然因素（王金庄李彦国口述，2018年5月）。

二、当传统农耕遇到现代农业：毛驴的系统功能正在被替代

生态系统本身是开放的，当系统中有外界元素进入时，不可避免地会对系统产生各种影响，其中显而易见的效应有补充、排斥、替代和融合（郭天禹，2017）。旱作梯田系统在其长期适应过程中，始终处于开放状态，不断与外界进行着各种交换。在进入20世纪以后，随着城镇化、农业现代化和机械化进程的加快，化肥、农药等现代农业生产资料陆续进入梯田系统。梯田水泥道路拓宽上延，使微耕机、拖拉机、电动三轮车得以普及，村民外出务工和求学为主要形式的人口流动，减少了人们对梯田的依赖，驴的一些功能被替代，作用被弱化。

首先是城镇化进程，使农村大批青壮年外出求学、务工，梯田已不是人们赖以生存的物质基础。传统农耕失去了对当代年轻一代的吸引力，一些梯田开始出现荒芜，毛驴也逐渐淡出一些农户的梯田系统。

时间发展到今天，海国哥的子女们到了西安、天津。我的侄儿、侄女都在北京。我的儿子，一个在县城，一个在石家庄。我们两家的子女全部转移，家里没一个。于是，养驴的历史在我们这一代就到头了。目前我家共23口人，无一头毛驴，都卖掉了（王金庄李彦国口述，2018年5月）。

其次是梯田水泥道路拓宽上延，使微耕机、拖拉机、电动三轮车得以普及，毛驴的部分运输功能和生产功能正在被逐渐替代。王金庄地处深山区，3 500多亩梯田，由46 000余块土地组成，分布在12平方公里24条大沟120

余条小沟里，在250多米高的山坡上层层叠叠分布着150多级梯田。由于特殊的地理条件，通往梯田的一些大道已经完成道路水泥硬化、道路拓宽，但电动三轮车、拖拉机、微耕机仍然不能到达所有的梯田地块。因此，在田间经常可以看到，三轮车或拖拉机上装着微耕机，后面还牵着毛驴一起上山去耕地的场景。

当传统农耕遇到现代农业，毛驴的部分功能逐渐被替代，毛驴数量逐渐减少。据调查，梯田核心区王金庄驴（骡）的饲养量以20世纪80年代至90年代末养殖数量最多，此时梯田耕种达到了顶峰。之后，随着城镇化农村青壮年外出打工、现代微耕机、电动三轮车的普及，毛驴数量逐渐减少，而毛驴数量减少带来一系列问题（表2）。

表2　王金庄梯田数量与人口、毛驴变化

时间	1970年	1980年	1990年	2000年	2010年	2017年
耕地（亩）	3 904	3 898	3 810	3 766	3 589	3 589
人口（口）	3 611	3 793	4 322	4 408	4 403	4 471
毛驴（头）	424	486	867	715	500	367

注：除2017年毛驴数量来源于村庄调查外，其他数据来源于涉县档案馆档案资料。

一方面，秸秆没有了去处，环境污染成为生态问题。三轮车、微耕机进入旱作梯田系统，客观上对毛驴在系统中的作用起了替代效应，提高了劳动效率，但同时也造成了系统当中毛驴这一关键元素的衰减。原来农产品收获后留下的秸秆可以作为驴的饲料，但是，随着驴的减少、秸秆新的转化机制尚未建立，焚烧成为大部分运输不便的人家最主要的选择，带来的环境污染和人为火灾危险成为系统流变下的一个新型危机。

另一方面，土壤肥力难于得到补充，梯田失去了可持续利用的基础。三轮车、微耕机的到来不单单是一种生产工具的进入，更是一整套伴随而来的现代知识体系的渗透，从生产到生活、从观念到行为各个方面发生了多元流变。这种现象的背后实则隐含着对系统极为致命的一个隐患——生态危机。即使驴的运输、生产功能可以被替代，但其生态功能却是不可以轻易被置换的，土壤肥力面临衰减。

驴不仅转化了作物秸秆，更重要的是驴粪可以培肥土壤，增加土壤有机质，从而可为干旱的梯田提供蓄水保墒的能力。本来梯田的土层薄且贫瘠，粪便的减少使得土壤肥力受损，化肥作为补充成为大众的无奈选择。可是，带来的土块板结使梯田遭遇严重的生态危机，其涵养水分的功能降低，导致洪灾的可能性上升，酿成自然灾害的概率升高，成为整个梯田系统持续发展所面临的巨大挑战。

但若坚守传统农耕生产方式，传统毛驴养殖为现代乡村振兴生态文明建设也带来一些不可避免的生态问题。即传统小农户家庭毛驴养殖影响了乡村人居环境，传统毛驴养殖主要在村庄的街道两旁、农户的房前屋后以及在原来的石屋建筑中，一般都会专门为驴留下牲口屋。但是，在街道两旁、房前屋后以及农户家中的牲口棚养驴，驴粪无疑成为街道卫生清洁的一大困扰，成为农村面源污染的一大公害，与实施乡村振兴战略、建设生态宜居新农村不相吻合。

如何以保护自然、顺应自然、敬畏自然的生态文明理念，保留乡土气息、保存乡村风貌、保护乡村生态系统、治理乡村环境污染，实现人与自然和谐共生，让乡村人居环境绿起来、美起来，如何实现毛驴的科学养殖成为旱作梯田系统保护必须解决的一个问题。

三、重新构建毛驴养殖系统的几点意见

在石厚土薄、降雨有限的石灰岩山区，涉县旱作梯田系统能够传承700多年，其关键在于当地人们创造了独特的"石头-梯田-作物-毛驴-村民"五位一体的旱作梯田生态系统。而在这个系统当中，毛驴在其中起着关键的物质和能量转化作用，没有毛驴，梯田内的有机物无法实现"有机-无机-有机"的物质循环，作物秸秆难于有效利用，土壤得不到培肥和持续利用，山区高处的农作物难于运输下山。但是，随着社会进步，人们对美好生活的需求，即使在山区，农业机械化的实现也是势在必行，毛驴的运输功能和耕作功能势必被小型机械如微耕机、电动车所取代；在村庄内大街上饲养毛驴，所产生的驴粪尿与农村环境美化的矛盾、农民外出打工与难于照顾毛驴日常养殖之间等矛盾越来越突出。要保护和传承旱作梯田系统，使这一优秀农业文化遗产继续为全球生态安全作出贡献，继续成为资源节约、环境友好农业系统作典范，实现旱作梯田系统的保护和传承，关键是实现毛驴价值的重新构建和毛驴养殖功能的重新定位。

在传统旱作梯田系统中，毛驴养殖的价值：一是农耕工具，为村民的梯田耕作、农产品加工提供生产服务功能；二是运输工具，为村民日常生活所需物质的运输提供生活；三是有机物转化工厂，为梯田系统内有机废弃物的转化、土壤培肥，提供生态服务。

那么，如何重构毛驴养殖的价值体系和功能取向呢？

一是继续构建和发挥毛驴的生态功能，提升其生态价值，养殖足够多的毛驴，为系统提供足够多的有机肥，确保梯田生态系统的物质循环有序进行，秸秆充分过腹还田，土壤有机质得到持续补充，实现梯田系统的可持续发展。

据调查，在王金庄，一头毛驴一天需要 12 千克左右的作物秸秆，一年大约有 180 天需要秸秆及存储的干草喂养，其余时间则可利用山坡青草放养，一年一头毛驴大约可转化 2 160 千克秸秆。另外，在农忙季节，还需要 100～150 千克精饲料（玉米、大豆之类）。按目前梯田生产水平，一般谷子亩产 150 千克，玉米亩产 250 千克，豆类亩产 100 千克，根据谷子、玉米、大豆的经济系数和目前王金庄作物的生产结构，王金庄平均亩产各类秸秆 400 千克，一头驴大约可以转化 5.4 亩梯田作物的秸秆。2016 年底，王金庄村农户 1 438 户、人口 4 487 人、梯田面积 3 589 亩，人均梯田 0.8 亩，户均梯田 2.5 亩。也就是说，两户的梯田秸秆可养一头驴，王金庄养殖 630 头驴，可以将梯田作物的秸秆转化为有机肥。

二是继续实施小农户养殖模式，重新构建毛驴的生产功能和运输功能，依托传统毛驴调教技艺，赋予其新时代特殊的农耕体验旅游工具职能，提高其使用效率，实现其经济价值持续提升。为此，一要从小驴开始，运用传统的毛驴调教技艺，使其适应梯田系统内的各种路况，能吃苦耐劳；二要合理规划建设梯田内的田间道路，按照田间步游道标准建设，将梯田内的田间道路建设成为既可作为游人步游道，又可作为人们骑毛驴到梯田的旅游道，从而在科学保有梯田区内毛驴养殖数量、确保毛驴生态功能的前提下，合理替代毛驴的生产功能和运输功能。

毛驴性情温驯，经调教后，妇女、儿童也可骑乘驾驭。而且，毛驴性较聪敏、善记忆，如短途驮运，无人带领，常可自行多次往返于其熟悉的目的地。驴胆小而执拗，俗称"犟驴"，一般缺乏悍威和自卫能力。驴步幅虽小，但频率高，常日行 40～50 千米。驴的驮力常达其体重的 1/2 以上。可以利用驴的这些优点，拓展毛驴的旅游功能。

"黄河景区游人来，毛驴驮出十万财"中介绍的 79 岁的张国栋家住黄河风景区附近。从 1990 年起，张老汉依托这块风水宝地，将自家种田的毛驴披挂一新，牵到风景区供游人租骑照相。15 年来共赚了 10 万余元，走出了一条颇具特色的致富路。"京郊农民发观光财"中介绍的家住北京市密云区京都第一瀑布旁的农民朱齐彦每天牵着毛驴到旅游景区边，等候游客来坐"驴的"，有时双休日来人多，他一天就收入 100 多元，这头驴让他年收入 5 000～6 000 元。朱齐彦所在的山村，仅有 30 户人家，有 20 多头毛驴，很多游客在走完 3 000 米的景区后，不愿再往下走，于是就骑上毛驴，称为打"驴的"。这成为民俗旅游的一大特色，吸引了城里人专程前往（陈强，2004）。

三是探索小规模养殖模式，重新构建毛驴的生产功能。由原来的农耕生产工具转变为农民致富产业发展对象，即适度发展肉驴养殖，为乡村振兴提供产业支撑。

驴是草食动物，耐粗饲料、抗逆性强、易于饲养且饲料来源广、繁殖快、食量小，驴皮、驴肉具有很高的医药价值和蛋白营养，驴肉具有瘦肉多、脂肪少的特点，而且肉质细嫩味美，驴肉脂肪中含有的不饱和脂肪酸含量较高，有补血、益气之功效，素有"天上龙肉，地上驴肉"之美称，颇受消费者青睐。驴鞭还有益肾强筋的功效，主治阳痿、筋骨酸软、骨结核、骨髓炎、充血量亏等症的治疗。驴皮经煎煮浓缩制成的固体称为阿胶，是中国传统中药材，由明胶朊、骨胶朊水解产物及硫、钙等构成，水解产生多种氨基酸，如赖氨酸、精氨酸和蛋氨酸等，有补血滋阴、润燥止血功效，能改善体内钙平衡，促进钙吸收。近年来，阿胶用于辅助治疗癌症具有较好的作用，用现代高新技术开发的阿胶钙，将补血与补钙有机结合，取得了良好的治疗效果。驴饲养成本相对较低。据调查，从产出到体重达 150 千克，需饲养成本 300 元左右。1 头 150 千克驴售价在 1 500 元左右，可获利 1 000 余元，其经济效益相对高于猪、牛和羊等其他家畜。因此，要科学认识毛驴的经济价值，在梯田区大力发展肉驴养殖。

与传统的农耕养殖不同，短期的、有经济目的的肉驴养殖，不会产生人与驴之间的情感交流，也就不违背传统的驴耕文化。人与毛驴的情感是在日常生活中潜移默化地培养出来的，人在调教使役毛驴过程中像对待自己的孩子一样。人之所以不吃自己饲养多年的驴肉，是因为驴在被饲养的日日夜夜，为其主人作出了一定的贡献。从某种程度上说，之所以不吃自己养的驴肉，是内心的一种不忍心，是具有某种感恩之情。过去养驴的目的是帮自己干活，当人们饲养毛驴的目的变了，驴也不再是人们日常生产生活的伴侣，只是人们谋生取得经济效益的一种手段。这时，人与驴的情感也就不像在梯田里互相帮衬行走的那种情感了，就像人们养猪是为了卖钱、为了吃肉一样了。

四是科学规划饲养圈舍，实施健康养殖。选择村庄内空闲地，合理规划建设驴舍，解决驴粪对环境的危害。根据驴的生物学特性，运用生态学、营养学原理实施健康养殖。也就是说，通过合理规划饲养圈舍，既能为驴营造一个良好的、有利于快速生长的生态环境，提供充足的洁净饲草、饲料，使其在生长发育期间最大限度地减少疾病的发生，使生产的食用产品无污染，还可确保对村庄环境无污染，真正实现新形势下的人驴和谐共处。

五是创新养殖模式，构建新的经营体系。驴是草食动物，其食草尤以干、硬、脆的农作物秸秆为佳。例如，玉米、谷子、豆蔓等质地较硬的秸秆，用铡草机切成 3～4 厘米长的短段。最忌喂半干不湿、折之不断的饲草，因为此类饲草最易让驴闹"结"症。同时，再辅以大豆、玉米、炒棉籽等精料或小麦麸皮等。每天早、中、晚各喂一次，以晚饲为主。目前，养驴仍以传统小农户养殖为主，其集约化养殖还处于刚起步阶段，梯田区要探索重新构建新的小农户养殖模式，合理调整养驴户与秸秆提供农户、驴粪使用农户之间的利益，在传统的农户自养自用模式基础上，发展联户养殖、分户饲喂、集中放养模式；一户养驴，多户提供秸秆、驴粪供多户使用等模式，解决当前农民外出打工与难于照顾毛驴日常养殖的矛盾。

参 考 文 献

陈强，2004. 黄河景区游人来 毛驴驮出十万财［J］. 农业百事通（18）：7.

郭天禹，2017. 北枳代桃：农业系统中两种知识的补充、替代与融合［J］. 中国农业大学学报（社会科学版）（6）.

贺献林，2017. 河北涉县旱作梯田的起源、类型与特点［J］. 中国农业大学学报（社会科学版）（6）.

李禾尧，2017. 农事与乡情：河北涉县旱作梯田系统的驴文化［J］. 中国农业大学学报（社会科学版）（6）.

杨再，范松式，1991. 中国养驴的一些史料［J］. 豫西农专学报（1）：10-13.

（作者贺献林就职于河北省涉县农牧局）

清代四川竹枝词中的农业图景

陈桂权

　　竹枝词是民间诗歌的重要形式，其以便于记忆、吟唱的特点在唐以后的古代社会广为流传。巴地是竹枝词的发源地之一，因而竹枝词又被称为"巴渝曲"，蜀中也是竹枝词流行较早的地区。清代嘉庆年间，别号六对山人的成都人杨燮在《锦城竹枝词百首》云："莫道北人不识唱，竹枝原是蜀中歌"（林孔翼，1982）。虽不完全正确，但亦可证此点。清代在湖广移民浪潮下四川的竹枝词创作发展到巅峰时期，所成之作囊括了社会生活的方方面面，为人们研究该段历史提供了一个重要来源，此已为学界所重视①。运用竹枝词中关于农业文化的描述，将有助于对四川农业史、农村社会史等相关问题的研究。

一、竹枝词中的稻作图景

　　清初在政府重农与大力发展农田水利建设的背景之下，四川的水稻种植范围由传统平坝种植区，逐渐向盆周丘陵山地扩展开来。道光时，四川盆地周边丘陵、山地"江流不经之处，甚多山田，层累而上，山上可种稻。遍山皆稻田，直至山顶，层层如梯（王培荀，1992）。"水田爬上山坡不仅改变了原来的种植结构，还带来全新的农业文化，从这一时期的竹枝词中便可窥见一斑。康熙时，陈祥裔《巴渝竹枝词》："梅子初黄落于雨天，插秧妇女满山田。山歌唱出巴渝曲，交易工夫不用钱。"耘田插秧本是件既辛苦又单调之事，而薅鼓、秧歌的出现即可解此间的乏味（游修龄、曾雄生，2010）。嘉庆时，袁楷《彭山竹枝词》："十亩新畬五亩禾，彭门爱唱插秧歌。流泉初下斜阳晚，戴笠归来未脱蓑。"陈九德《冕宁竹枝词》歌"妇女插秧"云："鬓插山花巧样妆，山歌遍野插青秧。田中浊浪权当镜，笑影横波水自狂。"道光时，颜启芳《西昌竹枝词》："水田百里带桑麻，儿女农时也作家。小妇携锄随大妇，插秧歌里夕阳

---

① 王子今《巴蜀"竹枝"的酒香》，发表在《重庆师范大学学报（哲学社会科学版）》2010年第4期，第11~19页；蓝勇、黄权生《"湖广填四川"与清代四川社会》，由西南师范大学出版社2009年出版，第186~261页之"从竹枝词看清代四川移民社会"以竹枝词为主要史料来源，对"湖广移民"入川后的社会状况作了描述。其中有"清代以农为本的大农业发展"一节，对四川的大农业情形有概要介绍。

· 162 ·

斜。"咸丰时，合川人王启霖《合阳竹枝词》更道出秧歌在民间之流行："欲行不得唤哥哥，解得禽言劝慰多。巴女一声更清脆，茶歌不唱唱秧歌。"正因如此，清代四川农村中那"绣壤芳塍一片青，歌声嫋嫋绕旗亭"的图景让时人发出了"问谁识得田家乐，鸡黍村醪醉野"的感慨。水稻种植本是精耕细作的农业，四川的水稻生产过程相当繁复，久之便形成了一套独特的稻作文化。① 这在竹枝词中也有所体现，咸丰时，杨甲秀《徙阳竹枝词》："万顷新秧绿渐匀，豚蹄麦饭祭田神。教儿莫说终年苦，几个安闲做得人。"另外，插秧时亦有"腊肉堆盘酒满卮。田畴正是插秧时。商量作个祈苗醮，打鼓前村去竖立旗"的习俗。杨甲绣说："州人插秧，用腊肉饷工。田家作秧苗醮，前三日竖旗。"所谓"作秧苗醮"便是指通过占卜预测当年稻作的长势及收获情况；而插秧时"用腊肉饷工"的习俗在光绪《广安州新志》中有更详细的说明，其云："蓑笠合群，聚向田间，煮松花，噬腊肉、饮酒，曰栽秧酒。"② 此外，围绕水稻种植的话题在竹枝词中有大量记述，如康熙时绵竹县令陆箕永《绵州竹枝词》："窄窄田塍浅浅塘，大家分缺浸新秧。谁云如绣南东亩，不似三吴鱼稻乡。"陆箕永在所加的按语中道："荒地都行开垦，一片水田，秧针如绣，实不让江乡也。"由此可见，四川稻作种植呈现出欣欣向荣的景象。道光时，南溪人万清涪在《南广竹枝词》中对南溪县的种植稻作的情形有生动的描述，其云："六十早逢六月天，勾腰散子晚风前。栽田户利收成早，献新争向主人先。"诗中"六十早"是一早稻品种；而"献新"则是佃农们向地主贡献新产稻米的一种礼俗，与"献新"相对的便是"尝新"了。早获丰收田户心中的喜悦可想而知，因此便争向地主"献新"。《南广竹枝词》中的另一首则描述了秋后农民抢收的情形："朝来拌桶一声声，秋后秋前有定程。岩上坝头争几日，翻匙渐看饱香粳。"收割完毕，紧接着就要犁田、翻地，早犁早耕是恢复地力的要诀。蜀中农谚："七月犁田一碗油，八月犁田半碗油，九月十月光骨头"讲的就是这个道理。因此，《南广竹枝词》中也提倡农民："板田何事犁来早，转眼地头活路忙。"清代四川水田爬上山坡便仰仗于梯田的开垦与多元化的水利开发形式，而冬水田的出现极大地扩展了水稻的种植范围。灌县人王昌南《老人村竹枝词》："半边街里已无街，久作芳塍傍水涯。一带田畴成沃壤，平分山色四时佳。"所反映的便是当时水利事业的蓬勃发展，荒废的街市亦变成沃壤良田的图景。乾隆时，梁平人涂宁舒《竹枝词》："饼饵香来大麦黄，平畴十里赶栽秧。干田车上山溪水，一片歌声唱夕阳。"表明山溪亦是水田灌溉的重要水源之一。乾隆五十五年（1790）南溪知县翁霆霖所著《南广杂咏》中记载当地农

---

① 资料来源：光绪《广安州新志》。
② 资料来源：阚昌言《农事说》，见乾隆十年《罗江县志》。

事："秋来记是小春天，才过收成便犁田。胡豆芝麻种都就，预潴冬水待明年。"所谓"预潴冬水"指的正是冬水田。冬水田这种耕作制度，在四川最早于雍正九年出现于成都县，后在诸位官员的大力推广之下，在全川普及开来。其核心技术要领是收割完稻谷之后，便及时犁田，以便将稻蔸、杂草等掩埋田中，并加高田塍、储蓄冬水，其标准往往是"一亩田满蓄二三亩田之水"①及来年栽插时便将所囤之水放灌它田。若无法直接引灌便用水车提灌。如嘉庆时程伯銮《桂溪四时竹枝词》中便介绍了如何将秧田中的水引到坂田中去，其云："梅子青青麦子黄，小西湖坝赶栽秧。坂田车上秧田水，是处山歌闹夕阳。"总之，清代四川竹枝词中呈现给人们的是一幅"水田兴旺、稻花飘香、妇女下田、秧歌传唱"的稻作图景。

二、竹枝词中的旱作图景

旱作既指水稻以外的其他农作物，清代四川种植结构中除水稻外，小麦、玉米、甘薯、桑、麻等皆有种植，而竹枝词中反映较多的是玉米与甘薯，这概与其为外来作物有一定关系。玉米原产于非洲，明代中后期传入中国。四川地区见之于文献记载的玉米种植，始于康熙二十五年（1686）的《韵连县志》与《成都府志》之"物产"部（万国鼎，1961）。而甘薯传入四川则更晚一些，大致是雍正时期。玉米、甘薯以高产与极强的环境适应能力的优势，在四川地区迅速普及开来。清代时玉米、甘薯对于四川社会经济的恢复以及盆周丘陵、山地的农业开发起到重要作用。因而，竹枝词中与它们相关的诗歌亦有不少，透过那凝练质朴的诗句便可以对这一时期以玉米、甘薯为代表的旱地作物在四川农业及农民生活中起到的作用有所观感。四川竹枝词中对玉米描述最多的人当属灌县人王昌南，他在《老人村竹枝词》中从这样几个方面对玉米进行了描述：

其一，谈到玉米得名由来及吃法时，他说："御麦曾经进御前，磨来细面白于棉。阿娘想夺天孙巧，做得馍馍月样圆。"对于"御麦"的叫法，张宗法《三农纪》中也有类似说法：御麦"谷中奇者，曾经进御，故曰御麦"。这里王昌南虽有意标榜玉米"磨来细面白于棉""做得馍馍月样圆"，但在川民饮食习惯中玉米毕竟是粗粮，其口感确实不佳。所以，他又劝道："莫嫌粗粝黄粱饭，稼穑艰难总要知。"而乾隆南溪县知县翁霪霖《南广杂咏》则更直白地说明了

---

① 学界目前普遍认为甘薯在四川种植最早见于雍正十一年（1733）《四川通志》中的记载。而周邦君则认为雍正五年《江油县志》中关于"山芋"的记载指的是甘薯。参见：周邦君《甘薯在清代四川的传播及其相关问题》，发表在《古今农业》2010年第2期。

当时人们并不习惯以玉米为主食，其云："不惯吃来包谷饭，都缘米价甚公平。"玉米虽然口感不佳，但食后耐饥程度明显高于米饭，故川民兼取二者之长，便出现了"金裹银"的吃法。"金"指的是玉米，"银"便是"稻米"。王昌南《老人村竹枝词》中的另一首便说到了稻米与玉米杂食的好处，其云："雅爱山眉远俗尘，山蔬食遍又山珍。能蹄鹿脯多佳味，果腹还须金裹银。"此外，从"磨来细面白于棉"及"果腹还须金裹银"这两句诗中，还可以推知此时玉米的品种至少已有黄、白两种了①。

其二，对于玉米收获的时节与方法，王昌南说："御麦搬从白露时，昼间运负夜间撕。"据笔者经验看四川农村收玉米的方式，根据种植面积的大小亦有所不同。在盆地周边地形以山地为主的地区，玉米是农作物收获之大宗，其收获方式如王昌南所说，是"昼间运负夜间撕"，即白天将玉米掰回家，晚上在剥玉米，该习俗一直存续至今。这一收获方式不单出于及时收获的考虑，另外"玉米壳"收回家中也可作为冬季马、牛等牲畜的草料或燃料。对于山区农家而言，"玉米全身都是宝"；在盆地腹地玉米种植面积较小的地区，农民收玉米时将"掰"与"剥"两道工序毕其功于一役。《老人村竹枝词》又云："寒露节交霜降辰，和灰渍粪若轻尘。山中活路无休息，御麦搬完点小春。"可见，玉米与其他旱作连种在清代四川的山区也已存在。

高产的玉米对于山农而言，无疑是再好不过的选择了。道光时，峨边县令杨国栋《峨边竹枝词》："今年玉蜀满山头，才得开荒便大收。共约邻家赛神去，瓜芦池上水初秋。"张曾敏在《马湖竹枝词》中也说道："山中绝少水田耕，那识嘉禾有玉秔。终岁饔飧炊握粟，同为粒食太平氓。"诗中"握粟"便是玉米。除食用外，玉米还可作为酿酒的原料。这在光绪时颜汝玉《建成竹枝词》中便有所体现："芋麦高粱酿酒多，无论糯稻是嘉禾。怪它大麴（曲）饶香烈，择地偏宜马水河。"不难看出，玉米在山区农业生产及食物结构中所处之地位。

甘薯在四川被称为红苕，主要分布于盆地丘陵及低山地区。位于川北地区的西充县盛产甘薯，因有"苕国"之称。西充县平时皆以"红苕"为主食。甘薯的吃法可"生食、蒸食、煮食、煨食，可切丝晒干收储，作粥；可糖饵，可酿酒"。今日流行于南充的"苕糖果"亦是南充人民对于食用甘薯的又一贡献。吃法虽多，但甘薯成为主食也是为糊口而行之无奈选择。咸丰时，宦居西充的刘鸿典在《西充竹枝词》中便对此发出了关切之同情："喜逢嘉客火锅烧，也识鸡豚味最饶。借问平时糊口计，可怜顿顿是红苕。"清代四川竹枝词关于旱地作物的诗歌中也不乏对经济作物的描述。此类记述亦体现当时四川农业发展

---

① 咸丰《南充县志》卷一《建制志·物产》记载，玉米有"红、黄、白"3种。

的特点。康熙时，温江人李启芃《邑竹枝词》对当地种植的经济作物有所记述：细碾细箍和粪担，长锄两两复三三。山歌漫唱齐声应，打赌争先去种蓝。隔年编草搭篷庐，护惜烟苗得长无。三月掘蚕时打岔，趁晴收摘"淡芭姑"。廉纤细雨重麻天，男妇招呼尽下田。莫道儿童无个事，沿田逐雀响马鞭。可见，蓝靛、烟草、麻3种经济作物在温江地区已经种植开来。嘉庆时，张曾敏《马湖竹枝词》："深山托业业何堪，半种黄姜半种蓝。境埒尽开勤苦作，客来鸡黍快幽探。"另外，甘蔗也是四川的一大特产，宋代时川中甘蔗的种植与利用水平已相当高了①。清代四川的甘蔗种植普遍，道光时合川人张栋《合州竹枝词》："斗米曾闻数十钱，三冬常作艳阳天。黄茅屋覆清泥壁，学得刀耕种蔗田。"而《旌阳竹枝词》中一首"甘蔗市"描述了甘薯丰收后上市销售的状况："甘蔗如林夹路稠，或红或白任君抽。个中佳境都知道，谁是当年顾虎头。"

三、竹枝词中的农村生活图景

清代四川竹枝词中关于农业的内容不仅记有农业生产的情形，还有对农村生活图景的生动描述。农民生活辛苦：农忙时需劳作田间地头；农闲时亦要从事其他能改善家境的副业生产。康熙时，温江人李启芃《邑竹枝词》："麦草挑齐满屋叉，好将灯下绩新麻。帽成亲手交郎卖，莫把些钱付酒家。"郫县人何人鹤《郫县竹枝词》："纤手盘成麦草帽，硫黄熏出白如霜。五月薅秧天气热，付与郎君遮太阳。"虽然这是首情意绵绵之诗，但从中也可窥知当时民间编织草帽的工艺。灌县王昌南《老人村竹枝词》中的一首则描述来了那些世居山中的农民的生活状态："山深容易度年华，除却农忙事亦赊。播种耘苗庄务毕，樵苏采药尽生涯。"妇女在农村生活中扮演着极其重要的角色，清人张履祥说："夫妇女所业，不过麻枲茧丝之属，勤惰所系，似于家道甚微；然勤则百务俱兴，惰则百务俱废。"张履祥对妇女在农村生活中重要地位的说明是恰当的，民谚"家贫思贤妻，国乱思良相"便强调勤劳女性对于农家生活的重要性。四川竹枝词中对于妇女勤劳、朴实形象的描述也给予了大量的笔墨。简阳人徐嗣昌《简州竹枝词》这样描述农村妇女的勤劳与辛苦："侬家十五自当家，昼纺木棉夜绩麻。多少工夫尤未了，明天又要摘红花。"翁霆霖《南广杂咏》："背篼一路影横斜，妇女多情亦作家。青帕裹头谁屋里，红花采过又棉花。"作者旁注：女人以竹筐系背后，谓之"背篼"；夫自呼妻，曰"屋里"。在传统农业社会中，纺织是农村妇女必备的一门技能，织布也是农家贴补家用的一种手段。因而，竹枝词中反映妇女纺织的诗歌亦有不少，万清涪《南广竹枝词》：

---

① （宋）王灼《糖霜谱》，文渊阁四库全书本。

"男事缫车女纺车，纺车长日更家家。掉话争觅干花掉，凭着补头度岁华。"嘉庆时，程伯銮《桂溪四时竹枝词》："寒夜挑灯上纺车，女儿生计在棉花。一宵能得钱多少，输与城南织布家。"涂宁舒《竹枝词二十四首》也道："数九寒天不出家，一冬生计在棉花。围炉幼女闲无事，也踏熏龙上纺车。"人们常以"男耕女织"来形容传统农业社会中劳动分工的特点。而清代四川竹枝词中所体现出的妇女在农村中的角色，有与该描述相符合的，也有不同之处。农村妇女也是参与农业生产的主要劳动力，种地、插秧便是她们经常要做的事情。在有些地方，妇女在农业生产中的作用不亚于男子，如乾隆时芦山县知县朱蕙在《芦风竹枝词》中便记述了这样一位能干的女性，其云："妇力耕耘夫背茶，鑪（炉）城一去远离家。甕头包谷余升斗，邻居都将富户夸。"杨学述《建昌竹枝词》："种豆为箕剧可怜，除其非种分当然。谁家跣足懒锄妇，褓负儿郎背上眠。"而《蜀都碎事·艺文补编》中一首描述妇女插秧的情形云："熟梅天气雨初过，小妇缠腰脱短蓑。扑面山风泥没膝，呼姑齐唱插秧歌。"这再一次印证了前文中妇女在农村稻作图景中的角色。古代文人们常用"馌妇耕夫"来形容男女在农业生产中的分工，但妇女们的辛劳程度也不低于男子。张曾敏《马湖竹枝词》便作了最好的说明，"田家数亩种山南，妇子曾无一刻耽。馌饷归来慵不得，又提筐叶饲春蚕。"刘鸿典《西充竹枝词》对当地妇女的辛苦有更具体的描述："纤纤女手不缝裳，刈草山头镇日忙。莫笑蓬头兼跣足，其中亦有秀才娘。"在旁注中，作者发出了这样的感慨："人家固宜勤俭，而使妇女过于勤俭亦觉非宜。某生妻刈草，予亲见之。"西充盛养蚕，而养蚕是妇女的主要工作。《西充竹枝词》中另一首记述了蚕娘的辛苦，"春风陌上采柔桑，拼著工夫日夜忙。不料新丝郎早卖，闺中懊煞养蚕娘。"通过以上的叙述，可以看到与出现在官方文献中的女性相比，四川竹枝词中的妇女形象则更为丰富。描述她们那既辛苦又勤劳、朴实的形象是勾勒农村日常生活图景中不可或缺的一笔。

竹枝词中关于农市的描述是刻画四川农村生活图景的又一方面。乾隆时，什邡农学家张宗法《三农纪》中对四川"蚕市"的记载便是农市的一种，其云："仲春（二月）蜀人鬻蚕器于市，因作乐纵观，谓之蚕市。"清代德阳佚名作者在《孝泉上九竹枝词》中对各种农市均有描述，如《田器市》："春光漏泄柳条条，人聚姜村拥且嚣。等闲识得升平象，农器堆山顷刻销。"又《蓑衣市》："百般好尚莫相非，货好何愁识者稀。惟有农人闲不得，预防阴雨买蓑衣。"《树秧市》："万束千株小树秧，乡人买种趁三阳。十年之计应如此，到底能成几栋梁。"农市主要以出售与农业生产直接相关的商品为主。当然，除农市外，赶集市也是农民日常生活中的重要活动。康熙时，绵竹县令陆箕永《绵州竹枝词十二首》中有一描述当地人民赶集情形的诗，云："一三五八四门场，马负肩担总杂粮。买得纸花红织带，欢呼归去趁夕阳。"乾隆时，翁霆霖《南广杂咏》："赶场百货压街檐，北集南墟名号添。且喜局钱通已遍，不须携米掉煤盐。"作者旁注曰："场期贸易，曰'赶场'；又前局钱未通，杂物多以米换。"其又云："紫茄白菜碧瓜条，一把连都入市挑。瞥见珊瑚红一桂，担头新带辣花（海）椒。"可见，赶集是农民出售农产品并购买生活物资的重要途径。对于平日辛苦的农人而言，赶集是其难得轻松的机会，街亭酒肆是他们最常光顾之处。乾隆时，芦山县知县朱鏶《芦风竹枝词》："贸迁无计只屠沽，食肉人多半酒徒。每到场期一五八，酡颜攘背共欢呼。"刘鸿典《西充竹枝词》中亦记："街头风景问如何，饭店门前豆腐多。更有高粱烧酒好，散场人尽醉颜酡。"最后，竹枝词中对于农民的文化娱乐图景也有描述，笔墨虽不多，但也是考察清代农村社会生活史的重要资料。陆箕永《绵州竹枝词》这样描述农村社戏的场景："山村社戏赛神幢，铁拨檀槽柘作梆。一派秦声浑不断，有时低去说吹腔。"社戏是宋代以来流传于民间的一种重要的文娱活动，而陆箕永笔下叙说的社戏，却不同于一般的民间乡戏。清代德阳将这类"山村社戏"称为"乱弹"，此俗让初到德阳为官的陆箕永"颇骇观听"但"久习之，反取其不通，足资笑剧也。"而乾隆时梁平举人涂宁舒《竹枝词》中所描述的"秧苗戏"也是农家娱乐的重要形式："酬神几日唱秧苗，看戏人将比户邀。椒眼竹篮珠万颗，声声唤卖紫樱桃。"孙太钧《梁山竹枝词》亦云："四月村庄赛社时，雨催稻子绿盈陂。逗钱唱本秧苗戏，尽是高腔木棒椎。"秧苗戏是四川农村最为普通之社戏，也是四川稻作文化的重要组成部分。清代每逢"旧历三月三秧苗会时，在秧田中搭台，打小锣鼓，唱'薅秧歌'演《王冕斋》《扫蝗虫》《战南海》，为求风调雨顺，五谷丰登"（中国戏曲志编辑委员会，2000）。与定期的秧苗戏相比，农人闲暇时也有自己娱乐方式，如道光时合川人陈蕴辉《合阳竹枝词》中便描述了当地农民娱乐的情形，其云："乡村乐趣四时多，插罢新秧又刈禾。月里胡琴声响亮，豆棚围着唱灯歌。"概言之，清代四川竹枝词中描述的是一幅"妇女勤，织业兴，农市盛，乡戏行"的农村生活图景。

四、结语

上文通过对清代四川竹枝词中与农业相关的史料的梳理，从3个侧面对清代四川的农业图景作了描述，虽未能展示农业发展之全貌，亦可得管豹之一斑，为研究清代四川农业及"三农"问题提供补充。而竹枝词中所集中反映的农业图景，恰与当时四川农业发展主题相合：与种植相关的稻作图景、旱作图景，恰好反映出清代四川发展水利、推行水稻和美洲高产作物的传播与垦殖范围的扩大；而农村生活图景，则从最接近乡土的层面展示了当时农民的生活状态，为研究农村社会史提供重要参考。正如有学者所说："竹枝词可以看做能够从不同角度多方位反映社会历史文化面貌的全景式画卷"（王子今，2009）。因而，挖掘四川竹枝词中与"三农"相关的史料，将有助于推进四川农业史的研究。本文仅是一种尝试性的探讨，难免偏颇之处，敬请方家指正。

参 考 文 献

林孔翼，1982. 成都竹枝词［M］. 成都：四川人民出版社.

万国鼎，1961. 五谷史话［M］. 北京：中华书局.

王培荀，1992. 听雨楼随笔［M］. 济南：山东大学出版社.

王子今，2009. "竹枝词"的文化意义［J］. 河南科技大学学报（社会科学版）（3）：5.

游修龄，曾雄生，2010. 中国稻作文化史［M］. 上海：上海人民出版社.

陈恒力，等，1983. 补农书校释［M］. 北京：农业出版社.

邹介正，等，1989. 三农纪校释［M］. 北京：农业出版社.

中国戏曲志编辑委员会，2000. 中戏曲志·四川卷［M］. 北京：中国 ISBN 中心.

（作者陈桂权为中国科学院自然科学史研究所 2012 级博士研究生）

甘肃省西和县以乞巧节为原型
创办中国农民丰收节探析

张　婷　秦　莹

　　2007年初，中国民间文艺家协会将甘肃省西和县命名为"中国乞巧文化之乡"。2008年又录入第一批国家级非物质文化遗产扩展项目。中国作为拥有五千年历史的文化大国，在发展中形成了众多传统节日，其中乞巧节为唯一一个全国性的女儿节。从农历六月三十日晚开始，至七月初七晚，姑娘们以载歌载舞的形式，举行七天八夜的礼俗仪式，祈求心灵手巧，聪明智慧。这种传统风俗及表现形式在西和县已经流传已久。当前，中国社会正处于转型期，是一个从传统社会向现代社会、总体社会向多元社会的变迁过程。在这个进程中，一些与现代观念不相符合的旧习俗受到挑战。因此，在新的时代，如何发展新传统，以促进乞巧文化转型，是一个关于乞巧文化传承的现代创新问题。自2018年起，经国务院批准，将每年的农历八月十四日，即秋分，设立为中国农民丰收节（以下简称丰收节）。这是一个全国性的以农民为主体，关于庆祝丰收的节日。丰收节对传承中华农业文明、实施乡村振兴战略、提高人民美好生活都具有重要意义和价值。丰收节的举办更是农业文化传承与创新的舞台。甘肃省西和县以乞巧节为原型，融合乞巧传统文化，创办中国农民丰收节——乞巧民俗文化活动，既有助于乞巧传统文化的创新，也有助于推进乡村文化振兴战略。

一、乞巧节原型与中国农民丰收节的关联

（一）乞巧节原型与礼俗仪式

　　乞巧节也称女儿节，其风俗与早期秦文化中"牛郎织女"的传说息息相关。甘肃省西和县、礼县一带为秦人发源地，据说天上织女勤于机杼，所以西和县一带群众将其称为"巧娘娘"。每年初秋，姑娘们怀揣虔诚的心灵与美好的寄托，请"巧娘娘"下凡，七天八夜的乞巧祭祀活动都围绕她展开。

　　西和乞巧节一般分3个阶段：准备阶段、乞巧活动和送巧活动。准备阶段基本分两步，即个人的事先准备和集体乞巧活动的准备。个人的事先准备基本有用凤仙花染指甲，在七月初唱跳甩手时就可以显得光彩夺目；还有在乞巧节

半月前生巧芽，供乞巧时"投芽卜巧"之用，同时也是个人给巧娘娘的供品。集体准备包括选址、联络筹资、练歌备装、请巧造巧，都是为后续七天八夜的活动做准备。从农历六月三十日下午开始至七月初一上午，姑娘们先进行手襻搭桥的迎巧仪式，接着开始七天八夜的祭巧、唱巧、相互百巧、跳麻姐姐、祈神迎水、转饭卜巧等丰富的乞巧活动。活动一直延续到七月初七的下午，便进入尾声。姑娘们要进行送巧活动，其中包括巧饭会餐、转饭、照瓣卜巧、送巧等内容。送巧仪式结束后，沿送巧路线原路返回，代表着传统的一年一度的乞巧活动落下帷幕。

（二）乞巧节与中国农民丰收节的对比分析

乞巧节与丰收节都是全国性的庆祝节日，对于农业文化的传承都具有重要的意义。但是，二者在节日时间、节日仪式、节日内容以及节日隐喻方面存在巨大差异。因此，对它们的关联性与差异性进行比较分析，有助于促进乞巧文化的发展与转型。

1. 乞巧节与中国农民丰收节的关联性

（1）以农业为起源。在乞巧节中，姑娘们都要怀着虔诚的心请"巧娘娘"下凡，"巧娘娘"是姑娘们心中美好寄托的载体。而"巧娘娘"原型为天上善于机杼的织女。织女的传说又代表了在古老的封闭性农业国家中，作为农业辅助形式的家庭手工业的地位。所以，人物从源头就是中华民族最基本的农业劳动者的象征，其发展与农业发展息息相关。而丰收节更是专门为农民设立的节日，是全国性的农民丰收节。对农民的增收、农村的发展有重要作用。所以，乞巧节和丰收节的举办都与农业息息相关。

（2）歌舞的表现形式。在乞巧节中，"唱巧"是最具代表性的表现形式，它贯穿于乞巧活动的整个过程中。姑娘们齐聚坐巧①处，在七天八夜中，从白天直至深夜，按一定的程式，用不同歌曲在巧娘娘面前载歌载舞，以抒发情感，表达夙愿。而且新时期以来，由于多元文化的影响，唱巧过程中逐步融入现代歌舞的元素，表演内容更加丰富。在举办丰收节时，大多数农民选择以文艺汇演的形式进行庆祝。文艺汇演的主题围绕农业、农民、农村等展开，文艺汇演多由农民自发组织表演或由民间艺术团体进行表演。这种歌舞的表现形式，更有利于营造欢快轻松的氛围，更易于被广大农民所接受。

（3）固定的节庆时间。乞巧节的庆祝时间为每年农历六月三十日晚（小月为二十九日）至七月初七。自2018年起，中国将每年秋分，即农历八月十四日，设立为中国农民丰收节。固定的节庆时间有助于保持社会或群体的记忆，

---

① 坐巧：巧娘娘的扎纸像安坐在某一户人家。

有利于文化的传承。无论是乞巧节这种传统节日，还是新设立的丰收节，固定的节庆时间不仅会强化群体内部的认同感和归属感，还会增加群体成员之间的感情。

（4）以节为媒抒发内心寄托。"文化的形成既是为了满足个人的生理与心理需求，也是为了满足社会整体的需要，而其中最主要的是为了前者。这就是文化的功能，而且个人也是借助文化而非自然的方法来满足这些需要"（夏建中，1997）。在封建社会，姑娘们的道德行为都受到封建思想的禁锢，姑娘们充分利用乞巧节这样的传统民俗节日，借助唱巧，表达自己内心的情绪，或表达对婚姻不满的抑郁，或表达对婚姻的愿望与追求。由此可见，姑娘们就是通过乞巧仪式来表达自己的情绪。随着现代化进程的推进，农民已逐步体现出对精神文化的诉求。在此时举办丰收节有其必要性：一是对于过去一年的丰收进行庆祝，展示过去一年的丰硕成果和面貌；二是抒发对来年收成的美好寄托。这对调动农民奋斗的积极性、主动性、创造性有着不可或缺的作用。

（5）体现人与自然、人与人依存关系。乞巧文化与"牛郎织女"的传说息息相关，它体现着人类早期如何依靠自然资源进行简单耕种的方式方法，更象征着人与自然的和谐相处关系。在乞巧节期间，各村各庄的村民，特别是未婚女性相聚举办庆祝活动，是早期西和村民精神活动的重要组成部分。丰收节的举办更是为城市居民回归自然、城市居民与农民的交往、村民与村民的交往提供了一个契机。两种节日都体现着一种人与自然、人与人之间的本真关系。

（6）合作与竞争的社会互动。乞巧节从准备阶段开始以及七天八夜的乞巧阶段，各个环节都存在着人际互动。主要有合作与竞争两种表现形式：合作指个人与个人、群体与群体之间为达到某种共同利益而彼此相互配合的一种方式。在西和乞巧仪式中，姑娘们共同练习乞巧歌舞、集体祭巧、唱巧、卜巧、巧饭会餐等环节，都具有强烈的合作意识。竞争即社会上个人与个人、群体与群体之间对于共同目标的争夺。个人祭巧的"抢头香"、拜巧、祈神迎水等环节都充分体现了竞争意识。丰收节在举办过程中也具有合作与竞争两种意识。合作意识体现在村民共同将该村特色农产品进行汇聚展销，打造地方特色文化。在举办丰收节时，为激发村民来年干劲，会设置评选最佳农产品的项目。村民会将自家最优质的农产品拿出来进行评比，如评选"瓜王""果王"等，这又集中体现了村民的竞争意识。

（7）有利于社会关系的整合。"社会整合是指社会的不同因素、部分结合成为一个协调统一的社会整体的过程，亦即社会一体化"（郑杭生，2003）。在西和乞巧节中，来自不同阶层、不同年龄、不同村庄的姑娘们，因为庆祝乞巧节、请"巧娘娘"下凡而汇聚一起。从农历六月三十日开始以及长达七天八夜的乞巧活动中，姑娘们不分富贵贫贱、以歌舞会友，抒发自己的情感。这既表现出了对乞巧文化的认同，也使得姑娘们相互之间增进了感情。在乞巧节期间，村落之间的互相拜巧更是增进了地缘之间的关系。举办丰收节，不仅有助于促进农村之间的紧密联系，更为城乡之间搭建了一条纽带。一方面，在丰收节庆期间，各乡村村民汇聚一起，共同庆祝丰收硕果；另一方面，丰收节中蕴涵的乡土文化，更是为城市居民回归乡村打下了感情基调。乡土、乡音、乡韵、乡情汇聚为乡愁，成为城乡难以割断的纽带。这在促进了农业文化认同感的同时，对民族的团结起到了积极作用。

2. 乞巧节与中国农民丰收节的差异性

（1）组织与参与主体不同。乞巧节是全国性的女儿节，是一个以未婚女性为主的节日。在乞巧节活动的整个过程中，主要操办人与参与主体都为女性。而丰收节是全国性的以农民为主体的节日，一般可以由政府、企业或农民自发组织进行举办。参与者不仅限于农民。两者相比较而言，乞巧节的参与主体较为具体，且范围较小，具有一定的局限性；而丰收节的参与主体相对广泛，更具有开放性。

（2）庆祝仪式不同。乞巧节渊源与神话传说有密切关系，且具有悠久的历史。其七天八夜的庆祝活动中，对于"巧娘娘"的祭祀活动为所有活动的核心内容。乞巧庆祝仪式主要有坐巧、手襻搭桥、迎巧、祭巧、唱巧、跳麻姐姐、拜巧、卜巧、送巧等环节，且主要操办人及参与者都为女性；而丰收节的庆祝方式较为多元化，且活动的核心内容为农民庆祝丰收及农产品的展销。两者相比较而言，乞巧节因其传统性，具有神话色彩；而丰收节更具现代性，其中融入了科学技术。

（3）传达农业文化不同。乞巧节实则为未婚女性明确其社会角色的一个过程，这其中不免蕴涵封建社会的陋习。姑娘们向"巧娘娘"祈求心灵手巧、聪明能干，来强化她们的社会性别与社会角色，以更好地扮演好侍奉衣食、相夫教子的角色。在这个过程中，实则体现了一种男耕女织的小农文化。而丰收节传输的则是现代化的农业文化，是一种开放性、包容性的农业文化。二者相比较而言，乞巧节体现出了因其传统性而衍生出来的封闭性特点；而丰收节与社会的发展进程相关联，更具有开放性。二者传输的不同文化也体现了在不同发展阶段，农业文化发展也具有差异性。

（4）节日功能不同。乞巧节是具有悠久历史的传统节日，它的起源与神话传说有密切的联系。固定的节日庆祝时间、固定的节日庆祝仪式使得它的节日功能较为单一。从直接影响来看，为未婚女性祈求"得巧"，更深远的影响则为传统文化的传承。"人们在观看和参与仪式的解释、操练和表演过程来强化民族记忆和文化认同"（萧放，2010）。重复的节日庆祝仪式加强了群体的记忆，使得民族文化得以传承。丰收节虽专门是为农民设立的节日，但本质是特定的文化节，在民族团结、社会稳定、经济发展、文化传承等方面都发挥着节日的功能，影响范围更为广泛。两者相比较而言，乞巧节更具有传统文化的特性，主要表现为民族文化的传承；而丰收节则更具有现实影响，对中国政治、经济、文化等各方面都有所渗透。

二、以乞巧节为原型创办乞巧民俗文化活动

（一）节日参与主体范围扩大

在西和传统的乞巧节中，未婚女性是节日仅有的主角，一旦结婚就不能再参加乞巧节。但是随着社会的发展，首先在女性群体中的范围逐步扩大，由未婚女性延伸到中年妇女及老年妇女。未婚女性仍然为主要参与者，中年妇女及老年妇女可以协助组织乞巧活动的选址及联络参与乞巧活动的人员等。然后，随着信息化水平提高，人们所接受到的文化更加丰富，人们对乞巧文化的理解又上升了一个高度，由原来地区内的"女儿节"上升到民族文化，所以在不同群体范围也有所扩散，他们主要参加一些由乞巧节衍生出来的文化活动。

（二）节日活动项目增多

传统的乞巧节就是在农历六月三十日晚至七月初七晚，姑娘们进行七天八夜的乞巧活动。等七月初七送巧活动结束，就意味着该年乞巧活动的结束。虽然活动期间内容丰富，但是仪式都是每年重复举行。随着现代化进程的推进，乞巧民俗文化活动在保留原有庆祝仪式的同时，又增加了现代元素。如第十届陇南乞巧女儿节系列活动——以"传承乞巧文化、丰富青少年文化体育生活、提高青少年健身技能水平"为主题的陇南乞巧女儿节在伏羲文化广场隆重举行。本次青少年轮滑表演以第十届陇南乞巧女儿节为契机，既促进了青少年体育运动的广泛开展，也进一步提高了青少年体育运动水平，营造出了全社会参与体育的良好环境，增进全民身心健康。在该次活动节中，还邀请了北京市作家协会副主席、著名作家毕淑敏在现场进行《弘扬乞巧女儿美德的时代精神》的演讲。

（三）节日内涵更加丰富

传统的乞巧节又称"女儿节"，节庆期间姑娘们怀着虔诚的心请"巧娘娘"下凡，向她祈求心灵手巧、聪明智慧。在节庆期间，姑娘们通过"唱巧"等活动来表达自己内心对美好生活的寄托。乞巧民俗文化活动的活动在继承了传统乞巧节文化的基础上，又丰富了其节日内涵。乞巧节所传输的文化从一种传统

的地域文化已发展成为一种特色文化,活动的举办与参与人员不仅限于村庄的女性,而是走向全国,成为一种民族特色文化。

(四) 节日功能更加多元化

传统乞巧节中,姑娘们可以借助节日来抒发自己的情感,且"拜巧"等仪式对姑娘们的婚嫁也有影响,但其最重要的功能为乞巧文化的传承。"传统节日将时间、周期重复的言语和身体姿势等这些标记集合组织进入人们的特定话语之中,而这些话语又构建起了现实与具体的内容和象征意义的关联,从而强化个体身体对自己所属群体的记忆,使得人们产生一种传统延续的体验、维持社会现状的意识。在此过程中,传统也得以延续"(李峰,2008)。乞巧民俗文化活动在继承其文化传承功能的基础上,又衍生出更多功能,如乞巧文化的产业化、乞巧文化的品牌化、乞巧特色文化带动旅游文化兴村及乞巧文化带动西和精准扶贫等。

(五) 节日科学性增强

在传统乞巧节的庆祝仪式中,"祭巧"为主要的庆祝环节。因为乞巧节的来源与神话传说有密切关联,且乞巧节的核心就是围绕姑娘们祈巧而展开,所以鬼神色彩非常鲜明。而乞巧民俗文化活动则在保留传统文化的基础上,更加具有科学性。如在保留其传说美好性的基础上,不再局限于庆祝环节本身,而是立足实践,利用乞巧民俗文化活动来帮扶本地改善贫困状况。举办节庆活动期间还利用"互联网+"等模式向全国人民传播乞巧民俗文化。

(六) 节日更加规范化、标准化

传统乞巧节是民间自发组织的节日,且都是由农民自己操办。虽然庆祝仪式固定,代代相传,但在传承的过程中因为各种因素,也存在部分事实扭曲。在此基础上,乞巧民俗文化活动的举办主体扩大,政府也参与举办,这是一种传统文化与官方活动的交融。节日规范化与标准化更有利于乞巧文化的传承,但在这里必须要注意的是,不能只看到短浅的节日物化效益,而忽略了非物质文化遗产的保护。要先分清主次,再进行发展与创新。

三、乞巧民俗文化活动对乡村文化振兴的影响

经国务院批准,中国将每年秋分设立为中国农民丰收节,这是为全国农民设立的丰收节。设立丰收节对传承中华农业文明、实施乡村振兴战略、提高人民美好生活都具有重要的意义和价值。甘肃省西和县结合其悠久的历史与当地

特色的乞巧文化，举办中国农民丰收节——乞巧民俗文化活动，这对当地的经济发展及乡村文化振兴有着重要意义。

（一）为乡村文化振兴拓展经济渠道

文化是引领、支撑人们行动和实践的精神力量，是实现乡村经济发展的强大支撑。要实施乡村文化的振兴，首先要有一定的经济基础，乞巧民俗文化活动依靠其独特的民俗文化，使文化产业化、文化品牌化、特色文化带动旅游文化兴村及精准扶贫。这在很大程度上为乡村文化振兴拓展了经济渠道，主要表现在以下 4 个方面：

1. "小刺绣，大产业" 西和拥有 7 000 多年的历史文化积淀，孕育出了一大批丰富的文化遗产。其中，刺绣俗称"绣花""扎花"，是西和妇女熟练掌握的传统工艺之一。在传统乞巧节中，"巧娘娘"的原型即是神话故事牛郎织女中善于机杼的织女。所以，其历史非常悠久，西和当地的妇女非常重视刺绣，以能否刺绣作为衡量妇女巧拙的重要标准之一。她们主要绣在衣服上、鞋面上、枕头上，既可以给生活增添情趣，也可以赠送好友。近年来，随着非物质文化保护的升温，这些刺绣作品具有了更多的收藏价值，使这种传统的民俗文化产业化。刺绣作品除了给日常生活增添情趣和馈赠亲友外，还可以作为商品进行售卖来获取经济利益。这种将文化物化的过程既可以获取经济利益，又可以将这种传统文化更好的扩散，可谓是一举两得。2015 年，当地女致富带头人和另外 12 个股东组建了包集绣艺文化产业有限公司，很多村民利用农闲时间从事刺绣、草编行业。刺绣不仅是一门传统技艺，如今也成为西和县包集村脱贫致富的新产业。包集绣艺文化产业有限公司负责人吕小红介绍说，通过探索"公司＋基地＋协会＋贫困妇女"的经营模式和脱贫带动机制，吸纳了36 名贫困妇女以自筹 2 000 元，全国妇联帮扶资金配股 3 000 元的方式每人向绣艺公司入股 5 000 元，年末保底分红 1 000 元，目前 36 户贫困户已有 12 户脱贫。

2. "巧娘娘，树品牌" 乞巧文化与织女的传说密不可分，传统乞巧节中的"巧娘娘"更是天上善于机杼的织女化身。姑娘们参加乞巧节更是为了祈求心灵手巧、聪明智慧。所以，乞巧文化中的"巧"字给大家留下了深刻的影响。一提到乞巧节，首先想到的是姑娘们的心灵手巧，这也可谓群众对传统乞巧节的"刻板印象"[①]。乞巧民俗文化活动传承了这些优秀的文化，并很好地利用了这种印象，将这种文化品牌化，打造"巧"字特色品牌，提高农村就业

---

① 刻板印象：是一个心理学名词，指人们对某个事物或物体形成的一种固定概括的看法，并把这种看法推而广之，认为这个事物或整体都具有该特征。

率，提高农村经济发展水平。近年来，西和县积极加大劳务输转力度，通过开展家政培训、月嫂培训、"巧嫂、巧妹、巧汉子"劳务品牌等劳务技能培训，不断提高外出务工人员的就业竞争力。2017年2月8日，由西和县人社局、劳务办、交通局、运管局、汽车站组织的236名"巧嫂、巧妹、巧汉子"赴上海、浙江、江苏务工。这在提高了就业率的同时，也将西和乞巧文化传输到了全国各地。

3. "众乞巧，促旅游"　乞巧文化已逐步发展成为一种特色的民俗文化，且伴随着近年来科技水平的提高、互联网模式的辐射，这种优秀的文化已经逐步走出甘肃、走向全国，被全国人民所熟知。又因其具有深厚的文化积淀，所以越来越多的人选择走向乞巧文化发源之乡——西和县进行实地感受。西和县把文化旅游产业开发作为推动全县经济转型跨越发展的重点，以乞巧文化为支撑，在旅游品牌创建、乡村旅游富民工程、重点文化旅游项目建设、重点景区基础设施和公共服务设施、乞巧女儿节筹办申遗等方面取得显著成效。在2018年七天八夜的乞巧活动中，西和县包集村每天接待游客5 000多人次，创造经济效益达30多万元①。这为西和的经济发展创造了巨大效益。

4. "更精准，助扶贫"　乞巧文化具有几千年的历史文化积淀，已被广大群众所熟知。且随着信息化水平的提高，这种文化的辐射范围也在逐步扩大，由村落走向全国。乞巧民俗文化活动打出了"传承乞巧优秀文化，凝聚脱贫精神力量"的口号，依靠这种传统优秀文化的影响，带动西和的扶贫事业。2018年西和县成功举办了精准扶贫"巧嫂、巧妹、巧汉子"劳务输转大型招聘洽谈会。此次洽谈招聘会，是西和县近年来规模最大，受邀企业、应聘人数最多，提供岗位最广的一次招聘会。来自北京、上海、陕西、浙江、广东、江苏等省份24家企业及本县2户中介公司提供就业岗位35 375个，各乡镇政府与用工企业共签订双向对接协议44份，并向用工企业推荐务工人员25 528人。现场成功签约880人，其中招聘签约未就业高校毕业生38人、本科毕业生2人、专科毕业生36人。同时，各乡镇政府与用工企业签约意向性务工人员19 150人，并达成长期用工合作关系①。这对推进西和"巧嫂、巧妹、巧汉子"劳务品牌输转工作、为精准扶贫搭建平台、全面促进农村劳动力稳定就业和贫困户快速脱贫致富有重要意义。

（二）为乡村文化振兴奠定群众基础

西和乞巧文化以及群体对乞巧文化规则的共同遵守，使得西和群众拥有相似的行为规范、是非标准、价值取向和审美标准。这使西和群众具有较强的群

---

　　① 资料来源：西和县人民政府信息公开网。

体凝聚力，也体现出一种对乞巧文化的认同感与群体归属感，这为乡村文化振兴奠定了良好的群众基础。对于丰收节的举办，西和群众比一般群众表现出更强的兴趣与自信心。

1. 政府与民间的互动　乞巧民俗文化活动的举办，对乞巧文化的转型有着重要的意义。传统的乞巧节是由村民自发组织，是一种由下而上的举办形式。而乞巧民俗文化活动则是一种由政府搭台、村民参加、由上而下的举办形式。在这个过程中，因为有乞巧文化的渗透，所以，西和群众在面对由下而上和由上而下两种完全相反的举办形式时，没有表现出抗拒心理。这对丰收节，即乞巧民俗文化活动对乡村文化振兴的影响力没有削减，反而依靠传统文化的渗透，增强了其影响力。乞巧民俗文化活动的举办相对于传统的乞巧节，其节日政治性与群众性都有所增强。乞巧文化在新的时代背景下，又加入了新的象征资本，从而使其增加了些许政治功能。

2. 城市与乡村一体化　乞巧民俗文化活动为乞巧文化的传播搭建了一个平台。且现代以互联网为载体，使乞巧文化的扩散更加快捷与广泛。城市居民有更多途径了解到乞巧文化，而且村民也不再将自己封闭于村落之中，可以通过互联网了解外界多元文化。这种两者相互之间了解程度的增强，在促进了城乡一体化进程的同时，也促进了乞巧文化的转型。在现代社会，城市居民在了解了乞巧文化之后，有经济条件可以深入实地进行文化体验，这对西和群众在经济收入和文化接受方面都有积极的影响。丰收节的举办虽然以农民为主体，但并不是割裂了城乡、只发展农村，而是城乡结合、共同促进乡村文化的振兴。

3. 干部与群众鱼水情　乞巧民俗文化活动倡导政府搭台，鼓励农民积极参与。这在融合了乞巧文化的基础上，使得节日更加规范化、标准化，这在一定程度上加强了西和干部与群众之间的交流。在乡村文化振兴的道路上，靠的就是干部群众同心协力撸起袖子加油干。干部与群众没有等级的差别，干部更要为群众做好服务工作，共同担负起振兴乡村文化的责任。2018 年乞巧民俗文化活动举办前夕，西和县委常委、宣传部长马国荣分别到县体育场、县广电演播大厅、稍峪乡、石堡镇、姜席镇、晚霞湖悦湖广场、乞巧民俗馆、县博物馆等地督查乞巧节筹备工作落实情况。马国荣每到一处，认真听取各乞巧点负责人的工作汇报，对乞巧女儿节筹备工作进展情况进行实地督查，就发现的问题提出整改意见。提高干部与群众的交流程度有助于提高乡村文化振兴的工作效率。

（三）为乡村文化振兴奠定文化底蕴

乞巧文化经历了数千年的文化沉淀，代代相传，保留至今。这既体现了乞巧文化的历史悠久性，其传承历程也为民族文化的传承提供了宝贵的经验。丰收节的举办，不是让农民抛弃传统文化，而是要与当地的特色文化融合发展。要立足实践，给传统文化赋予更丰富的内涵，才能起到乡村文化振兴的作用，主要体现在以下 3 个方面：

1. 保护技艺，传承文化　文化的传承具有一定的载体，一般是通过特定的节日进行传承。而在节日中，主要通过客观存在的技艺来体现。在乞巧文化中，保留至今的有西秦腔、皮影戏、木偶戏、刺绣、绣荷包、剪纸等民间技艺。这些民间技艺中蕴含了丰富的传统文化，它们互相渗透、互相作用。随着现代化进程的推进，很多传统文化都受到了各方面的冲击。所以，在此时以民间技艺为载体，传承传统文化是乡村文化振兴的重要步骤。

2. 继承美德，建设乡风　在乡村文化振兴的过程中，乡风的建设是重要的组成部分。乞巧文化中本就蕴含着勤俭持家、家庭和睦、邻里和谐、热爱自然等精神。举办乞巧民俗文化活动，就是在继承这些美德的基础上，立足实践，融入更广泛的内容，如耕读传家、扶危济困、保护耕地等。所以，乞巧民俗文化活动为乡风的建设打下了良好的基础。

3. 立足实践，创新传统　文化的发展与社会的经济发展水平具有紧密的联系。传统文化在传承的过程中，虽然本质不会改变，但是在不同发展水平下，其中部分内容会发生变革。在这个过程中，就存在传统文化的传承与创新的问题。必须明确，要在传承传统文化中优秀部分的基础上，立足实践，对其创新。乞巧民俗文化活动的举办在传承了乞巧文化中"巧"文化的基础上，立足西和具体的发展状况，对其进行创新，也使得群众文化生活更为丰富。这对乡村文化的建设具有很大借鉴意义。

<h1 style="text-align:center">参 考 文 献</h1>

郭昭第，2011. 西和乞巧节的地域象征及乞巧歌的文化精神 [J]. 兰州学刊（4）.

李峰，2008. 节日的功能及其社会学隐喻 [J]. 河南社会科学（4）.

罗华娟，2009. 乞巧文化资源的现代转换研究 [D]. 北京：中央民族大学.

每日甘肃网，2018. 乞巧女儿节为西和带来脱贫新平台新产业 [OL]. http：//gansu. gansudaily. com. cn/system/2018/08/17/017027968. shtml.

田阡，苑利，2018. 多学科视野下的农业文化遗产与乡村振兴 [M]. 北京：知识产权出版社.

夏建中，1997. 文化人类理论学派 [M]. 北京：中国人民大学出版社.

萧放，2010. 节日仪式是文化记忆的要素和过程 [N]. 中国社会科学报，02-09（003）.

于永红，2019. 陇南的乞巧风俗与巧娘娘造像探析 [J]. 文化学刊（4）.

赵家治，2018. 中国农民丰收节的意蕴与价值 [N]. 吉林日报，09-23（003）.

赵逵夫，2014. 西和乞巧节 [M]. 上海：上海远东出版社.

郑杭生，2003. 社会学概论新修［M］. 北京：中国人民大学出版社.

中新网，2018. 甘肃西和传统刺绣技艺重焕新生：赠品变为致富商品［OL］. http：//
www. chinanews. com/sh/2018/08－28/8612606. shtml.

（作者张婷为云南农业大学人文与社会科学学院硕士研究生；作者秦
莹为云南农业大学人文与社会科学学院教授）

古代乡村社树文化及其生态意蕴

任燕青

"鼓声迎客醉还家，社树团栾日影斜。共喜今年春赛好，缠头红有象生花。"诗人贺铸描绘了一幅宋代乡村春社日的风俗画，人们在社树下饮酒、团聚、赛神的喜庆气氛跃然纸上。古人在社树下庆祝农耕节日，引发我们对社树的思考。社树是什么，它的文化意义如何？这些问题似乎尚未引起学者的充分关注。从文化史角度看，社树为中国乡村社会一种重要文化符号，承载森林与农业共生共荣，自然与社会和谐发展的生态价值。在当代乡村振兴与生态文化建构中，十分有必要讨论社树文化及其生态意蕴。

一、社树的制度

何谓"社树"？简单说，社树是构成古代祭祀场所——"社"所必需的树木。

社树制度历史悠久，氏族时代可能已发展，封建时代绵延不绝。社树制度自夏代可能已发展。《论语·八佾》记载："哀公问社于宰我。宰我对曰：夏后氏以松，殷人以柏，周人以栗，曰使民战栗。子闻之，曰：成事不说，遂事不谏，既往不咎。"可见，社制悠久，夏商周的社树情形，在孔子看来是一桩历史悬案。《淮南子·齐俗训》记载："社祀有虞氏用土，夏后氏以松，殷人用石，周人用栗。"这些反映战国至汉代时人的社树观念。

社树制度在春秋战国的发展，基本可以确认。《周礼·地官·大司徒》曰："以天下土地之图，周知九州岛之地域，广轮之数，辨其山林、川泽、丘陵、坟衍、原隰之名物，而辨其邦国都鄙之数，制其畿疆而沟封之，设其社稷之壝而树之田主。各以其野之所宜木，遂以名其社与其野。"诸侯国的社树有着神异传说，《庄子·人间世》曰："匠石之齐，至于曲辕，见栎社树，其大，蔽千牛絜之百围，其高，临山十仞而后有枝，其可以为舟者，旁十数。"《博物志·史补》提到郑国的社树："子路与子贡过郑神社，社树有鸟，神牵率子路，子贡说之，乃止。"当时，还有一种丛林形态的丛社，《墨子·明鬼》曰："燕之有祖，当齐之有社稷，宋之有桑林，楚之有云梦也。此皆男女之所属而观也。"桑林与云梦，都是有名的丛社。

社树制度至少绵延至清代。汉代以后社树的记载屡见不鲜。如《汉书·五行志》载："山阳茅乡社有大槐树，吏伐断之，其夜树复立其故处。"《水经注》载："新邑立城社树枌榆。"《长安志》载："董龙社树，在县西南三十里。"清代仍有"社林"，如《隐居通义·鬼神》载："（二人）遥望前途有社林焉，拟造树下避雨。"

二、社树的文化意义

社树的文化意义是多重的。宗教上，它用作图腾，作神灵依附的神主。社会上，它是乡村社会重要节日的场所和精神符号。

1. 图腾宗教意义 李则纲《社与图腾》认为，"社是图腾的蜕遗。"何星亮《图腾圣地与社》认为，"社的前身是图腾圣地，社树或社石等是由氏族社会时代的图腾演变而来的，是图腾的象征物。"古开弼在《中华民族的树木图腾与树木崇拜》中认为，中国历代存在以树木为社址神坛标志的图腾圣地的现象。另外，表示福禄。赵沛霖在《树木兴象的起源与社树崇拜》中认为，社树承载福禄国祚、宗族祖先、故里亲亲的宗教意义。

2. 社树下的社日 "社日"习俗大约在中古兴盛。南朝风俗录、唐宋诗词描绘的社日风俗离不开社树。《荆楚岁时记》云："社日，四邻并结综会社，牲醪，为屋于树下，先祭神，然后飨其胙。"元稹《古社》曰："农收村落盛，社树新团圆。社公千万岁，永保村中民。"张籍《吴楚歌词》云："庭前春鸟啄林声，红夹罗襦缝未成。今朝社日停针线，起向朱樱树下行。"王驾《社日》曰："鹅湖山下稻粱肥，豚栅鸡栖半掩扉。桑柘影斜春社散，家家扶得醉人归。"陆游《社鼓诗》谓："林间鼓咚咚，迨此春社时。饮福父老醉，巍峨相扶持。"

3. 丛社令会男女的生殖风俗 中国少数民族"二月二""三月三""花朝节""采桑会"等，也都与古代"社"的"令会男女"的旨趣相近。那也是青年男女互相结识、交游婚配的时机。《墨子·明鬼篇》曰："燕之有祖，当齐之有社稷，宋之有桑林，楚之有云梦也。此皆男女之所属而观也。"《周礼·媒氏》曰："中春之月，令会男女。于是时也，奔者不禁。若无故而不用令者罚之。司男女之无夫家者而会之……凡男女之阴颂，听之于胜国之社。"以"桑中""桑间""桑林"为性隐喻的文化传统，反映桑社崇拜。社的文化功用主要有祈雨、祈子、祈年。社祭，表达农业丰产和人类繁衍两大期许。因而，与桑有关的名词寓意男女交合，其"繁殖"之内涵，恰反映以桑为社的古俗。"桑中"为男女交游寻欢之地的代称，如《诗·鄘风·桑中》"期我乎桑中，要我乎上宫，送我乎淇之上矣。"《吕氏春秋·顺民》曰："桑林，桑山之林，能兴云作雨也。""云雨"在后世文学，如《红楼梦》中又代表男女之情。又《拾遗记》记载皇娥与白帝之子游于"穷桑"生少昊，议论道："俗谓游乐之处为桑中也"。《拾遗记》记载："商之始也，有神女简狄游于桑野，见黑鸟遗卵于地……狄乃怀卵，一年而有娠，经十四月而生契。"王政谓此"正是殷人桑社会聚、男女野合风俗之明证。"

伊尹"生于空桑"和孔子"生于空桑"传说，反映桑社崇拜。根据阿尔泰语族树木崇拜的民族学研究，世界范围内的树木图腾崇拜，以民族始祖或英雄生于树干的神话传说为表现。《吕氏春秋》载："（伊尹）其母居伊水之上，孕。梦有神告之曰：臼出水儿东走，母顾。明日视臼出水，告其邻。东走十里，而顾其邑，尽为水。身因化为空桑。有㜪氏女子采桑，得婴儿于空桑之中。"萧兵认为，"伊尹母化空桑，自空桑而出，暗示他个人（或其氏族）以桑为图腾。"

4. 社树作为乡村文化景观，承载故土乡亲的象征意义   诗文常以"社树"意象渲染辞别故乡之情。如韩愈《奉酬振武胡十二丈大夫》曰："戎旆暂停辞社树，里门先下敬乡人。"严维《送薛居士和州读书》有："孤云独鹤共悠悠，万卷经书一叶舟。楚地巢城民舍少，烟村社树鹭湖秋。"

三、社树与神树文化的融合

"神树"与"社树"有何关系？学者虽无专门论述，事实上认识其共通性。古开弼将它们都放在树木图腾论题下讨论。关传友谈到村落宅基风水林，"此类型风水林是渊源于上古时代的社神崇拜"，村落宅基风水林是"对社神和氏族祖宗崇拜的延伸与派生。"以下，我们从典籍论述二者联系与区别。

1. 共性   "神树"与"社树"具有共通性。它们都是树木图腾，即鬼神所依附的树或树丛。社树可称神树。苏轼《樗》曰："自昔为神树，空闻蜩螗鸣。社公烦见辍，为尔致羊羹。"王祯《农书》载："惟民有社以立神树，春秋所报，莫不群祭于此。""神树林"也是丛林形态的"社"。《史记》提到陈胜命令吴广到次所旁的"丛祠"模仿狐狸叫。"丛祠"裴骃解释为"丛，鬼所凭焉。"陆游《社鼓诗》曰："林间鼓咚咚，迨此春社时。"郭子章《蠖衣生传草》曰："伐树社亡，社之神不可亡也。故社曰'神丛'。"

2. 差异   神树包括但不限于社树。寺院、宅院、墓地、山岗、江浦、道边的大树，都可称神树。如《洛阳伽蓝记》载："佛堂前生桑树一株，直上五尺，枝条横逸，柯叶傍布，形如羽盖。复高五尺，又然。凡为五重，每重叶椹各异。京师道俗谓之神桑。"杜甫《病柏》曰："有柏生崇岗，童童状车盖，偃蹇龙虎姿，主当风云会。神明依正直，故老多再拜。"张籍《古树》谓："蠹节莓苔老，烧痕霹雳新。若当将浦上，行客祭为神。""神树"的词源晚于社树，且"社树"为先秦中国自有的，"神树"是受佛教影响的产物。《高僧传》一则故事，反映了南北朝时期，佛教与社树信仰之间的张力。"释法安，一名慈钦，未详何许人？远公之弟子也，善戒行，讲说众经，兼习禅业，善能开化愚曚，拔邪归正。晋义熙中，新阳县虎灾，县有大社树，下筑神庙，左右居民以百数，遭虎死者夕有一两。安尝游其县，暮逗此村，民以畏虎早闭间。安径之树下，通夜坐禅。向晓闻虎负人而至，投之树北。见安如喜如惊，跳伏安前。安为说法授戒。虎踞地不动，有顷而去。旦村人追虎至树下，见安大惊，谓是神人。遂传之一县。士庶宗奉，虎灾由此而息，因改神庙，留安立寺。左右田园，皆舍为众业。"

严耀中认为，从佛教传播角度，树神等偶像充实或替代了中国民间信仰原先的神祇。这则故事明喻"以社树为象征的传统老信仰不灵了，社神庙因而被佛教的寺院取而代之。因此，社树的形象在隋唐之后史籍传说中逐步淡出。"我们认为，唐宋以后"神树"提法似较"社树"为多，应为汉译佛经的影响。不过，与其说树神充实或替代了原先的社神，不如说二者高度融合。如上一节所述，"树神"和"社神"本来都是栖居在树木上的鬼神、图腾神、祖先神。社树也是神树，文化意义殊途同归。

四、社树文化的生态意蕴

古代社树的丛林图腾圣地渊源于"圣林"，英文称"sacred grove"。时至当代，在世界民族和中国少数民族，如西南地区的哈尼族、彝族、傣族等，仍保留着这种圣林。20 世纪 80～90 年代的热带雨林滥伐，国外的人类学重建对"神林"的关注。"神林"对自然环境的保护潜力开始被认可。21 世纪全球生态环境破坏日趋严重，世界各地的学者陆续开始关注自然保护与社会研究。印度学者创立《自然保护与社会》（*Conservation and Society*）期刊。近年，作为自然保护与社会发展的一个话题，一些"神林"的人类学讨论刊登在该期刊。

进入中古以后，社树文化逐渐与佛教的神树汇合，称为树神崇拜文化，这种民间信仰对生态环境具有意义。杨海涛认为，树神崇拜蕴涵绿色生态意识，对森林起到保护作用。王守恩提出，万物有灵观支配的民间信仰，使民众敬畏自然，产生朴素的环境意识。"神树和神庙、宗祠、祖坟、村落及其附近的树木禁止砍伐，一些威灵较著名的神庙所在之山、林业被定为禁山、神林，不许放羊割草和砍伐树木。"波林·海勒曼认为，环境原因是民众珍视神树林的原因之一。人们认识到神树林能够确保降雨，影响局部小气候。

我们认为，神树的民间信仰，蕴涵古人对森林与农业关系的朴素生态意识，有益于地区性的生态环境。森林涵养水源和促进农业生产的作用，在神树的传说中，以形象的、奇异的"树神""树精"的形象得到表达。以下比较汉族古代典籍与少数民族的神树传说，透视想象情节背后，森林是农业命根子的朴素生态意识。

森林涵养水源。民间传说中树神兴雨的形象，是森林涵养水源的文化表达。例如，东晋"树神黄祖"传说："庐江龙舒县，陆亭流水边，有一大树高数十丈，常有黄鸟数千枚巢其上。时久旱，长老共相谓曰：彼树常有黄气，或有神灵，可以祈雨。困以酒脯往亭中。有寡妇李宪者，夜起，室中忽见一妇人，着绣衣自称曰：我树神黄祖也，能兴云雨，以汝性洁，佐汝为生，朝来父老皆欲祈雨，吾已求之于帝。明日日中大雨。至期，果雨。"

森林促进人类与动物繁衍，树生人传说是其写照。民族英雄或始祖生于树腹的传说遍及世界，折射森林与人类命运休戚与共的朴素生态意识。伊尹、孔子生于空桑，还有树生儿小说，如《石田翁客座新闻》："宣府去西四里，皆野地也。有大树数围，不知岁月，夜则中出火光，高数丈，里人以为怪。昌平侯杨洪命伐去之，流血不已。树中有一小儿，啼哭于其间。侯命收育之。迄长，有膂力，善骑射，精捷敏给。以功授百户，累迁指挥使，镇三边，屡战捷有功。""树精"的形象被认为是动物，反映了森林促进牲畜和野生动物繁殖的朴素生态意识。例如，东晋的"树精"传说："千岁树精化为青羊，万岁树精化为青牛。"佤族的树神献祭辞唱到："古老的树神啊……你们是羽毛长的山鸡，你们是鳞壳的鲤鱼""古老的黄葛树，你们从池沼里带来犀牛，你们从河头上骑来河马"。哈尼族的遮天大树传说，木渣变成鱼虾，树果变成田螺，树叶变成泥鳅、黄鳝。古埃及的奥斯里斯、巴比伦的塔莫斯以及我国景颇英雄早概、苗族蝴蝶妈妈生于树腹等故事。这些都属于"生命树"，即树木图腾崇拜的表现。

五、结论

20世纪90年代至今，全球热带雨林破坏和生态危机日益加剧，世界学者开始关注地方社会的圣丛（sacred grove）的生态与文化价值，视角有生态学、文化政治学等。它在中国的对应即是社树与社林文化。中国学者的神林、风水林或社林探讨，相对分散，方法以文化史、民族学、生态民俗学为主。建构生态文化，国内学者或可借鉴国外视角，结合自身学术优势，探究"圣丛"的文化、历史与生态意蕴。

（作者任燕青为北京林业大学人文与社会科学学院硕士研究生）

弘扬传统农学　实现乡村振兴

诸卫平

中国农业有 1 万年以上的发展历史，中国劳动人民在长期的生产实践中创造发明很多，积累了丰富的农学经验，并形成了博大精深的传统农学体系。国以农为本，民以食为天，成为国人的共识。在中国传统社会中，传统农业一直主宰着经济命脉。17 世纪以前，中国的农业科技水平一直居于世界前列（张芳、王思明，2001）。正如英国著名科技史家李约瑟（Joseph Needham）所言，直至 15 世纪，中国在科学技术方面一直保持着一个令西方望尘莫及的水平（张芳、王思明，2001）。19 世纪西方实验科学和现代农学传入中国后，中国传统农学在与西方现代农学的交融中慢慢落后了，逐渐被西方现代农学所代替，但其以传统农学思想（如"三才"理论）为发展原动力以及环保型农业技术（如用生物防治技术）一直成为世界科技的宝贵财富。

人类进入现代社会以来，由于盲目使用现代农业技术中的化肥，化肥使用量越来越高，但作物吸收率却很低（不足 30%），导致土壤肥力不断衰竭；人们盲目大规模使用化学农药，但却不能有效控制作物病虫害，导致越来越多农场倒闭、农民损失惨重。更可怕的是，大量使用化学农药会导致病原体产生越来越强的耐药性，从而进入恶性循环：化学农药使用量越来越高，浓度也越来越高，但越来越难控制作物病虫害，更谈不上治愈了，因为病原体越来越强大了。这会严重污染空气和土壤及其地下水等自然生态环境，故使用化肥和化学农药防治是不可持续发展的技术。显然，现代农学已经陷入生态危机的困境。正当人类步入深深的迷茫时，西方发达国家又回头重新研究和使用曾经长期辉煌的中国传统农学中环保型农业技术。

中国传统农学的"三才"理论，把农业生产中天、地、人三者看成是彼此联结的有机整体，强调人的调控制驭；注重分析生产因素间的辩证关系，偏重于种植业的系统认识。"三才"理论是中国古农书的立论依据，在中国传统农学思想指导下，中国古代先民已经使用植物材料来防治病虫害、积制肥料和培养地力，这些都是世界科技的珍贵遗产，也是中国传统农学的精华所在。但时代已经发展了，而现在的生态环境也与古代完全不同了。因此，复古走回中国传统农学的路是行不通的。诚然，中国传统农学在西方现代农学的长期冲击下，的确已经落后了。例如，因为现在的粪便含有大量的重金属和抗生素，我们就不能像古人那样用粪便制肥和还田；因为商业发展了，当地稻秆很少，我们就不能像古人那样用稻秆还田来充当肥料；随着社会转型和第三产业的发展，中国农村自然村的衰落和逐渐消失，从事农业的劳动力越来越少，我们就不能像古人那样集中投入人力来进行精耕细作。但面对西方现代农学带来的越来越严重的生态危机，中国传统农业的环保型农业思想及其技术仍有重要的现实指导意义，也给世人深刻的启迪。在 21 世纪的信息时代，如何在西方现代农学的沉重冲击和现代生态危机的疯狂摧残下振兴中国传统农学，向世界展现出中国传统农学昔日灿烂辉煌的诱人曙光呢？显然，适应世界潮流的发展，继承和发展中国传统农业的思想及技术，创建新传统农业成为中国乃至世界的最强烈的呼声了！笔者致力于发展创新中国传统农业，创建了一种新的乡村振兴经济发展模式——"乐陶园模式"①②，在使用植物材料（中草药）进行农业环境污染治理、作物病害防治、微生物酵素肥和有机肥制作、植物栽培和品质改良及乡村振兴等领域取得了一些成绩，使众人对中国传统农学重拾信心。

　　笔者于 1998 年 10 月加入广东省农史学会，师从农史专家叶依林、曹幸穗学习中国农史及其中国传统农学，当时就被中国传统农学中博大精深的思想及其神奇的技术深深吸引，被中国传统农业中的环保型农业技术所彻底征服。经过 10 多年的艰苦努力，通过实践和学习积累了丰富的传统农业技术理论和经验，并不断创新和升级换代，形成实际可操作的新技术体系，形成了以下几个创新的传统农业的环保型农业产业和农业观光游产业的"乐陶园模式"，为实施乡村振兴战略作出了努力。

一、积制天然微生物有机肥技术

　　笔者从传统农学中吸取了沤肥、堆肥、绿肥的精华，经过多年的努力，利用纯生物材料制成微生物有机肥。此肥成本低，可以现场利用农田的菜余和平时餐余垃圾制成养分和有益微生物丰富的有机肥，既可节约资源、循环利用资源，也可以免除传统生产肥料过程中的生产和运输过程的污染、施用化肥利用率低且浪费、挖取矿物质破坏环境等一系列不良环节。此套技术经过 5 年实

① 资料来源：诸卫平博士中草药防治病虫害受中美学界关注　乐陶园模式振兴乡村构建生态健康大湾区［OL］. 广东电视台城市之声，https：//m. itouchtv. cn/article/4dfa47d430a10cab6923f6aed168282c?shareId＝％21r2Vdiqz.
② 资料来源："3.15"最自信的一句话：真环保假环保？生态循环说了算！［OL］. 广东电视台国际频道，http：//www. sohu. com/a/301550165＿649866.

践，表明是可持续发展的优良技术，既环保又可以造福农民，大受广州市从化区、清远市、罗定县等地农民的欢迎。更重要的是，实践证明，此套技术可以改良土壤，使土壤更健康，养分较均衡和丰富。生长在健康土壤中的植物比生长于贫瘠或成分比例失衡土壤中的植物更具有抗病能力。当土壤处于营养平衡的良好状态时，通常病虫害的发生率低（比阿特丽斯·特鲁姆·亨特，2011）。目前，笔者的科研团队已经申请和获得了多项相关的国家发明专利和实用新型专利，这些都为乡村振兴打下了坚实的基础。

二、中草药防治作物病虫害技术

生物防治是利用生物界互相制约的作用达到防治害虫的方法。原来，中国先民用黄猄蚁防止柑橘害虫的实践，是世界上以虫治虫的最早先例，而且中国历代都重视保护益鸟以治虫。用天然药物治虫的历史也很悠久，战国时期已用莽草（毒八角）、嘉草（蘘荷）、牡菊（野菊）等熏洒治虫，以后利用天然植物作药物的种类越来越多。历代积累的人工捕蝗等经验也非常丰富（张芳、王思明，2001）。这些综合防治病虫害的方法基本无污染，有利于保护生态环境。但时代和环境已经发生很大变化了，如果盲目地照搬古人的生物防治技术显然是行不通的。笔者从中国先民采用生物防治技术中得到了很好的启发，吸取其精华，经过长期的艰苦实践，创立了一套使用中草药防治作物病虫害的技术，并在防治蔬菜、经济作物、果树以及花卉上取得了很好的成效。以下是成功的3个实例：

（一）防治脐橙黄龙病

黄龙病是肆虐柑橘类上百年的恶魔，它给柑橘产业带来了毁灭性打击，导致无数果户惨遭巨大损失，故防治黄龙病早就成为一个世界性的大难题。中外科学家经过上百年的艰苦努力，尽管投入了巨大的财力、人力以及大量时间，但都收效甚微。中外科学家对柑橘类的黄龙病可谓闻风丧胆。笔者深受传统农业影响，对防治作物病虫害提出了自己独特的思维方法。笔者认为，任何病原体都有其存在的相对合理性，不应该也不可能对其斩尽杀绝。根据中国传统农学思维，大自然中的任何事物都会受到其他因素不同程度的抑制或促进影响。最佳方法是在农业实践中调动促进因素，减少破坏因素，将病原体的危害控制或减少到较小的程度，从而达到与作物生长和谐共处的最佳境界。笔者就是根据此方法来使用中草药防治多种作物的病害，用微生物和酵素及其相关生化技术加以辅助，并取得成功。2015—2017年，笔者的科研团队在江西省安远县两个脐橙果园，进行了中草药防治黄龙病的试验和技术推广，其中郑方明农户

800 多棵、王修枝农户 200 棵，并取得了成效。一是在处于随时可能受到周围果园病原体感染的极恶劣环境下，经过中草药处理，95％以上树没有染上黄龙病；二是存活下来患有中度程度以下黄龙病的脐橙树，经过中草药处理后，生长势越来越好，并能产 70％以上的正常果；三是对于患有严重黄龙病的脐橙，经过中草药处理后，也能产 15％的正常果，但此成果只有学术价值而没有商业价值。

图 1 为 2016 年 10 月，笔者在安远县郑方明农户的果园，使用中草药技术防治黄龙病取得了成效，种出的脐橙果实累累，呈现出一片丰收景象。

图 1

（二）防治火龙果的炭疽和溃疡病

目前，炭疽和溃疡病是火龙果致命的两种病。其根本原因是长期以来，农户滥用带有抗生素的化学农药来对付这两种病，导致病原体产生越来越强的耐药性，结果使防治工作进入一个恶性循环：农户使用化学农药的量和浓度越来越高，但防治效果越来越差，导致现在市面上卖的化学农药基本无效。很多火龙果园因不能防治这两种病而损失惨重。笔者从 2015 年开始，在广东省广州市从化区的几个火龙果园进行中草药防治的艰苦试验，饱受 5 次试验失败后，没有气馁，继续努力。终于在 2016 年 8 月，成功发现了能有效防治的中草药配方，并于 2017 年 9 月在江埔街凤二村李叔培的火龙果园及其他几个果园取得了推广的成功（图 2）。目前，此药已经被检测出若干种植物源性农药必需的重要有效成分。此药正在广大农村推广应用，成为越来越受欢迎的、实用性强的环保型产品。

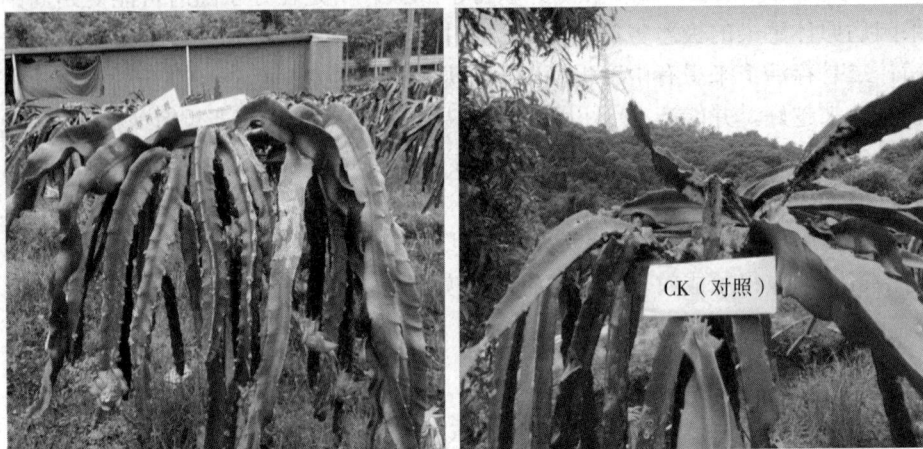

从化凤凰村李叔培果园（经中草药处理）　　　　其他果园（对照）

图 2

（三）防治针蜂

针蜂是目前世界上危害最严重的虫害之一，可导致农业致命的灾难。2018年 6 月，笔者发明了一种驱赶针蜂的中草药液瓶①。通过药瓶散发出的挥发油可使针蜂迷失方向，产生厌食、焦虑，进而干扰其正常寻食行为，从而不来或少来叮咬瓜果。

截至 2019 年 9 月，通过笔者与广东省广州市从化区多个镇（街）120 多个农户或农场进行了合作，并在苦瓜、百香果、南瓜、火龙果、丝瓜、白瓜、冬瓜、木瓜、番石榴、沙糖橘等多种农作物上进行试验和技术推广，均取得了显著成效。

三、中草药治理农业污染技术

使用中草药治理农业环境污染是笔者另一个创新中国传统农学和展现中国传统农学的光辉经典之作。早在 2012 年 10 月至 2013 年 8 月，笔者因使用植物（中草药）疗法兼微生物疗法，治理广东省广州市白云区两下村农田污染，使昔日寸草不生的农田恢复生机，长出青草和庄稼。此事引起了权威媒体《南

---

① 资料来源：他用传统中草药解决了果园"针蜂"危害难题［OL］. https://static. nfapp. southcn. com/content/201907/08/c2399417. html？colID＝0&-appversion＝5600&-firstColID＝2038&-from＝singlemessage.

方日报》、人民网、广东电视台、凤凰网等争相报道。随后，笔者又在使用中草药防治污水、重金属、硫酸盐、硝酸盐、亚硝酸盐及有机污染物方面取得了丰硕的科研成果，并取得了几个国家发明专利和实用新型专利。

图 3 为笔者治理广东省广州市白云区两下村农田污染时的照片，污染最严重的死地已经长出稀疏的高草，笔者继续喷自制的中草药来刺激青草生长。

图 3

图 4 为笔者治理广东省广州市白云区两下村农田污染时的照片，新扩展的治理地长出了农作物和青草，村民们对笔者的治理充满了喜悦和希望。

图 4

此外，笔者的乡村振兴合作团队还在蔬菜、花卉种植及品质改良方面，使用传统农学的新方法取得了一些成效，正在广东省各地农村逐步推广，为乡村振兴作出贡献。

四、创建"乐陶园模式"，实施乡村振兴

因地制宜、农林牧结合、走可持续发展的生态农业道路，成为中国的农业传统（张芳、王思明，2001），以后又通过多种经营的方式继续发展这种传统。经过近 6 年的摸索，笔者及其乡村振兴合作团队发现，现在中国社会已经出现相当程度的诚信危机和农业生态危机，农村农业产业分散经营，单纯搞农业某一产业很难盈利，也难以持续发展。而中国这一农业传统给了我们很好的启发，于是，笔者的乡村振兴合作团队充分发挥广东从化本地优势——地处农村、优越的生态环境，在从化区凤一村、凤二村将成熟的农业产业（如火龙果、蔬菜、荔枝、龙眼等产业）与旅游观光及其生态教育项目相互融合，形成新的生态联合产业。2017 年 8 月起，笔者与从化区旭辉蔬菜合作社及广州红姐姐文化教育有限公司一起成功搞起发展农业观光游产业，推动实施乡村振兴。笔者创建了新的经济发展模式——"乐陶园模式"。"乐陶园模式"是笔者从 2015 年以来，与从化区旭辉蔬菜合作社的领头人张志军，经过艰难的摸索而取得成功的乡村振兴经济发展模式。它是以笔者独创的中草药农业技术和微生物技术为原动力（陈志国等，2019），带动当地种植业、中草药防治作物病虫害[①]、改良农业生态环境、农业旅游观光业、青少年生态和社会教育及科技实践、当地第三产业，从而帮助农民脱贫致富，实现乡村振兴。与众不同的亮点是将环保、文化自信、教育、脱贫致富融为一体，实现可持续发展。此产业实施过程如下：

1. 发挥销售功能、旅游功能、食品安全功能、经济功能、防治作物病害功能　笔者的乡村振兴合作团队在从化区凤二村李氏火龙果园（13 亩）设立了中草药防治炭疽和溃疡病及其他环保型农业技术等几个参观点，面积在 20 亩以上，并不断扩展。既可以为果农解决两种致命的火龙果炭疽和溃疡病的大问题，也可以为其增收致富。通过广州红姐姐文化教育有限公司和多家旅游公司带学生及家长等游客参观，游客直接可以在现场购买火龙果，彻底避免了销售环节中制假售假和滥用化学添加剂等不良现象，充分保证了游客的基本权益。

---

① 资料来源：诸卫平博士帮助农户防治沙糖橘黄龙病取得成功［OL］. 从化电视台，http：//wxchtv. weimbo. com/NewsDetail. php？CID＝2&id＝1934.

2. 发挥生态保护及其教育功能　借助亲子游，通过教授学生环保型科技实验来提高其学习兴趣；现场参观环保型农业技术点（如火龙果园），又对学生及家长、游客进行了生态保护的教育。另外，此活动可以让城市学生有时间亲近大自然，避免了游戏机、计算机等电子设备的困扰，深受家长欢迎。

3. 发挥带旺第三产业功能　当游客参观完后，带他们到附近的乐陶园农庄就餐，品尝使用环保型农业技术种植的农产品，让他们乐在其中，感受到食物的安全和天然美味。这也带旺了第三产业，不少游客还在农庄购买旭辉蔬菜合作社的健康农产品，从而形成第三产业良性循环发展。

4. 发挥科研推动乡村振兴功能　由于此种联合生态产业给当地农民带来了收益，深受农民欢迎。不少农户乐意免费给笔者的乡村振兴合作团队提供试验场地，并一起研讨农业生产中的经验教训。这就给笔者的乡村振兴合作团队进行环保型农业试验提供了很大的帮助。

5. 发挥带领当地农民脱贫致富功能　笔者的乡村振兴合作团队经过多年的实践，经验表明，如果不能解决农产品的销售问题，就难以解决种植问题，更谈不上帮助农民致富了。现在，笔者的乡村振兴合作团队开创了一个"乐陶园模式"，即通过从化旭辉蔬菜合作社免费给农户微生物有机肥和中草药防病液，通过带游客去农田参观，体验和学习环保型农业技术，并直接购买农产品；同时，又通过旭辉蔬菜合作社的乐陶园农庄收购农户的农产品，让游客直接品尝到天然美味的蔬菜、水果等农产品，反过来又带旺饮食业。

目前，笔者的乡村振兴合作团队正努力创新中国传统农学，并发扬光大，致力于乡村振兴。从这些年的农业实践中，笔者也看到了发展中国传统农学的无限希望！

参 考 文 献

张芳，王思明，2001. 中国农业科技史［M］. 北京：中国农业科学技术出版社.
比阿特丽斯·特鲁姆·亨特，2011. 土壤与健康［M］. 李淑琴，译. 北京：中国环境科学出版社.
陈志国，谭砚文，龙文军，2019. 传承农耕文明　助推乡村振兴——首届"农耕文明与乡村文化振兴学术研讨会"［J］. 农业经济问题（4）.

（作者诸卫平就职于中共广州市从化区委党校）

农圣文化与乡村旅游产业发展研究

杨锡林　葛汝凤　侯伟烈

农圣文化是以中国古代农学家贾思勰及其农学巨著《齐民要术》为基础发展起来的一种农业文化。寿光先贤贾思勰是中国古代杰出农学家，自幼喜欢读书、学习，尤其重视农业生产技术知识的学习和研究，先后到过今天的河北、河南以及山东其他地区。每到一地，他都非常认真地考察和研究当地的农业生产技术，向一些具有丰富经验的老农请教，获得了不少农业方面的生产知识。中年以后，他回到故乡，开始经营农牧业活动，掌握了多种农业生产技术。他在分析、整理、总结农业生产的基础上，结合自己的实践经验写成农业科学巨作《齐民要术》。该著作系统地总结了秦汉以来中国黄河流域的农业科学技术知识。该书不仅是中国现存最早和最完善的农学名著，也是世界农学史上最早的名著之一，对后世的农业生产有着深远的影响。

《齐民要术》作为一本指导人们在农业生产中正确处理人与自然关系的经典农学著作，书中记载了不少有关生态学的知识，积累了相当丰富的生态学理念，不仅对中国农业的发展起到了重要的促进作用，同时也蕴含着丰富的原始生态旅游思想。寿光是贾思勰的故里，深入挖掘农圣文化"天人合一、尊重自然"的核心价值，坚持"取之有度，用之有节"的开发原则，大力发展生态旅游，不断提升乡村旅游文化档次，提高民众对农圣文化旅游的参与意识。一方面，农圣文化为寿光乡村旅游的发展提供了浓郁的文化底蕴；另一方面，寿光乡村旅游的发展促进了农圣文化的继承与传播。不断开发具有农圣文化内涵的旅游产品，打造农圣文化特色的乡村旅游品牌。

一、乡村旅游的发展现状

（一）国外发达国家乡村旅游的发展现状

乡村旅游作为一种旅游形式，出现在工业革命以后，主要源于一些来自农村的城市居民以"回老家"度假的形式出现。但是，那时候的度假还不是真正意义上的经济活动。进入 20 世纪 80 年代以来，在欧洲，人们开始利用原生态的乡村居所吸引游客。于是，乡村旅游在全球兴起。一般专家认为，乡村旅游是指以各种类型的乡村为背景，以乡村文化、乡村生活和乡村风光为旅游吸引物而进行的兼有观光、休闲、体验性质的旅游活动。

德国于 1873 年开始为公务员提供乡村休闲，1914 年为白领提供收费度假服务。在美国，乡村旅游与铁路建设、国家公园建设密切相关。但是，直到 1992 年美国才出台正式的指导乡村旅游与小商业发展的政策，主要由美国国家乡村旅游基金负责，并主要为项目规划、发展和执行提供资助与宣传。在加拿大，乡村旅游主要有两种：度假农庄和土著旅游，分别由乡村度假农庄协会和土著旅游协会负责指导和提供服务。在日本、韩国，乡村旅游的形式主要是农场观光。

西方发达国家在发展乡村旅游的过程中，乡村旅馆作为主要形式，迅速发展起来。在欧洲，如法国、西班牙、意大利等国家，家庭旅馆已经发展得相当成熟，形成了自己的网络预订系统，投宿乡村旅馆的客人近年来保持 20％以上的增长速度。通过发展乡村旅游，大大增加了农民收入，扩大了乡村就业，减少了人口流失，促进了乡村经济的多元化，也保护了传统工艺和地域文化，实现了区域经济社会的全面提升，是西方国家稳定乡村、发展乡村的最基本做法。

（二）我国乡村旅游的发展现状

乡村旅游作为一种新型旅游业态，是以农业生产、农村风貌、农民生活与农俗风情为主要载体的绿色产业。综观当前中国乡村旅游的发展现状，可以将其发展归纳为 4 个方面：①目前中国乡村旅游正处在起步阶段，旅游项目以农业旅游为主，农业旅游和民俗文化旅游相结合，体现了"农游合一、人与自然和谐"的特点。②乡村旅游以观光功能为主、休闲功能为辅，主要包括观赏、品尝、购物、劳作、娱乐、农技学习、乡村文化欣赏、农民生活体验等，旅游功能比较单一。③乡村旅游主要分布在经济比较发达的大城市郊区、特色农业区和风景名胜区，体现了乡村旅游靠近大城市、靠近市场的特点。④乡村旅游分工管理，一般观光农业旅游由农业部门管理、旅游部门配合；乡村民俗文化由旅游部门管理、农业部门配合。

（三）山东省乡村旅游的发展现状

山东历史悠久，农业发达，乡村民俗丰富，城市化进程较快，发展乡村旅游优势明显。

1. 山东省文化丰厚多样　山东历史悠久，文化灿烂，积淀深厚，民风淳朴，是中华文明的重要发祥地之一，是著名的北辛文化、大汶口文化、仰韶文化和龙山文化的发源地。名人辈出，星汉灿烂，产生过许多杰出的思想家、科学家、政治家、军事家、文学家和艺术家，是公认的"圣人之乡"、儒家文化的发源地。文圣孔子、武圣孙子、科圣墨子、医圣扁鹊、工圣鲁班、书圣王羲之、农圣贾思勰、智圣诸葛亮等享誉海内外，齐文化、鲁文化、黄河文化、运河文化、水浒文化、泉文化、民俗文化、海洋文化各具特色。这些都为我们留下了丰富多彩的齐鲁文化遗产，构成了中国传统文化的重要内容。济南战役、孟良崮战役、台儿庄大战、铁道游击队、地雷战、红嫂、沂蒙六姐妹等"红色文化"闻名全国。这些文化的根基就在乡村，与山东省农民几千年的农耕生活密切相连。而越是原生态的历史文化、民俗文化越具有特色，越具有吸引力。这些深厚的文化积淀，原生态的文化、文明和广大农村居民的生产生活，为山东省乡村旅游发展打下了坚实基础。

2. 山东农业、乡村旅游资源丰厚 山东地域广阔，地形多样，海域、湖区、丘陵、山地、平原、湿地等丰富多样的地形滋养了多样的动植物，烟台苹果、莱阳梨、肥城桃、胶州大白菜、潍坊萝卜、胶东海鲜等各种作物和水产品种植养殖历史悠久，技术含量较高，产量较大。山东是中国最主要的农业大省，多年来农产品产量、出口量均居全国前列。随着农业科技化、集约化和产业化水平的不断提高，一乡一色、一村一品的现代化大规模种养殖基地形成，一大批农业科技观光示范园区成为展现现代农业高科技的新亮点。

3. 山东乡村旅游发展已初具规模 20 世纪 70 年代末至 80 年代初，山东省旅游局等部门就认识到乡村旅游发展的巨大潜力，以潍坊石家庄村为起点开始发展乡村旅游。21 世纪初，围绕社会主义新农村建设，围绕促进农业转型、农民增收、扩大农民就业，省委、省政府大力推进乡村旅游发展，山东省乡村旅游快速发展。截至 2008 年底，山东省共建成全国旅游强县 1 个（烟台市长岛县）、全国农业旅游示范点 80 个，数量居全国前列。培育省级农业旅游示范点 58 个。2008 年，山东省有 13 个县、37 个乡镇、55 个村开展了旅游强县、旅游强乡镇和旅游特色村创建工作，38 家单位申报山东省农业旅游示范点。这些率先发展起来的乡村旅游单位，激发了广大农村、农民和企业发展乡村旅游的积极性。一些农民还自发联合起来，统一品牌、统一服务、统一营销，走出了合作化发展的雏形。一大批企业也主动投身乡村旅游发展中，公司加农户的乡村旅游是一个城市的窗口，是一个闪亮的品牌，并越来越成为一个地域的核心竞争力。

与旅游名城相比，自然旅游资源相对欠缺的寿光，旅游应该如何突破并打造自己的品牌？寿光的蔬菜特色已经闻名全国，发达的农业科技和文化，使得寿光乡村旅游资源得天独厚。《寿光市乡村旅游发展总体规划》已通过，乡村游有了发展蓝图，四大旅游功能区划分让寿光旅游资源得到更合理分配。将通过打造"蔬菜之乡·生态寿光"旅游品牌，依托乡村旅游，拉长产业链条，形成住在寿光、吃在农家、乐在田园的旅游模式，把客人留住。寿光是蔬菜之乡，有农业资源的先天优势，发展乡村旅游可以说是占据了天时地利人和。"看得见山，望得见水，记得住乡愁。"中国人都有一种乡村情怀，身在城市，向往田园。寿光虽无名山，但菜果采摘、海滩拾贝、林海观渔也让菜乡别具一番风味。寿光地域特色明显，南北存差异，东西有不同，北部滨海休闲、西北乡野生态、西南现代农业、东部农史文化与酒文化，每一个区域既能独立成特色，又能贯通为一个体系，非常适合做乡村旅游。

寿光推出特色旅游线路。为方便游客来寿光旅游，感受菜乡独特魅力，体验菜乡农圣文化和民俗文化，寿光市整合全市蔬菜、生态、湿地、盐业、滨海等优势旅游资源，在广泛调研的基础上，合理规划设计了3条精品"一日游"和2条特色"二日游"旅游线路。让菜乡田园风情留住游客的脚步，吃农家菜品乡间趣乡村旅游将成为寿光旅游新品牌。

1. 以绿色为主的"农圣故里，蔬菜之乡"农业田园风光游线路 依托资源优势，先后重点打造了蔬菜高科技示范园采摘园、三元朱樱桃采摘园、林海生态博览百果采摘园等乡村采摘游新亮点；另有西外环生态农业观光走廊、双王城国际生态农场等现代农业景观，为游客提供丰富而连贯的乡村旅游体验。近年来，又在乡村旅游点相对集中区域实施"改厕改厨工程"，遍布全市的"农家乐"、采摘观赏、特色村、景观镇等乡村旅游业态已成为寿光市旅游经济的重要组成部分。

2. 以蓝色为主的"观海听潮，赶海拾贝"滨海休闲观光游线路 全面启动了中国寿光"水上王城"原生态之旅，成功打响"水上王城"生态旅游品牌。林海不沉湖体验、水上高尔夫、羊口海上垂钓、滩涂捡贝、海上海鲜大餐、原生态湿地漫步等旅游项目，共同构成了寿光湿地休闲旅游风景线，已成为寿光市特色鲜明、备受欢迎的新亮点。

3. 以红色为主的"追忆历史，缅怀先烈"红色教育游线路 双王城生态经济园区马保三故居、革命英雄纪念碑、泎淀湖红色广场等旅游项目，以及孙家集街道陈少敏纪念馆、田柳镇崔家党史馆、李植庭纪念馆等红色旅游景区成为菜乡旅游中的红色经典。

在寿光，大家可以参观蔬菜大观园——中国（寿光）蔬菜高科技博览会，看中国唯一的蔬菜博物馆；可以游览国家AAAA级景区生态农业观光园，感受弥河迷人风光；探源中国"冬暖式蔬菜大棚"的发祥地——三元朱村；还可以到双王城泎淀湖景区和"盐碱地上神奇的生命绿洲"——林海生态博览园，赏荷采莲，休闲垂钓。

寿光市旅游局把发展全域旅游作为加快新旧动能转换的重要抓手，不断发展旅游新业态，培育消费新热点，推进旅游与农业的融合发展，乡村旅游发展不断实现新突破，乡村旅游对农业增产、农民增收和农业产业升级的推动作用不断显现。

1. 培育农业旅游新业态，促进乡村旅游转型升级　大力发展亲子采摘、休闲农庄、高科技农业等休闲农业新业态，打造了以诚农场、爱家农业、阳光春天家庭农场、乡韵葡萄园艺场等20多处大型休闲农庄、生态农场、采摘基地，创建了国家级农业旅游示范点2个、山东省农业旅游示范点6处、山东省生态休闲农业示范区2处、山东省特色旅游村1个、山东省美丽休闲乡村1个、山东省精品采摘园2处、潍坊市乡村旅游标杆示范项目5个，打造了"农圣故里，蔬菜之乡"的农业田园风光游旅游线路，实现从农业观光型向休闲度假、体验娱乐、参与教育综合型转变。

2. 打造农业旅游新产品，拉长乡村旅游产业链条　依托农业旅游示范点和采摘基地每年举办中国（寿光）蔬菜高科技博览会、樱桃采摘节、草莓采摘节、黄桃采摘节等会展、采摘活动，依托桂河芹菜、浮桥萝卜、汇淀湖小米等农产品开发了30多种特色旅游商品，实现了从传统农业的低效农业向休闲旅游的高效农业迈进，进一步刺激了旅游消费，增加了农业收入。

3. 利用互联网新技术，促进乡村旅游发展"智慧化"　在全市部分重点乡村旅游点实现免费Wi-Fi覆盖，实现了网上查询、网上订票、停车场导航等功能，组织市内近60家乡村旅游点、特色"农家乐"、采摘园等，注册入驻山东省旅游电商平台，加入全省旅游营销合作联盟，实现了网络营销、游客输送、捆绑宣传、产品销售等功能，使游客感受智慧旅游带来的全新服务。

4. 培育农业旅游新型人才，增强乡村旅游发展后劲　每年举办寿光市乡村旅游从业人员培训班，对从事乡村旅游的管理人员、技术人员和服务人员进行专业培训。培育出了一批会经营、懂管理、高素质的乡村旅游经营者，进一步提升了群众发展乡村旅游的境界和服务水平。

二、存在的问题

1. 受资金、土地、建设制约，乡村旅游项目前期投入大、收益慢，发展积极性不够高。

2. 缺少旅游业和农业融合发展的指导性政策，不利于融合发展。

3. 旅游开发层次不高，综合配套服务设施需要不断完善和提升，如缺乏统一规划，有的地方开发无序；市场主体弱小、分散，组织度、集约度低；低档次开发、重复性开发，甚至破坏性开发时有发生等。

4. 宣传应加强，着重形成特色品牌，目前乡村旅游很有亮点特色，犹如养在"深闺中的女子"，既精致又有内涵。虽然自身条件不错，但为了适应形势发展包装和宣传的力度还需加大。

三、乡村旅游可持续发展的探讨及对策

（一）抓好"3 个环节"

1. 要坚持科学统筹规划　乡村旅游业的发展要坚持先规划、后开发，没有规划宁可不开发、不建设，也不要乱开发、低水平建设。目前，山东省正在做新农村建设规划，要把适合发展乡村旅游的村寨、水库、林场和农业园区作为新农村建设的重要内容纳入规划；已经完成新农村建设规划编制，但没有把乡村旅游纳入规划的，要进一步补充完善。乡村旅游规划，既要与新农村建设规划相结合，也要与山东省大旅游产业规划相衔接。既要有长远目标，又要有具体实施项目和年度工作计划，便于操作。在做好规划的基础上，突出重点，分步实施。发挥现有产业和地理优势，集中连片规划发展，以此彰显当地现代农业发展特色，渗透文化内涵，力争将其建设成高水平的新农村建设示范区和都市人理想的农业休闲旅游区。也可以结合新农村示范村建设，根据自身条件，打造各自的乡村旅游特色品牌。

2. 要突出乡村特色　乡村旅游融农业生产、观光、健身、参与、体验、习农、品尝、购物、娱乐、度假等于一体，要具有浓郁的乡土气息、鲜明的农业产业特色、厚重的农耕文化。发展乡村旅游，首先要保护和挖掘利用现有的乡村旅游资源，越是原生态的、民族的，文化历史越厚重；越具有鲜明个性和特色的乡村资源，旅游开发的价值就越高。新的乡村旅游景点和产业开发，一定要防止把城市建设公园的办法搬到农村搞乡村旅游建设；防止把极具民族特色和地方特色的资源改造成为一般化的东西，如把古院民居改造成砖瓦房、菜园田垄改造成停车坪、花卉庭院改造成露天饭堂和卡拉 OK 厅等。发展乡村旅游，一定要牢牢把握乡村特色和农业特色这个根。

3. 要挖掘农业文化内涵　随着经济的发展和生活水平的提高，人们对消费需求的层次也越来越高，在追求物质享受的同时，还要追求精神享受。人们的"胃口"有限，吃的消费有限，但"味口"无限。人们除了追求感官上的口味之外，更重要的是追求文化的口味，对文化的追求是无限的。乡村旅游价值的提升，从某种意义上来讲是文化品位的提升。提升乡村旅游文化，一是要开发乡村饮食文化。除了提供原生态的、绿色的原料外，对菜的制作方法、花色品种要有研究，同样的原料，不同的制作方法其价值不同。连菜名也得有个讲究。同样的菜，叫法不同，引起消费者的兴趣不同，小菜名里有大学问。二是要充分展示农耕文化。在乡村旅游点展示农家水车、水磨、蓑衣、斗笠、风车、锄头、犁头等，既可以让人们回味农耕的艰苦历程，激发人们对农耕文明的强烈好奇心，也可使都市人特别是青少年直接感受"锄禾日当午，汗滴禾下

土"的劳动场景,增强对农业、农民的感情。三是要深度开发民俗文化。民俗作为地区最具特色的文化,是乡村旅游文化中的一个重要组成部分,具有广阔的开发利用空间。各地在开发乡村旅游项目时,要挖掘浓厚的民俗文化,要切实保护独特的民俗风情,打造民俗文化精品。四是要保护和弘扬乡村传统文化。历史悠久的乡村传统文化是中国历史文化中的瑰宝,要在发展乡村旅游中继承和弘扬。同时,要防止将优秀的传统乡村文化庸俗化,特别要注意防止和清除封建迷信、邪教、"黄赌毒"等糟粕对乡村旅游业的侵害。五是积极开发怡情养性的文化娱乐产品。让游客寄情湖湘山水,陶冶情操,身与心都得到娱乐、放松。

(二)做好"6项工作"

1. 发展乡村旅游与建设现代农业产业相结合 推进城乡一体化是解决"三农"问题的根本途径,是农业、农村发展的最终归宿,更是发展乡村旅游的基本前提和条件。这里说的城乡一体化主要是指城乡规划一体化、城乡基础设施建设一体化、城乡公共服务一体化。这3个"一体化"就是要把乡村纳入城市,统一进行空间、功能、产业的规划,使乡村与城市形成整体,乡村成为城市的一部分或是有机的延伸。从空间上讲,乡村与城市有一定的距离感,但从产业上、从基础设施上、从公共服务上讲是一体化的,农业就是城市产业的重要链条或重要节点。城市主要功能包括水、电、暖、气、交通、航空、医疗卫生、社会保障、公共安全等,直接延伸到农村,或者对乡村进行相对集中,独立建设与城市相统一的公共设施、公共服务系统,让广大农民享受到现代化城市的公共设施和服务,使农民与市民一样享受到改革开放的成果。

2. 发展乡村旅游与加强农村基础建设相结合 基础建设既要注重"硬件"建设,也要重视"软件"建设。"硬件"建设就是要进一步加大农村水、电、路等基础设施的投入,提高基础设施服务农业生产、农民生活和保护旅游环境的能力,提高现代农业综合生产能力,促成地方主导产业、特色景观的形成和发展。"软件"建设就是要高度重视乡村旅游管理,优化服务,坚持把"以游客为本"的理念贯穿于乡村旅游的各个环节,努力为游客提供人性化、个性化服务,引导游客理性消费,营造诚信服务的良好环境。

3. 发展乡村旅游与改善生态环境相结合 良好的生态环境是乡村旅游发展的一个重要条件,也是促进乡村旅游可持续发展的根本保证,要把乡村旅游发展与生态环境保护相统一。充分考虑资源、环境的承载能力,强化生态环境的保护,做到保护与开发利用并重。农村沼气建设、清洁工程要与乡村旅游发展相结合。通过大力发展沼气建设、加速实施"清洁工程",促进农村的"三清五改"(清垃圾、清淤泥、清路障;改水、改厨、改厕、改浴、改栏),改善农村旅游生态环境，促进人与自然的和谐。保护原真乡村性。城乡一体化，让农民享受城市现代化生活，并非要消灭乡村，并非要在乡村建城市；恰恰相反，无论是从保护环境的角度，还是从文化传承的角度，无论是从保持乡村特色和活力、发展乡村经济的角度，还是从为市民保存一块宁静的栖息地的角度，都应该保护好乡村环境、村落景观、乡村生活和乡村文化，也就是保护好乡村性。城市化进程越快、城市化程度越高，越要高度重视乡村性的保护。从旅游的角度讲，旅游本身是工业化和城市化的产物。旅游休闲就是要远离城市和水泥森林，远离城市喧嚣，远离城市的快节奏，回归自然，回归宁静，回归传统的温馨和悠闲田园节奏。乡村环境、乡村遗产、乡村生活、乡村活动和乡村文化等乡村旅游的系列要素正是满足现代市民的这一需求。所以说，保护乡村性是乡村旅游的活力所在、动力所在、吸引力所在。保护、保存乡村性，就是要保护乡村环境的原真性，包括纯自然的江河湖泊、湿地滩涂、山岭平原、原始植被等；保护、保存部分乡村生产、生活的原真性，包括传统的农业生产技术、工艺以及传统生活工艺等；保护开发部分传统的乡村节庆活动、民俗文化等。

4. 发展乡村旅游与农村精神文明建设相结合　要加强对农民的文化教育，提高农民的文明素质，增强农民的文明意识和开放意识，继续深入开展农村文明创建活动，大力推进农村道德工程建设，引导农民崇尚科学、移风易俗，破除封建迷信，促进农村团结互助、平等友爱、融洽和谐。切实加强农村社会治安综合治理，保障游客安全，营造良好的社会治安环境。在发展乡村旅游的过程中，还应注意把握以下 4 条原则：①坚持尊重农民意愿的原则。发展乡村旅游不要定指标，不搞固定模式，不搞强迫命令。②坚持以农民为主体的原则。引导农民充分参与乡村旅游，使农民成为建设主体、服务主体和利益主体。③坚持放开搞活的原则。鼓励多元主体参与乡村旅游的开发。④坚持量力而行的原则。因地制宜，稳步推进，不推山，不填塘，不砍树，不搞不切实际的大拆大建，不以发展乡村旅游的名义加重农民负担、增加乡村负债。

5. 培育壮大市场主体　近几年乡村旅游发展如火如荼，但市场主体弱小，组织化、集约化程度较低的问题比较突出。有些地方形成了公司加农户的组织形式，形成了一定的规模，增强了市场竞争力。但存在着农民主人翁地位受到削弱、经济效益大头被公司垄断等问题。乡村旅游要持续健康发展，必须在提高组织化、集约化程度的同时，保证当地农民的主体地位，保障当地农民的收益。中共十七届三中全会提出大力发展农民专业合作社的要求，建立农民旅游合作社符合中央要求，能够享受政府扶持农民专业合作社的有关政策，能够确保当地农民的主体地位，能够保证农民的最大收益率，能够提高乡村旅游组织化程度，提高市场竞争力。各地旅游和农业部门应该大力倡导、积极引导、典型引路、规范管理、促进发展。

6. 加大政策扶持力度　客观地讲，山东省乡村旅游游资源富集的地区大都相对贫穷落后，经济基础薄弱。推动乡村旅游大发展，必须加大政策扶持力度。这既是国外发达国家的成功做法，也是中国现今地区的成功经验。在法国，凡是取得"法国居住所合格证"和"欢迎到农场来"标识资格证的农户，在进行房屋维修时可获得由欧洲、法国政府或地方政府提供的 50％的补助。当前，要结合国家应对国际金融危机的政策措施，利用国家和省出台的扶持农业、林业、畜牧业发展的政策，加强农村水利、道路、电力、通信等基础设施建设。发展农民专业合作经济组织、农业土地流转等政策，也适用于乡村旅游发展。要将乡村旅游发展纳入山东省扶贫计划，将省及各级财政列支的部分扶贫资金用于乡村旅游发展，对大力发展"农家乐""渔家乐"等乡村旅游的农户给予一定资金扶持。要结合山东省实际，出台乡村旅游发展政策，在税费、信贷、营销、土地等方面，给予具体的优惠和扶持。各级各有关部门要加强协调配合，采用免费培训和输送培养、挂职等方式，加大乡村旅游发展人才培训教育和引智力度，大力提高乡村旅游从业人员素质，提高乡村旅游管理和服务水平。

（作者杨锡林为寿光市农业农村局研究员；作者葛汝凤为寿光市齐民要术研究会研究员、理事；作者侯伟烈为寿光市坤源防水材料有限公司董事长、寿光市齐民要术研究会研究员）

农业文化遗产视野下增城古荔枝资源的挖掘与保护利用

陈志国　周志方

自 2002 年联合国粮农组织（FAO）联合有关国际组织和国家政府发起旨在保护全球范围内的典型传统农业系统的全球重要农业文化遗产（GIAHS）保护项目以来，活态的、系统性的农业文化遗产作为一个新兴的研究领域正悄然兴起，国内地理学、生态学、农学、历史学、人类学等领域学者围绕农业文化遗产的概念与内涵、功能与价值、保护与利用等内容，纷纷参与到农业文化遗产调查、保护及利用研究之中，取得了显著的进展（张永勋等，2017；闵庆文、张碧天，2018）。

荔枝原产于我国南方，是极具岭南特色的风味水果，也是热带珍贵果树之一。增城地处珠江三角洲地区东北部，素有"荔枝之乡"的美名，北宋开始就广泛培育荔枝，至元代荔枝佳品已经享誉岭南，明清时期荔枝栽培面积扩大，特别是"西园挂绿"的出现，使增城荔枝声名大振（郑羽鹏、向安强，2007）。学界关于增城荔枝的研究，主要集中在两个方面：一是对增城荔枝栽培的历史和文化进行探讨，尤其是注重对增城挂绿栽培历史的考证（杨宝霖，1987；彭世奖，1995；郑羽鹏，2008；赵飞等，2013）；二是对增城荔枝产业发展的研究，主要侧重提出增城荔枝产业发展的对策建议（张湛辉、廖美敬，2016；邓小琼、庄丽娟，2017）。尽管前辈学者对增城荔枝做了许多开拓性的研究，但鲜有从农业文化遗产视角对增城古荔枝树的资源挖掘与保护利用进行探究。本文拟结合文献资料和田野调查所见所闻，从农业文化遗产视角出发，对增城古荔枝树资源的分布、保护现状以及价值进行分析，继而提出保护与利用对策。

一、增城古荔枝树资源的挖掘

古树名木，是指有百年以上树龄、稀有、珍贵的树木，是有历史价值或者重要纪念意义的林木（周忠朗，1993）。古树名木是国家的宝贵财富，既有生物学价值，又具有活的文物和历史文化价值（中华人民共和国建设部，1993）。增城作为广东荔枝栽培发展史的重要地区之一，在长期的发展过程中留下了丰富的古荔枝树资源，其中既包括荔枝古树本身的树种资源，也包含了荔枝古树

· 203 ·

背后的历史文化资源。

（一）保留了珍贵的古荔枝树及荔枝种质资源

中国是世界上栽培荔枝最早的国家，华南地区又是中国荔枝的原产地，增城北部的正果镇兰溪及南昆山（原属增城县，今龙门县）原有野生荔枝（增城市地方志编纂委员会，1995）。广州先后于 1985—2011 年，分 6 批组织对全市范围内古树名木资源进行了调查，但前 5 次调查都未将增城纳入普查范围，只有第六次才将增城纳入（叶广荣等，2014）。与前 5 次调查都局限于广州老城区不同，第六次调查范围更大，覆盖 10 区 2 市（县级），首次将从化、增城纳入调查范围。在此次调查中，林业部门还发现了全市最大的古树群，位于增城市荔城街莲塘村，共有 1 800 株古树①。古荔枝树又是增城古树当中的重要一种，占据了古树名木的一大部分。2016 年，增城农业局开展了荔枝古树普查。根据普查结果显示，增城全区 100 年以上的古荔枝树有 1.5 万棵，300 年以上的有 1 400 棵，500 年以上的超过 200 棵，其中最古老的一棵超过了1 200年②。增城被誉为"荔枝之乡"，拥有全国最好、最多的荔枝品种。北宋时期，福建人张宗闵于熙宁九年（1076）来增城为官，完成《增城荔枝谱》，记载当时增城荔枝品种就有百余个。时至今日，增城的荔枝品种有 70 个，更有西园挂绿母树这一突出的古荔枝树资源，可谓是种质资源丰富。

（二）蕴含了丰富的荔枝栽培技术

在繁殖方法上，文献载有接枝繁殖：先选优良母树之幼枝为接穗，去其尾端，留长 10 厘米左右，以接刀斜切其基部，切口要平滑；继以刀将砧木之首端切断，复在切口纵剖一长孔；孔之形状大小，须与接穗之斜断面相似；然后，将穗签接于砧木之孔内，使相互吻合（方鼎勋，1935）。还有插枝繁殖：荔枝可以插枝繁殖，插枝繁殖之土，以塘泥（黏土）为最宜。繁殖枝条之插入部约十分之八寸处，去其外皮，至损及形成层为度，如此则发育较易而生活之成数亦较高（温文光、黄昌贤，1930）。而荔枝因品种的不同，适宜的种植地也略有差别，"如黑叶则好低洼地，故乡间多植此种荔枝于塘塱近水之处；又如桂味淮枝等，则偏好排水佳良之较高地"③。这些文献中记载的荔枝栽培技术和种植技巧在这次实地调查中均有所见，证明增城的荔枝栽培技术具有延续

① 资料来源：《广州第六批古树名木普查结束 发现古树群 54 个》，发表于 2012 年 12 月 28 日《南方日报》。
② 资料来源：广州市增城区农业局《增城荔枝产业发展报告》，2018 年 4 月 19 日。
③ 资料来源：黎大富，《种荔枝之适宜土壤及气候》，1923 年。

性，是一脉相承的。

（三）留下了大量的古荔枝传说故事

民国二十二年（1933），时任广东省民政厅厅长林翼中带领一班随员下县，足迹遍布广东省93个县，然后写成《广东全省地方纪要》一书，由中华书局印刷发行。其中在《增城县名胜古迹》中有关于西园挂绿的记载："城西之西园，有挂绿荔枝古树一株，株干蟠然，邑人几视神迹，或传树址为谷仓，故果实有异味。俗传宋之中叶，唐姓者，居此地，植荔数株；唐氏有妇，事姑至孝，姑嗜荔枝，会病久不愈，而荔枝又将熟，妇摘果之美者，系绿线为记，诚儿童毋得私采，其意将以待姑病之愈也，而姑卒不起，妇亦以感伤卒；嗣后此树之果，必有绿痕，故名'挂绿'。"[①] 而关于挂绿得名的故事，一说为何仙姑成仙后将手中一缕绿线挂在荔枝树杈，使树沾上了仙气，结出来的果实都有一条绿色的彩带环绕。又一说，当地有一对恋人，男的进京考试，一去不归；女的在家操持家务，见夫君久出不归，朝思暮想，无限悲伤，最终便用一条绿带吊死于荔枝树下，此后这棵荔树结出的果实便都绕上了一条绿线（彭世奖，1995）。关于古荔枝树的传说故事在增城当地大量流传，不同的村落都有不同的故事版本。

二、增城古荔枝树保护中面临的困境

随着城市化和工业化的大力推进，遍布于增城各地农村的古荔枝树遭到了严重的破坏。从对荔城街陈桥头村、新塘镇瓜岭村、仙村镇基岗村、中新镇濠迳村和正果镇兰溪村5个典型村落的实地调查发现，各地在古荔枝树保护中都遇到了不同程度的困境，不同的村落在古荔枝树的利用上各有不同，但在古荔枝树保护中面临的困难却大同小异。

（一）古荔枝树本身具有一定的脆弱性

古荔枝树经过百年以上的生长周期，面临了诸多自然、人文环境因素的挑战，很多古树的树况不容乐观。雷击、病虫害等自然原因导致树干伤皮、中空的情况比比皆是。更有甚者因在战争年代被炮弹击中而形成较大的树洞，树干的损伤容易造成树体的大面积腐烂，增加了古树的脆弱性。而榕树容易在树干中空的地方扎根，争夺古树营养，妨碍古树的正常生长。增城为亚热带季风气

---

① 资料来源：1934年广东省民政厅编写的《广东全省地方纪要（附图）》（第一册），第311～315页。

候区，全年雨水较多，在长年累月雨水的冲刷下，导致树干基部或根部裸露在外，降低了古树根系的支撑力，很有可能引起树体倾倒。外来物种的入侵也让古树生长受到影响。实地调查发现，正果镇兰溪河的周边就出现一棵因薇金菊的缠绕而死亡的百年古荔枝树。薇金菊为外来植物，具有攀缘特性，缠绕树后会迅速生长，直至覆盖树顶让该树木接触不到阳光而死亡。

（二）古荔枝树的维护成本高于其带来的经济效益

古荔枝树都有百年以上的历史，树身较高，树冠大而密，维护起来难度非常大。大部分需要维护的枝叶都居于高处，使用梯子只能维护较为低矮的枝干，有经验的果农都选择直接爬到古荔枝树上对其进行维护。但这种维护方式风险太大，稍有不慎就会跌落，威胁果农自身的安全。而古荔枝树本身的经济效益和附加价值不高，古荔枝树的品种大多为淮枝，小部分为桂味，淮枝水分少、口感一般，价格自然也较为便宜，平均在5元/斤左右，遇到丰产则价格更低；桂味的则"高开低走"，如2015年开盘价高达15元/斤左右。随着增城荔枝上市越来越多，价格有所回落，一般也在5元/斤以上（邓小琼、庄丽娟，2017）。而近两年备受消费者青睐的"仙进奉"，产地销售最高价格达到100元/千克（张湛辉、廖美敬，2016）。在这样大的成本差距下，古荔枝树的保护难度更大了。

（三）发展与保护的冲突

经济的发展和环境的保护本就是一个难以平衡的点，这二者的冲突在增城荔枝产业上，体现为古荔枝树保护的矛盾。近年来，在城建、乡村改造、乡村绿道、村道水泥硬底化等经济社会发展过程中，古荔枝树的生活环境随之受到了损坏。为了改善村民生活而修建的乡村绿道和硬底化水泥村道，对古荔枝树的根系呼吸造成了影响，也不利于其根部的排水和营养吸收，导致古荔枝树的长势逐渐衰弱；而古荔枝树的保护在一定程度上也限制了城建的发展，如在道路修建中，原来的规划路线上有古树生长，为了保护古树的正常生长就只能将道路做重新规划，花费资金、时间的代价较大。实地调查发现，大部分村合作社、村民小组对古荔枝树的普查和保护工作并不配合，不愿意如实上报村内古荔枝树的保存情况。因为上报后在建房、开垦田地上的自由度就降低了，不能随意砍伐树木，所以有些村民小组选择隐瞒情况。这种情况在根源上还是经济发展、农民生活水平需要提高与古树保护上的矛盾。

（四）保护和管理的疏漏

在古荔枝树的保护上，荔枝产业本应该由农业农村局负责，但古荔枝树的普查和保护又由林业园林局负责，下属各部门有时分工不明确，造成保护上的疏忽。而管理上的问题基本上为古荔枝树所有权的问题。古荔枝树在 20 世纪已分到各家各户，但经过几十年的发展，有些农户家里兄弟数人已经分家，在古荔枝树没有明确归属到个人的情况下，这些农户家里责任分工不明确，便疏于对古荔枝树的管理。古荔枝有着数量多、分布散的特点，又为农户个人所有，无法进行集中管理；相关部门对古荔枝树的档案登记不完善，后续的跟踪保护工作难以开展。

在这些困境中不难发现，现阶段对于古荔枝资源的保护仅仅着眼于它的经济价值是不行的，必须充分挖掘和利用古荔枝农业文化遗产的内涵与价值，从根源上增加古荔枝树的附加值，让文化内核充实古荔枝资源，从而对其起到更好的保护作用。

三、增城古荔枝树的农业文化遗产价值

按照联合国粮农组织（FAO）给出的定义，农业文化遗产主要包含农业生产系统、农业及相关生物多样性、传统农业技术、农业景观和农业文化 5 方面（闵庆文、孙业红，2009），具有突出的经济、社会、生态、教育、文化等多元价值（闵庆文、张碧天，2018）。从农业文化遗产视角看，增城古荔枝的农业文化遗产价值体现为以下 4 个方面：

（一）社会与文化价值

增城古荔枝农业文化遗产包含着丰富的人文内涵，在历史文化底蕴、民间风俗节庆、群众文化基础、日常文化活动等方面都有所体现。在历史文化底蕴上，最早关于增城荔枝的诗句见于南宋咸淳七年进士李肖龙的五言诗中，一句"荔子漫山红"（增城市地方志编纂委员会，1995）道出早在近 1 000 年前，增城的荔枝已颇具规模，成熟时大有漫山之势；后至明清时期，有谭莹《岭南荔枝词》，诗中写道："广州东去是增城，土润沙高潮亦平；家种荔枝三百树，年年果熟问收成。"又"十里矶围筑稻田，田边博种荔枝先。凤卵龙丸多似谷，村村箫鼓庆丰年。"①由此可见，增城的荔枝文化历史悠久且未曾间断，千百年来一直有文人墨客为此留下文字。在民间风俗节庆上，增城自明末开始，都会在每年 6 月中旬至 7 月中旬自发兴办荔枝节，现在每年增城区政府还会举办荔枝文化旅游节及相关的节庆活动。在群众文化基础上，增城的大小街道、公园

---

① 资料来源：（清）阮元，《学海堂集》，广州：《粤秀山房》，清道光五年（1825）（仙城西湖街简书斋）刻本，卷 15。

湖泊、广场学校以及特产等的命名都与荔枝有关，关于荔枝的文艺作品也层出不穷①。在日常文化活动中，增城发行了荔枝邮票，将挂绿珍果还珍于民；通过田野调查以及各村镇的走访也不难发现，增城很多村中随处可见与荔枝有关的文化宣传设施；而增城的荔枝文化旅游开发也是推陈出新、精彩纷呈，荔枝根雕、荔枝文创等产品亮点十足。

（二）经济与生计价值

增城古荔枝农业文化遗产是当地荔枝产业发展的一个组成部分，在第一产业上对增城的经济发展起到了一定的作用。1999 年，"增城桂味""增城糯米糍"获得了第二届中国国际农业博览会名牌产品称号；2001 年，"增城挂绿"被评为广州市名优农产品；2002 年，一颗"增城挂绿"拍卖出 55.5 万元，入选吉尼斯纪录大全，"荔枝之乡""挂绿之乡"更成为增城的代名词而扬名海外；2012 年，"增城挂绿""增城荔枝（桂味、糯米糍、仙进奉、水晶球）"被国家质量监督检验检疫总局评为国家地理标志产品②。还有荔枝干、荔枝酒、荔枝醋等荔枝加工产品。而在"文化＋旅游"方面，其古荔枝农业文化遗产起到了绝大部分作用，在当地的第三产业推动上带来了较为可观的经济收入。

（三）生态与环境价值

增城古荔枝生长区域内有着较高的农业生物多样性，不仅有新旧荔枝树交错生长，还有乌榄树、榕树等树种一并欣欣向荣，产生了良好的生态效益。除此之外，还有围绕着古荔枝树的蜜蜂养殖，荔枝蜜的生产使得荔枝种植生长区的作物产物更为丰富，既有水果，也有糖类产品，不那么单一的营养结构有利于提高生态系统稳定性。而从另一个角度来说，荔枝、乌榄等树木本是经济树木，但从生态环境上看其构成的农业文化遗产系统为保持水土、涵养水源、调节空气质量等生态系统起到一定的积极作用，提高了当地的生态承载力。

（四）科研与示范价值

增城荔枝多年来为诸多学者提供了研究案例：其悠久的种植历史引得学界对其荔枝种植历史进行考证，而名贵品种——"西园挂绿"更是让人充满研究兴趣，此外对现今增城荔枝产业发展的研究也不在少数。而增城荔枝产业和古

---

① 中新镇濠迳村果农汤宝琦为调查组介绍荔枝技术，其创作《咏绿》："挂绿常临在湖边，天天含笑待游人。肉嫩娇娆倾国美，游人幸运齿留香。"

② 资料来源：广州市增城区农业局《增城荔枝产业发展报告》，2018 年 4 月 19 日。

荔枝保护之间的协调与共生，是合理利用自然资源和保护文化多样性的杰出典型，能为现代农业提供宝贵的耕种和管理经验，为可持续农业提供示范案例（闵庆文、张碧天，2018）。也为其他有着相近资源的地区提供了示范价值，从而推动了国内农业文化遗产保护和利用的发展。

四、推动增城古荔枝树资源保护与利用的思考

增城古荔枝树资源，不仅具有地方特色的农业文化遗产价值，还具有现实的经济价值，与当地社会在文化、生产生活和经济效益上有着密切联系。在荔枝新品种和荔枝产业不断发展的今天，古荔枝树资源的保护与利用迫在眉睫。

（一）加强对古荔枝树的普查、管理和维护

在古荔枝树普查上，更为细致地为每棵古荔枝树登记造册，将古树的年龄、品种做精准鉴定，精确掌握增城所有古荔枝树的数量、树龄、品种、管理者以及所有人等信息，建立古荔枝树数据库。在古荔枝树管理上，可将每棵树做 GPS 定位，以绘制古荔枝树分布地图，通过 GPS 定位与信息化管理，有利于古荔枝树的标记管理与保护；在每棵古荔枝树旁树立标识牌，将该树的品种、树龄等基本情况列于标识牌上，并附带警示标语，加大对古荔枝树的保护意识；利用科技手段，对重点古荔枝树进行摄像监控，以避免人为破坏的发生。在古荔枝树的维护上，对受损的古荔枝树进行必要的修复救治工作，分类管理、各个击破，以加强古荔枝树对抗虫害、自然灾害的能力。增城古荔枝资源所有的发展方向都是围绕古荔枝树来开展，将古荔枝树本身管理和维护好，才能充分发挥其农业文化遗产价值。

（二）推进增城古荔枝申报中国乃至全球重要农业文化遗产

农业文化遗产是一种新的遗产类型，对于保护农业生态体系和传承农耕文明、地方特色文化有积极的促进作用和指向作用。通过申报国家级乃至世界级重要农业文化遗产，从农业文化遗产角度加强对当地农业资源的保护和利用，可以将当地特有的农业资源引入一个新的发展轨道。增城古荔枝资源在自然、生态、经济和文化上都有着得天独厚的优势，具有悠久的种植历史、深厚的文化底蕴、完整的栽培技术、百花齐放的品种、优秀的品质、"西园挂绿"压倒性的价格以及多种响亮的荔枝品牌等特点。充分利用增城古荔枝在农业文化遗产资源上的优势，推进申报中国和全球重要农业文化遗产这项工作，将为增城古荔枝的保护和利用带来更多的资源和便利，从而满足当地社会经济与文化发展的需要，促进区域可持续发展。

（三）提高古荔枝树的文化价值

古荔枝树的保护，要着重加强古荔枝树文化价值的开发和利用。在第一产业方面，打造当地不同村落属于自己的古荔枝树品牌特色，让消费者从购买荔枝本身到为荔枝品牌、古荔枝文化消费，有利于提高古荔枝树的果实价格，逆转古荔枝树因品种限制导致的低价；也可以通过高接换种，将妃子笑、淮枝等品质差的品种改良为仙进奉、甜岩、水晶球等优质品种，进一步优化品种结构（邓小琼、庄丽娟，2017），从根本上改变古荔枝树果实价格低的问题。在第三产业方面，则要加大对古荔枝树农业文化遗产资源的挖掘，实施"农文旅"三者结合的发展道路。例如，增城陈桥头村在农业方面，该村土壤肥沃、土质较好，先天种植条件好，且"西园挂绿"这一荔枝特色品种的果实质量、产量都较好，村中古荔枝树聚集的山地离村子仅 10 分钟的步行距离，具有得天独厚的农业基础。在文化方面，陈桥头村文化底蕴浓厚、文化氛围蓬勃、历史建筑众多，可将村中的人文历史、自然历史等景观与荔枝文化结合，打造陈桥头村特有的荔枝历史文化。在旅游方面，陈桥头村基础建设较好，有大广场、绿道、花园、购物中心等设施，生活方式现代化，村容卫生好，是一个"村在花园中，花园在村中"的环境优美新农村，这为发展旅游提供了前提条件。村中还有 300 多年树龄的古榕树，该树生长状态好，3 株古榕树聚集生长，是非常壮观的参天大树。"农文旅"发展模式就是一种经济效益高、生态保护好、可持续发展的经济模式，陈桥头村正是适合走"农文旅"的发展道路。因此，充分挖掘古荔枝的文化内涵，提供古荔枝的经济附加值，从根本上驱动古荔枝树的保护与开发利用。

（四）强化古荔枝树保护的法律建设与宣传

为全面实现对古树名木的科学性保护与管理，我国给予了高度重视，出台了相关的法律法规，针对古树名木管理的相关内容进行了具体性的规范。基于此，增城的相关部门应该全面贯彻与执行古树名木保护管理的法律法规，推动古荔枝树保护立法，并强化古荔枝树保护的有效宣传，要求对乱砍滥伐、移栽不科学、养护与管理不到位等违法行为严格打击，并出台古荔枝树的相关管理办法，规范保护荔枝古树，让群众有规可依，让当地政府的农业遗产保护工作越来越规范化和法制化。

（五）将古荔枝农业文化遗产理念深入人心

农业文化遗产保护是一个多方位、多层次的系统工程，涉及人民群众的利益、政府部门的利益、开发企业的利益等，也需要各个方面的积极配合。对于增城古荔枝农业文化遗产的保护来说，起作用的主体还是当地群众。他们离树最近，古荔枝农业文化遗产带来的价值和资源也会在第一时间对他们的生产生活造成影响。所以，缓解群众与古荔枝树保护之间的矛盾，是发挥其农业文化遗产价值的重要环节。在政策上，加快解决群众住房用地的问题，缓解人地矛盾，避免再次出现群众因住房需求而砍伐古荔枝树的现象，并提供一定的古荔枝树保护基金或奖励机制，调动群众参与古荔枝树保护工作的积极性。此外，还应该积极整合图书、报纸、杂志、广播、电视、互联网等媒体资源，通过多种途径和手段，加大宣传力度，对古荔枝树农业文化遗产进行充分展示，以提高群众保护意识，使增城古荔枝农业文化遗产的符号深入人心，从而起到更好的保护作用。

从农业文化遗产的角度来看，古荔枝文化与增城人民的生活息息相关、相辅相成，是一个具有悠久历史积淀和丰富文化内涵的农业文化遗产体系。因此，充分挖掘增城古荔枝农业文化遗产的内涵、申报中国乃至全球重要农业文化遗产，能最大限度地发挥它的价值，从而给增城带来更好的社会效益、文化效益、经济效益和生态效益。

参 考 文 献

邓小琼，庄丽娟，2017. 广州增城荔枝产业发展现状与对策建议［J］. 南方农村（3）：14-17.

方鼎勋，1935. 荔枝之研究［M］. 广州：中山大学农科学院农声社.

闵庆文，孙业红，2009. 农业文化遗产的概念、特点与保护要求［J］. 资源科学，31（6）：914-918.

闵庆文，张碧天，2018. 中国的重要农业文化遗产保护与发展研究进展［J］. 农学学报，8（1）：221-228.

彭世奖，1995. 荔枝之最——增城挂绿［J］. 广东史志（3）.

温文光，黄昌贤，1930. 荔枝插枝繁殖试验［M］. 广州：中山大学农科学院农声社.

杨宝霖，1987. "一树增城名挂绿，冰融雪沃少人知"——增城挂绿荔枝小史［J］. 广东史志.

叶广荣，何世庆，陈莹，等，2014. 广州市古树名木现状与保护对策［J］. 热带农业科学，34（3）：87-91.

增城市地方志编纂委员会，1995. 增城县志［M］. 广州：广东人民出版社.

张永勋，何璐璐，闵庆文，2017. 基于文献统计的国内农业文化遗产研究进展［J］. 资源科学，39（2）：175-187.

张湛辉，廖美敬，2016. 广州市增城区荔枝产业发展情况及建议［J］. 中国热带农业（6）：16-17、7.

赵飞，倪根金，章家恩，等，2013. 增城挂绿荔枝历史考述［J］. 中国农史（4）：14-26.

郑羽鹏，向安强，2007. 广东增城荔枝发展史简论［J］. 古今农业（4）.

郑羽鹏，2008. 增城荔枝发展史研究［D］. 广州：华南农业大学.

中华人民共和国建设部，1993. 城市绿化条例释义［M］. 北京：中国法制出版社.

周忠朗，1993. 古树名木的景观的认定、保护和利用［J］. 中国园林（2）：20-24.

（作者陈志国为华南农业大学广东农村政策研究中心助理研究员；作者周志方为华南农业大学中国农业历史遗产研究所研究生）

阳山水蜜桃文化遗产
在乡村振兴中的作用

冯竹清　王思明

中国悠久灿烂的农耕文化历史，加上不同地区自然与人文的巨大差异，创造了种类繁多、特色明显、经济与生态价值高度统一的农业文化遗产。这里所说的"农业文化遗产"，是以活态性、系统性、多功能性为主要特征的新的遗产类型，是劳动人民在与所处环境长期协同发展中世代传承并具有丰富的农业生物多样性、完善的传统知识与技术体系、独特的生态与文化景观的农业生产系统。历经千百年而不衰的农业文化遗产，是中华文化的重要组成部分，是"人与自然和谐相处"的典范。农业文化遗产蕴含的丰富的生物、技术、文化"基因"，对于乡村振兴战略实施具有重要的现实意义，很多农业文化遗产地成为乡村振兴示范区（闵庆文，2018）。本文将以"江苏无锡阳山水蜜桃栽培系统"为例，探索水蜜桃农业文化遗产在当地乡村振兴战略中是如何发挥作用的。

一、"江苏无锡阳山水蜜桃栽培系统"简介

"江苏无锡阳山水蜜桃栽培系统"是第四批中国重要农业文化遗产之一。阳山水蜜桃以"果大色美、香气浓郁、皮薄肉细、汁多味甜"等特点而驰名中外，在当地有"果中皇后""琼浆玉液"的美誉，曾获得"国家地理标志产品""江苏省重点名牌产品""中国名牌产品""中国绿色食品"等众多荣誉称号。阳山水蜜桃的品质之所以如此优良，主要得益于适宜的自然环境、历史良种的传承、数百年来探索和传承下来的改良及栽培技术。

在自然环境方面，阳山位于北亚热带向中亚热带过渡地带，气候温暖湿润、四季分明、阳光充足、雨量充沛，地处太湖流域冲积平原，拥有深厚的土壤层，境内有一座 1.4 亿年前形成的死火山，形成了矿物质丰富的土壤，特别适宜桃树的生长。在历史传承方面，阳山种桃历史悠久，南宋宝庆三年（1225年）建造的陆墟桥上刻有一副楹联："雁齿云排红迷桃岸，鸭头春涨绿漫柳堤"，足以见证。明清以来，桃树种植在无锡地区进入了一个发展期，品种不断改良，培育出多个独具特色的当地品种，尤其在进入 20 世纪以后，阳山先

后从上海、浙江奉化和日本引进优良品种进行试种和改良并获得成功。其中，上海水蜜桃在明代时名声大噪，使水蜜桃品质得到大幅度提升，后来被引种至国内外，成为世界水蜜桃品种群的重要母本。而阳山水蜜桃则是上海水蜜桃在南方地区的主要传承品种，具有珍贵的历史价值（冯竹清、王思明，2018）。在栽培技术方面，数百年来阳山人积累了丰富的种桃经验，阳山镇95%以上的桃农早已采用了人工授粉技术，有效地提高了挂果率；100%的桃农在科技人员的指导下，采用鸡粪、鸟粪、豆饼、菜籽饼等有机肥和进口复合肥搭配施用技术，确保了桃子的甜美度；套袋技术和无公害农药的应用，确保了桃子的色、香、形俱佳，同时也形成了宝贵的农业文化遗产。

因阳山水蜜桃具有历史意义的优良品种、生态可持续的栽培技术、长期形成的桃民俗文化，2017年江苏无锡阳山水蜜桃栽培系统入选第四批中国重要农业文化遗产名录。该农业文化遗产兼具食品保障、就业增收、生态保护、观光休闲、文化传承、科学研究等多种功能，在乡村振兴中发挥了重要的作用。

二、阳山水蜜桃文化遗产在乡村振兴中的作用

（一）改变产业结构，带动产业振兴

产业振兴是乡村振兴的重要方面，要求围绕农村一二三产业融合发展，充分发掘遗产地的生物、生态、文化与景观资源优势，构建乡村产业体系，因地制宜、突出特点、发挥优势，形成既有市场竞争力又能持续发展的产业体系。阳山水蜜桃传承了历史名种，桃肉柔软多汁，皮易剥离，糖度高，酸度低，风味鲜美，具有很强的市场竞争力；在栽培技术取向上，坚持绿色环保的技术措施，恢复"绿肥养田，厩肥养稼"的农业技术，采用传统农业的生物防治技术，有效避免化学合成肥料和生物激素对农产品品质的影响，倡导循环农业和生态农业的种植方式，减少环境污染，确保农业产品的优质安全，可以促进绿色农业、绿色产品、绿色乡村的绿色发展目标的实现。所以，水蜜桃产业是可持续发展的。基于此，阳山镇通过不断地进行产业结构调整，将阳山水蜜桃逐渐发展为当地的支柱性产业，带动了阳山的经济发展，促进了阳山地区的产业振兴。

民国以前，水蜜桃产业在无锡阳山的产业结构中几乎不占比重。20世纪二三十年代，阳山引进优良品种，不少农户开始在阳山、胡埭一带低山丘陵扩大水蜜桃的种植，初具规模。30年代末，阳山水蜜桃销往上海，轰动一时，好评如潮。此后，阳山水蜜桃种植规模不断扩大，民国三十四年（1945年）桃树种植面积增至4 000余亩，年产2 000多吨，誉满沪宁。水蜜桃产业在阳山产业结构中占据了一定比重，但阳山仍以粮食产业为主导。到了"文化大革

命"时期，受以粮为纲政策的影响，阳山水蜜桃的种植规模缩减至 700 亩左右。

改革开放后的 1984 年，时逢中国农村第一次进行农业产业结构调整，阳山政府抓住机遇，免除粮食定购任务，把全镇 2 200 亩农民的责任田全部扩种水蜜桃，将阳山镇建成水蜜桃生产基地。1994 年开始，10 年前栽种的桃树进入盛果期，水蜜桃价格逐年上升，种桃的经济效益开始凸现，从种桃、卖桃中获得丰厚回报的阳山人开始自发在自留地、饲料田、口粮田及房前屋后扩种桃树。政府因势利导，再次号召扩种，进行统一规划，连片种植。这次调整使阳山水蜜桃面积上升到 4 500 亩，水蜜桃种植面积首次超过了粮食种植面积，阳山镇农业进入了"卖桃买粮"专业化生产的新阶段，水蜜桃生产在阳山一跃成为农业的主导产业。

1999 年，中国进行第二轮农业结构调整，阳山镇党委、政府再次抓住这个机遇，因势利导，将全镇种粮面积（口粮田），除 17 亩低洼地外，全部改种水蜜桃，水蜜桃面积扩大到 6 000 多亩。阳山农民种桃致富的示范效应还带动了陆区（当时尚未与阳山并镇）、杨市、洛社、藕塘、胡埭及武进区的雪堰、洛阳、潘家等周边乡镇的农民大面积种植水蜜桃。2004 年，阳山、陆区两镇合并成阳山镇后，原陆区镇范围迅速调整农业产业结构，扩种以水蜜桃为主的经济作物，全镇水蜜桃面积从 12 092 亩逐步扩大到 21 000 余亩。2003 年开始，惠山区洛社、钱桥镇的水蜜桃也统一使用阳山水蜜桃品牌，全区水蜜桃面积上升至 3.17 万亩，后来统计面积一直在 3.17 万～3.2 万亩之间（金唯新等，2015）。截至目前，形成了一个以阳山为中心、总面积（包括滨湖区、常州武进区）超过 6 万亩的"阳山水蜜桃"经济区，对苏南地区农业产业化经营起到了示范带动作用。

目前，以水蜜桃为代表的高效农业占全镇农业的比重达到 98%，全镇水蜜桃种植面积达 21 000 亩。2015 年，阳山水蜜桃总产量 18 720 吨，总产值 3.3 亿元，桃树亩均产值 1.85 万元，桃农总人数 13 000 人，人均纯收入超过 2.05 万元，镇里农民从水蜜桃产业中获得的收入占总收入的 80% 以上[①]，并已形成从生产、储运、加工到流通的产业链条并逐步拓展延伸，产品远销全国各大中城市，还走出国门，成功销往泰国等地，促进了产业振兴。

（二）招商引资，发展田园综合体

乡村振兴仅仅依靠乡村的力量是远远不够的，还需要企业和科研机构的投资、参与和合作，企业联合政府、高校和村民，以整体规划、开发、运营的方

---

① 资料来源：江苏省无锡市惠山区阳山镇水蜜桃农业系统中国重要农业文化遗产申报书。

式带动乡村经济社会的发展。水蜜桃产业作为商品和旅游资源，成为政府和企业投资的对象。1997年，阳山镇政府投资250万元，在镇区建成占地6 000平方米的阳山水蜜桃交易市场。以后又不断加大投入，先后投资1 000多万元，使整个市场扩大到10 000平方米，拥有交易摊位2 500个，经纪人用房47间、仓库8间、冷库5间、办公用房4间、停车场2 500平方米，引进日本产选果机1台，日交易量为10万~15万斤，销售量约占全镇水蜜桃总产量的40%，并造就了一支素质较高的水蜜桃销售的经纪人队伍（张惠明、俞显峰，2008）。形成了一个由专业市场、经纪人、超市订单组成的多层次、广覆盖的销售网络，还陆续成立了江苏无锡阳山水蜜桃科研站、阳山水蜜桃研究会、惠山区阳山水蜜桃桃农协会等机构，助力水蜜桃产业的发展，并不断引进和改良桃品种，使阳山水蜜桃产业不断发展壮大。

阳山还吸引了大量企业的目光，以水蜜桃产业链为主要业务的企业纷纷建立和入驻，具有代表性的是无锡太湖阳山水蜜桃科技有限公司。它创立于2010年7月，注册资本5 000万元，坐落于阳山镇，是一家集水蜜桃科研、生产、贸易、旅游工艺品、农副产品生产销售于一体的现代生态农业科技企业，拥有3 500亩水蜜桃科研种植基地以及设备完善的科研中心和质量检测中心，同时与国内外多家科研机构合作，将现代高科技种植技术和传统种植技术相结合，创新集约化种植的新模式，引入现代物联网技术，打造"互联网＋农业"的电子商务销售平台（沈农保，2013），带动了阳山的产业发展。

另外，东方园林产业集团在阳山投资50亿元，开发了国内首个田园综合体项目，成为当地乡村发展的重要机遇。田园综合体是集现代农业、休闲旅游、田园社区于一体的特色小镇和乡村综合发展模式，以水蜜桃产业为主导，推进集约化、标准化和规模化生产（华东伟，2013），并以一二三产业融合发展为基础，大力挖掘当地特色农产品和桃文化，并以此为基础，打造田园休闲体验地（庞玮、白凯，2018）既为当地创造了就业机会，也必将大力促进当地的农业和文旅产业的发展。

在众多企业入驻下，大量人才引入，水蜜桃销售模式也发生了变化，逐渐步入"互联网＋时代"。2015年完成品牌销售授权网上专卖店72家，发展桃园顺丰电商村、太湖阳山、田园东方、阳山村等电商平台100多家，实现网上销售超8 000万元，极大地促进了乡村经济发展。依托于水蜜桃产业，阳山当地人也学习生财之道，以高效农业带动旅游服务业，从单一的卖桃向旅游度假、文化养生、农村体验全面升级，发展了多种形式的"农家乐"，创建了市五星级"农家乐"1家、市四星级"农家乐"6家和市三星级"农家乐"13家。因此，依托于水蜜桃产业，阳山获得大量投资和发展机遇，促进了乡村人才振兴。

（三）促进文旅建设，发展生态旅游景区

旅游方面，阳山围绕水蜜桃大做文章，使水蜜桃成为无锡旅游的一张名片。阳山利用桃花景观资源，大力发展生态旅游景区，建设融桃园、山林、农田、村舍于一体的森林公园，开拓有森林、田园、水乡特色的生态观光旅游。阳山建立起阳山桃花源景区、桃花岛景观公园、桃源葫芦岛，有序规划发展"农家乐"（李珍珍，2017）。阳春三月，6 000 亩桃花漫山遍野，竞相怒放，争奇斗艳，绚丽多姿，把古老的阳山点缀成一个真正的"桃花源"。5 月下旬，早桃上市，直至 9 月上旬收市。桃熟季节，硕果累累，乍点红唇，色丽香溢，人称"江南一绝"（边有刚等，2006）。阳山春季以桃花为媒，夏季以桃实为媒，吸引游客，发展乡村旅游。现在开通的阳山生态一日游活动在春夏季每天有数百名海内外游客前来参观桃花盛景。

在文化方面，无锡是古代吴文化的重要发祥地，阳山镇充分挖掘桃源农耕文化，建设了桃文化博物馆，并辅以地质科普文化、儒家书院文化、佛教禅宗文化等，利用独具特色的自然与人文资源，打造出一个全新的生态休闲旅游度假区。另外，无锡阳山田园综合体依托当地乡村景观和民俗文化，通过文化创意产业的引导，推动农旅结合和生态休闲旅游，充分发挥了水蜜桃产业的产品价值和景观价值，满足消费者的旅游观光、休闲度假、农事体验等需求，形成产业、生态、旅游融合互动的田园综合体（卢贵敏，2017）。无锡田园综合体"田园东方"距无锡市仅 30 公里，公交可达；并辐射上海、南京、苏州 3 个较大的客源市场群体，交通便利，自驾游当日可轻松往返，区位交通优势明显（付艳秋等，2010），为城乡居民打造一个贴近自然、品鉴天然、身心怡然的聚居地和休闲区，必将对促进城乡融合、带动乡村振兴起到重大作用。

（四）水蜜桃及周边产品带动产品经济

在产品销售方面，水蜜桃成为阳山的销售主打产品。按照"生态、天然、养生"的理念，阳山镇主要突出水蜜桃特色和农产品打造，阳山水蜜桃盛果期亩产 2 000 千克以上，充分成熟的阳山水蜜桃呈半透明状，果肉柔软多汁，风味独特。在水蜜桃深加工方面，各大企业和单位纷纷投资研发，无锡市阳山桃园水蜜桃有限公司与常州大学合作研发的水蜜桃果酒已获成功，并开始批量生产；无锡市太湖阳山水蜜桃有限公司与江南大学合作研发的水蜜桃汁也已进入市场（陆爱华，2006），得到了广大消费者的许可。另外阳山还成立了一个残疾人创业中心，生产桃类衍生产品，目前已有阳山水蜜桃酒、水蜜桃汁、桃胶、果酱、蜜饯、桃木工艺品等（付艳秋，2011）。以桃为媒，水蜜桃及其周边产品极大地促进了当地的经济发展，同时还带动了其他特色产品的销量，阳

山传统麦饼、糕团、紫芋、牛肉和灵芝等土特产品在游客中也声誉渐起。旅游消费链的延伸将充分带动农民开展"农家乐"等餐饮经营和农副特产销售的热情，引导农民增收致富，提升幸福指数。

（五）民俗活动丰富人民生活，桃文化深入人心

阳山底蕴深厚的桃文化及其桃花景观是发展文旅产业的重要资源。1997年阳山举办首届"无锡阳山桃花节"，第八届起改名为"中国·无锡阳山（国际）桃花节"。历届主题有"阳山之春""江南一枝花""桃花朵朵开，温情处处在""桃花开，农家乐""春满阳山，桃花有约""大美阳山，幸福桃源""水乡桃源，休闲阳山""魅力阳山，花样年华"等（杨婕等，2017）。每年桃花节时，阳山百姓都会邀请亲朋好友一起吃蟠桃宴、赏桃花庵，政府会组织民众开展一系列民俗文化活动。在第十四届阳山（国际）桃花节上，当地开展了"大美阳山、幸福桃源"主题大型广场文艺演出、桃文化博览馆落成开馆仪式、"阳山之春"系列商贸活动、"桃乡之乐"系列民俗表演、"龙腾桃花源"舞龙表演赛、"农家乐"群众民俗展演、"情系桃农"三下乡服务活动、"许愿桃林"婚纱摄影活动、"山水桃乡"书画展、"梦里阳山"征文绘画摄影征集活动等（江苏省无锡市惠山区阳山镇党委宣传科，2014）。以这些活动为载体，让人们认识、感受当地深厚的桃文化。"桃花节"拉动了阳山休闲旅游业，推动了阳山经济发展，成为百姓的"增收节"与"致富节"，而桃文化已深入老百姓心坎，阳山百姓早已将桃花节当作第二个"春节"。

各大企业也积极抓住桃花节之机参与和筹办各项活动，包括销售活动、休闲竞赛、民俗文化活动等。位于阳山镇主要景区的田园东方蜜桃村是整个文旅小镇生活休闲和服务配套的集散地，也是水蜜桃一二三产融合发展的成果和当地民俗文化的集中展示地。2018年桃花节期间，田园东方蜜桃村游客人数创历年来新高。配合桃花节主题活动，园区举办了"田园 LIVE 音乐秀""田园食趣市集""植物大战僵尸亲子派对""草坪风筝节"等文化活动，引得无数游人流连忘返。其中最特别的活动，便是"点花"仪式。"点花"是一项极具阳山地方特色的文化活动，在早期仅仅是阳山当地的一项农事活动，而田园东方在深耕阳山、挖掘当地文化的过程中，为这个农事活动赋予了更深的内涵，让"点花"从农事活动上升为文化活动。在田园东方蜜桃村内，阳山水蜜桃桃农协会秘书长、"中国好人"赵逸人，田园东方农业公司员工、阳山种桃能手徐亚琴，向田园社区内的新住民、游客讲述了"点花"的意义和由来，并用毛笔将准备好的花粉点在老桃树的花蕊之上，为这株有 12 年树龄的桃树授粉，借此仪式祈愿阳山水蜜桃丰产，祈愿生活幸福（韩同春，2009）。2009 年，"中国·无锡阳山（国际）桃花节"列入江苏省非物质文化遗产商贸

部分名录。

  阳山乃至无锡人依赖水蜜桃产业，并以家乡的水蜜桃产业为傲，以从事水蜜桃生产与销售产业为荣，形成对家乡、工作、水蜜桃的认同和乡风民俗的文化自信，并通过水蜜桃文旅产业将家乡的文化乡情向外弘扬，提高了生活品质，提升了生活状态，真正形成一幅和谐生动、其乐融融的"桃花源"景象，促进了乡村文化振兴。

  总之，农业文化遗产业是乡村发展的重要资源。无锡阳山以水蜜桃产业为中心，大力发掘农业文化遗产内涵和价值，应该充分发挥其在乡村文化振兴中的作用，使之从产业、经济、文化等方面促进乡村振兴，探索出一条经济发展、生态保育与文化传承的农业文化遗产保护之路，为农业与农村可持续发展贡献出一份可借鉴的方案。

参 考 文 献

边有刚，周群演，周建涛，2006. 无锡阳山水蜜桃产业风光带建设规划［J］. 江苏农业科学（4）：29-32.

冯竹清，王思明，2018. 历史时期上海水蜜桃变迁研究［J］. 古今农业（3）：37-45.

付艳秋，2011. 无锡市阳山水蜜桃产业发展的研究［D］. 扬州：扬州大学.

付艳秋，李军，陆建飞，2010. 无锡市阳山水蜜桃产业发展的 SWOT 分析［J］. 江苏农业科学（4）：439-441.

韩同春，2009. 洁净的追求：点灯花仪式的民俗文化意义［J］. 重庆文理学院学报，28（2）：18-21.

华东伟，2013. 阳山水蜜桃生产机械化浅析［J］. 江苏农机化（6）：35-36.

江苏省无锡市惠山区阳山镇党委宣传科，2014. 春归阳山梦回桃源2014中国·无锡第十八届阳山桃花节浓情绽放［J］. 创新时代（4）.

金唯新，赵丽丽，吴一羚，2015. 阳山水蜜桃产业发展现状及对策［J］. 现代农业科技（15）：101-102.

李珍珍，2017. 桃文化及其在观光园中的景观应用［D］. 郑州：河南农业大学.

卢贵敏，2017. 田园综合体试点：理念、模式与推进思路［J］. 地方财政研究（7）：8-13.

陆爱华，2006. 阳山水蜜桃规模发展重科技创新（下）［J］. 农家致富（9）：36.

闵庆文，2018. 农业文化遗产对乡村振兴的意义［J］. 中国投资（17）：47-53.

庞玮，白凯，2018. 田园综合体的内涵与建设模式［J］. 陕西师范大学学报（自然科学版），46（6）：20-27.

沈农保，2013. 江苏推进水蜜桃种植保险［J］. 农家致富（2）：50.

杨婕，孙蒋业，孙楷雯，2017. 基于利益相关者的事件旅游与地方产业互动发展研究——以中国无锡阳山桃花节为例［J］. 现代经济信息（7）：495-496.

张惠明，俞显峰，2008. "阳山现象"解读——访无锡市阳山镇党委书记陆益［J］. 长三

角 (6)：74-76.

（作者冯竹清为南京农业大学中华农业文明研究院硕士研究生；作者王思明为南京农业大学中华农业文明研究院院长、博士生导师）

武陵山区油茶林复合系统在
脱贫攻坚中的价值论析

——基于对湖南永顺县的考察

侯有德

油茶是中国古代非常重要的油料来源。我国人工种植和利用油茶的历史最迟可以追溯到明代。明代的农书及方志中对油茶的产地、性状、用途及经济性能进行了较为详细的记录。明初俞宗本《种树书》，"九月"和"十月"篇中，分别提及"九月移山茶"和"十月收茶子"①。山茶即油茶，系明代对油茶树的称呼。明后期成书的《群芳谱》（1621）"木谱"中有记："楂，橡栗之属，生闽广江右山谷间。树易成，材亦坚韧。实如橡斗，无刺。子或一、二，或三、四，似栗而壳薄。仁色如榧，肉如栗，味苦，多膏油。"②

明末徐光启的《农政全书》（1625—1628）也较全面地反映了油茶及油茶生产，是中国古代历史上首次最系统、最全面记述油茶生产的农书。书中把油茶定名为"楂"。"楂木生闽广、江右山谷间，橡栗之属也……实如橡斗，斗中函子，或一二或三四，甚似栗而壳甚薄。壳中仁皮色如榧，瓤肉亦如栗，味甚苦，而多膏油，江右闽广人用此油，燃灯甚明，胜于诸油，亦可食。"③《农政全书》中对油茶的产地、性状、用途等做了较全面的记述，说明当时在广东、广西、福建、江西等地，人们已广泛采用油茶果榨油。尽管分布范围还只是几个地区，但用途很广。《农政全书》又提及"楂在南中为利甚广"，此处的"南中"在历史上指的是今天的云南、贵州和四川西南部，也泛指当时中国的南部。

武陵山区的湖南省永顺县先民因地制宜发展油茶产业，形成了农牧复合种养系统的"多业态复合经营"的生计方式。在精准扶贫和乡村振兴有机衔接的战略背景下，该生计方式在民族地区永续发展过程中仍然具有重要的生态价值、经济价值和文化价值。

---

① （唐）郭橐驰撰：《种树书》卷上，明夷门广牍本。
② （清）汪灏等编：《广群芳谱》卷八十《木谱》，清康熙刻本。
③ （明）徐光启撰：《农政全书》卷三十八《种植》，明崇祯平露堂本。

一、湖南永顺油茶林复合系统基本情况

武陵山区自古以来就有"油茶之乡"的美誉，油茶种植历史悠久。清光绪《古丈坪厅志》卷二《古丈坪疆域说之西英保说》载："山地桐茶为多，水田较少。"① 古丈县境内山地居多，而山地多种植（油）桐、（油）茶树。因此，油茶在该县域内种植面积必定不少。湘西苗族本土学者石启贵在《湘西苗族实地调查报告》中记录了民国时期武陵山区的油茶种植情况，文曰："民国时期有关油茶一项，永绥、古丈特多。油茶成林，绵延数十里。"② 同时，侯德国、严人杰撰《古丈林业志》载："古丈县1940年产茶油2 000担；1949年该县油茶林面积保存为64 500亩，年产量为1 985担；到1958年，油茶林总面积达122 065亩，比1949年增加了近1倍；1976年油茶林总面积更是增加至184 212亩，比1949年增加了2.8倍。"③ 综观上述资料不难发现，武陵山区油茶种植历史悠久，种植面积广阔，已成规模种植与生产。位于武陵山区腹地的湖南省永顺县不仅拥有悠久的油茶种植历史，而且形成了独具特色的以油茶林为中心的农牧复合种养系统。

湖南省湘西土家族苗族自治州永顺县，古称溪洲，地处武陵山区腹地。国土面积3 811.7平方公里，其中以土家族为主的少数民族人口占89.67%，是国家扶贫开发工作重点县和省定深度贫困县。这里有世界文化遗产——湖南永顺老司城，有500年以上的古油茶林与活态传承的整套古法榨油技术体系。

永顺地区油茶种植历史悠久。清同治《永顺府志》卷十《物产续篇》载："油茶，永顺县多，保、龙、桑三县间有之。"④ 保、龙、桑即保靖、龙山、桑植。可见，古丈县、永顺县、保靖县、龙山县、桑植县都曾大面积种植油茶树，开发油茶产业。民国《永顺县志》载："茶油，宜寒露节后捡子榨油，其价昂贵。商贾趋之，民赖其利。"公元907年至1726年，永顺彭氏土司掌管着这片土地，为了适应生息环境的复杂多样性而形成的生计方式为"多业态复合经营"。油茶是高效的黄金产业，土司将茶油作为贡品献给元、明、清朝廷。目前，油茶林农牧复合种养系统生产技术工艺在当地正处于活态传承、生产运行的状态，服务于当地百姓。保护传承湖南永顺油茶林农牧复合种养系统具有

---

① （清）董鸿勋纂修：《古丈坪厅志》卷二《古丈坪疆域说之西英保说》，光绪三十三年（1907）铅印本。

② 石启贵撰：《湘西苗族实地调查报告》，长沙：湖南人民出版社，1986年，第82页。

③ 侯德国、严人杰撰：《古丈林业志》（内部资料）。

④ （清）张天如纂修，魏式曾增修：《永顺府志》卷十《物产续篇》，清同治十二年（1873）刻本。

典型的代表意义，并可有效促进该系统全面发展、传承，为百姓谋利服务。

多业态复合经营模式，既是当地生态系统实践而形成的生产模式，又是当地各族百姓的生产生活需求。永顺县生物物种丰富多样和自我更新能力强，百姓劳作之中形成了多业态复合经营模式。多业态复合经营既是顺应自然，又是聪明智慧的结晶。具体而言，传统意义上的林农牧总是表现为复合运行。其中，油茶、茶叶、白蜡、五倍子等林副产品的产出，总是与用材林、大田农业、畜牧业一并展开。实施多业态复合经营，特别是用材林和林副产品的生产，都需要对其进行连片经营、封闭式管理、持续性投入以及综合利用。故而所生产的产品琳琅满目、综合产出极高，为当地百姓带来丰厚的经济效益。

多种产业、多种生产方式交融于油茶林之中，形成了独特的生计方式。当地乡民经营管理这片古油茶林，凭借的是他们独特的技术和智慧。这里的油茶树仿生种植、细心修剪、精准管护、无病无虫、千年不衰。种油茶之余，种地、放牧、狩猎、采集、林业等多种产业都可开发利用，呈现出复合生产模式之状，古油茶林也就成为一个聚宝盆。这里的林农牧产品无一不是生态产品，伴生树种楠木为永顺彭氏土司向朝廷进贡数量之最，油茶林也是驰名中外的湘西黑猪、湘西黄牛的季节性牧场。

永顺古油茶林，不仅是油茶树活态博物馆，更是土家族、苗族、汉族等民族勤劳共建的复合农业瑰宝。这呈现出当地乡民的农业智慧，彰显着人与环境的耦合智慧。这不仅与所处的自然生态环境做到了高度适应，而且融入了当地各民族的传统文化。

二、武陵山区油茶林复合系统的经济价值

20 世纪 80 年代以前，油茶产业一度是武陵山地区居民家庭收入与政府经济的重要来源。

清宣统《永绥厅志》卷十五《物产》载："茶子榨油，岁出数十余万斤。合桐茶油与共出境二三十余万斤。现卖百八十文，岁收经费二三千串文，试种益多。"[1] 永绥厅即今花垣县，位于武陵山区之中。光绪年间，茶油出境售卖每年竟达 10 余万斤，可见茶油是当地对外贸易的重要流通货物，也可见油茶产业在当地的繁荣发达之程度。

油茶、桐油贸易盛极一时，一度促进了武陵山区金融行业的发展。清光绪《古丈坪厅志》卷十一·五八《物产·商业志》载：古丈坪厅治城亦无钱，商买卖银钱极不方便，皆零星交易。视下游长常一带为贾随之高下，常年银在一

---

① （清）黄鸿勋纂修：《永绥厅志》卷十五《物产》，清宣统元年（1909）铅印本。

千五六百文，其商业皆是油业所兼，古人所称三傅子，字号皆以油著，油商治城字号以油为大宗囤买囤卖。罗依溪市较全境为繁盛者，亦以油业所聚耳。献商即油商收购，购以元计，油以支计，合油献两项分桐茶计，三种岁出入数万金，占古丈坪商业之十八矣①。

由此可见，包括茶油在内的油业在当地商品贸易中占主要部分，且数额巨大，每年交易量在万金之上。足见此地油茶贸易之繁盛，油茶产业之发达。

茶油、桐油产业极为兴盛，油税一度成为凤凰、乾州、古丈、永顺等地开办学堂经费的重要来源。清光绪《古丈坪厅志》卷十·二二《古丈坪厅税契》载：光绪二十九年六月初八，开办抽收学堂经费捐。先是，厅中奉交设学，开一高等官小学堂。经管成立之费出于写捐，其常年经费无出，绅商杜生龙等禀请：赐仿照凤凰乾州两厅抽收油监、献捐。亚毛厘堂铭新掳树转禀：既得请乃委押办理，凡桐油茶油每项钱四十文，赚水一桶，抽钱八十文，牛一只捐钱一百文，大猪四十文，小猪二十文，煎每包一百文。桐茶油皆厅之所产，赚水桐灰之所自出，川监则来自四川过永顺之王村而入厅境，经罗依溪，岁食约四百包。永顺先以办学，已兼抽古之所食于王村。至是，始与争数往返而始得者，于则仿照凤凰乾州而立者桐茶处监，在各场集查收复与壮，龙鼻嘴、坪埧、河蓬即谕委各该汛千把外额抽收节，于原禀案掳绅商杜生龙、许扬辉联名禀请：按照乾凤厅办法，茶桐油赚抽捐在罗依溪设局，各榨房抽收再按乾案抽……②

清光绪年间，古丈县仿照凤凰厅、乾州厅、永顺县的先例抽收油茶生产税与商业税来兴办学校。可见，油茶产业在当时的永顺县、古丈县是非常重要的经济来源。

三、湖南永顺古油茶林复合系统的生态价值

永顺县属于亚热带常绿阔叶林植物群落区，植被生长繁茂，树种资源丰富。据调查，永顺县共有维管束植物 221 科 974 属 2 702 种。其中，蕨类植物 41 科 87 属 296 种，种子植物 180 科 887 属 2 406 种。木本植物 115 科 350 属 917 种。主要用材树种有马尾松、杉木、柏木、青冈、枫香、香椿、樟木、毛竹等；主要经济林树种有油茶、油桐、板栗、柑橘、桃、李、梨、柚、梅等；主要灌木有继木、黄荆、盐肤木、马桑、火棘等；主要草本植物有五节芒、铁

---

① （清）董鸿勋纂修：《古丈坪厅志》卷十一·五八《物产·商业志》，清光绪三十三年（1907）铅印本。

② （清）董鸿勋纂修：《古丈坪厅志》卷十·二二《古丈坪厅税契》，清光绪三十三年（1907）铅印本。

芒箕、白茅、冬茅、一年蓬、蕨类等。属国家重点保护野生植物44种属，其中，一级保护植物有珙桐、银杏、伯乐树、红豆杉、水杉、中华水韭、落叶木莲等；二级保护植物有观光木、鹅掌楸、巴东木莲、榉树、伞花木、樟木、楠木、巴山榧、杜仲、黄杉、厚朴等。

永顺境内有各种野生动物近200种，其中一级保护的有金钱豹、云豹、白颈长尾雉、金雕；二级保护的有中华猕猴、虎纹蛙、红腹角雉、穿山甲、金鸡、林麝、斑头号鸟、白冠长尾雉、苏门羚羊、画眉、中华蟾蜍、竹鼠、中华鳖、红嘴相思鸟、果子狸、白鹤、豆雁等，其中70余种属国家保护的珍稀野生动物。

永顺油茶林复合系统是一种仿生种植，可以有效地保留该地的物种多样性。武陵山区人们在种植油茶树时，依据油茶树的生物属性要求，通常在油茶林中配种当地的其他树种，使油茶林区成为一个和谐的生态系统。其目的是降低油茶树遭病虫害袭扰的风险。更因为油茶树是一种小乔木，在野生状态下需要接受高大乔木的荫庇，主要靠散射光，如果直接暴露在强烈的阳光下会受到损害。因而，需要将油茶树种植在高大乔木的荫庇下。在永顺县长光村的油茶林中依旧留有先辈们种植的栲木、香椿树、杉木、松树等，还有粮食作物葛根、上好药材土茯苓等。其耕作体制，还与传统相同。

正是由于油茶林中存有众多的植物，才使油茶林成为一个健康的生态系统。茶园区的通风、透光性能，比之从前的常绿阔叶林有所提高。喜好阳光的菊科、禾本科、十字花科、蓼科、百合科、苋科草本植物，都陆续交替出现在茶园内。该生态系统促使油茶树不轻易被病虫灾害侵扰，从而确保了油茶树长期健康生长，进而为该区域油茶产业长期的兴盛提供了自然保障。时至今天，十八洞村乡民所承包的山林中，百年以上的油茶树还随处可见，这与传统的种植技术不无关联。

与此同时，草地生态系统中的习见动物，在这里也可以找到，最具特色的物种包括多种雉形目动物、众多啮齿目的鼠类等。其中，最具经济价值的是竹鼺、飞鼠和刺猬。大量鼠类的栖息，也会引来猛禽的捕食，代表性的动物有猫头鹰和隼。在这一生态系统中，动物物种构成的最大特色是，属于爬行类的蜥蜴类和蛇类资源极为丰富，种群规模也极大。此外，雉形目禽类物种也非常多。

由于茶园区需要有规律地配种葛藤、山药等块根类粮食作物，还要定期引进家畜、家禽，以至于不仅野生的动植物物种比常绿阔叶林更多，农林牧物种也变得丰富多样起来。在目前尚存的农林牧物种中，最具代表性的动物有山羊、黄牛、猪、鸡等，植物有葛藤、山药、土茯苓、魔芋、油茶等。可以把这七小片区古茶园形象地比喻为茂密的阔叶林开了一个天窗，从而形成了一个包含生物多样性的微缩盆景。

四、湖南永顺古油茶林复合系统的文化价值

(一) 保留了古法榨油工艺文化体系

早在1 500多年以前的农耕巨著《齐民要术》和300多年前明代崇祯时期的《天工开物》对古法榨油都有记载，炕、碾、蒸、包、踩、榨，严格按照传统工艺，代代口耳相传，延续至今。具体为：第一，剥落茶籽。采摘后的油茶果摊晒在屋中的空旷之处，以便茶壳开裂、茶籽脱落或剥落茶籽。第二，烘干茶籽。将脱落后的茶籽放置于油坊的炕架之中进行烘烤，促使茶籽中多余水分蒸发。第三，碾碎茶籽。将烘干的茶籽放置于碾槽之中，借助畜力拉动碾盘，碾碎茶籽，使之成粉末状。第四，蒸煮茶粉。将茶粉放置于灶台之上的蒸架中。借用水蒸气的热量，蒸熟茶粉。第五，包裹茶粉。将稻草铺放在茶饼模具之中，随后将熟茶粉倒入。借用脚力挤压、抱紧，使之成饼状。第六，撞击榨油。将包裹后的茶饼放置于榨架之上固定，并且打紧栓楔。然后，人力推动掉木撞击木栓，形成挤压之力。挤压茶饼，遂将茶油逐渐压榨而出。古法榨油工艺从摘茶籽到榨出油要经过多道工序，道道工序都非常消耗工时和繁细，但榨出的油品质好、香醇久远，入口香味绵长，且生态环保、味道纯正。

在漫长的历史长河中，手工榨油技艺世代相传。但随着时代的变迁，现代榨油机械不断普及，这种古法榨油技艺逐渐被人淡忘。永顺长官村肖姓人长期口耳相传、身体力行，传承着这一套古老的技艺。

(二) 保留着土家族民间制度文化

永顺县在数百年的种植历史中早已形成了独特的种养系统（油茶林农牧复合种养系统）与民族文化。因为在历史上永顺县油茶林管理体制主要实行家族统一管制和村社协约管制。所谓家族统一管制，通常发生在一村或一寨所居住的村民为同一姓氏，这样村寨内所有居民便是由一个大家族繁衍而来。村寨中所有的山林包括油茶山都归家族统一合理规划、统筹经营、均等收益，建立相应的制度去保障辉煌成果。其中，家族长老通过制定一些规约制度来协调各家各户的开发管理工作，如制定开山封山的制度以及盗摘茶籽、盗砍茶树的处罚条款。所谓村社协约管制，一般在村寨中人口姓氏有多个，则代表有多个家族存在于同一村寨之中，人们为了实现油茶林的最大经济利益，几个家族经过协商制定条款统一管理油茶林。

油茶林无论是实行家族统一管制，还是村社协约管制，其在管理过程中都是通过制定村规民约，实现对油茶林有效管理。村规民约条款明确指出了"具

体时间采摘油茶籽；具体时间放牧禁牧；对于偷盗油茶籽、偷砍油茶树的具体惩罚措施；设置护林员管理油茶林"。这首先实现了对油茶林的统一管理，有效制止了偷盗现象的发生。同时，为了便于管理、统一规划以及实现油茶林的整体效益，必将对油茶林实施规模化种植，以呈现出连片经营的状态。再者，无论是税收还是向国家上交贡品，都是当时制度规定，既然是制度规定，则必然是具有持续性和规模性的，这就要求地方连年持续规模化地生产茶油。更为重要的是，国家将茶油作为税收和贡品的重要来源，百姓们为了要完成缴税任务质量与数量，必将加强管理。因为税务完成不了，户主不但会受到刑事惩罚，还将会殃及家人、族人。于是，家族统一管制或村寨协约管制诞生了，促进了油茶林形成持续、规模和封闭的开发管理模式。再有为了完成税收和贡品的交纳，百姓们必当精细修剪，以提高茶油产量与质量。同时，茶油被当作贡品和税收上交给国家，人们还要继续生产生活，于是就必须在油茶林中开发其他产业，如种植粮食作物、中药材发展林下经济；再者发展畜牧业、养蜂业等，以提高油茶产业的综合经济价值。经济价值的不断提高，又为油茶产业的持续投入、规模生产提供了坚强后盾。如此形成良性循环，促进了该地区油茶产业长期可持续发展，久而久之也就形成了永顺油茶林农牧复合种养系统。

五、结语

永顺古油茶林复合系统，不仅是油茶树活态博物馆，更是土家族、苗族、汉族等民族勤劳共建的复合农业瑰宝。这呈现出当地乡民的农业智慧，彰显着人与环境的耦合智慧。这不仅与所处的自然生态环境做到了高度适应，而且融入了当地各民族的传统文化。

（作者侯有德为吉首大学讲师）

图书在版编目（CIP）数据

2019 年中国庆阳农耕文化节论文集／农业农村部农
村社会事业发展中心，甘肃省庆阳市人民政府编 .—北
京：中国农业出版社，2020.7
　ISBN 978-7-109-26724-4

Ⅰ．①2… Ⅱ．①农… ②甘… Ⅲ．①传统农业－文化
研究－中国－文集 Ⅳ．①F329－53

中国版本图书馆 CIP 数据核字（2020）第 051594 号

2019 年中国庆阳农耕文化节论文集
2019 NIAN ZHONGGUO QINGYANG NONGGENG WENHUAJIE LUNWENJI

中国农业出版社出版
地址：北京市朝阳区麦子店街 18 号楼
邮编：100125
责任编辑：冀　刚
版式设计：史鑫宇　　责任校对：沙凯霖
印刷：北京中兴印刷有限公司
版次：2020 年 7 月第 1 版
印次：2020 年 7 月北京第 1 次印刷
发行：新华书店北京发行所
开本：700mm×1000mm　1/16
印张：14.75
字数：300 千字
定价：88.00 元